INTRODUCTION TO BRIEF THERAPY

ブリーフセラピー入門

柔軟で効果的な
アプローチに向けて

日本ブリーフサイコセラピー学会 編

遠見書房

序　文

　本書『ブリーフセラピー入門──柔軟で効果的なアプローチに向けて』は，日本ブリーフサイコセラピー学会の創立 30 周年記念として刊行された。

　ブリーフセラピーの初学者にはブリーフセラピーへの入り口を，中堅には今いちど基礎を，そしてベテランには最近の発展を再確認していただくことを意図している。

　ん？　日本ブリーフサイコセラピー学会がブリーフセラピーについての本を刊行するということは，もしかして「ブリーフサイコセラピー＝ブリーフセラピー」なのか？と思う方もおられるかもしれない。本書を読むと，この 2 つの言葉を同じ意味として使っている著者もいれば，分けて説明している著者もいる。混乱を招いてもいけないので，この序文の中で少々の説明をしつつ，本書の構成を紹介しよう。

ブリーフサイコセラピーとブリーフセラピー

　まず，ブリーフサイコセラピーとブリーフセラピーの 2 つの用語の臨床心理学領域における来歴や定義については，各章（特に第 1 章）に説明があるのでご参照願いたい。

　一方で，1991 年に研究会としてスタートし，1995 年より学術団体として活動を始めた日本ブリーフサイコセラピー学会が，あえて日本ブリーフセラピー学会と名乗らなかったのは，創立者（初代会長）故宮田敬一をはじめとする設立者たちの思いを反映してのことであった。「個別の治療的アプローチの枠組みを越えて効率的な援助方法の発展を目指す研究団体」（日本ブリーフサイコセラピー学会, 1995）として進化し続けるために，いわゆる狭義の「ブリーフセラピー（「ミルトン・エリクソンの治療に関する考え方や技法から発展したセラピー」（宮田, 1994））以外のアプローチをも取り込む余地を名称の中に残したのである。かくして学会は，短期間かつ効率的な援助を探求するアプローチの総称として「ブリーフサイコセラピー」の名称をかかげることになった。

　なぜそんなややこしいことをしたのだろうか？　思うに，学会の設立趣旨の根幹にあったのが，「問い直し」の精神だったからではないか。いつかは，エリクソン由来のセラピーの枠組みをも問い直し，その時代の要請に合った他のアプロー

チをも内包する日が来ることを見通していたからではないかと思う。そうなったときにそのアプローチをブリーフセラピーという名でくくれるのか，わからなかったのかもしれない。

　1994 年に出版された最初の『ブリーフセラピー入門』（宮田敬一編，金剛出版）に載っていたのは「エリクソン（ゼイク）モデル」「ストラジック（ヘイリー・マダネス）モデル」「NLP モデル」「MRI モデル」「BFTC・ミルウォーキー・アプローチ」「オハンロン・モデル」「ホワイト／エプストンの物語モデル」であった。いずれもミルトン・エリクソン Erickson, M. H. との何らかの関わりをその出自に持ち，カリスマとされるセラピストたちが牽引するアプローチであった。

　それから四半世紀が過ぎた 2020 年現在，心理療法の動向は今もなお，短期で効果的なブリーフセラピーを求めていることに変わりはない。しかし，従来手法は進化し，新しい手法も生まれ，日本独自のアプローチも発展した。

▌本書の構成

　本書では今日の日本ブリーフサイコセラピー学会がとらえる広義のブリーフセラピーを紹介する。具体的には，2016 年の会員動向調査（菊池ら，2017）の結果も参考にしつつ，①会員が採用している主要アプローチを含み，②会員が考えるブリーフサイコセラピーの特徴（「短期」「効率」「ポジティビティ」）を反映していること，③時代の要請に合った新たな視点や手法を提供してくれること，などを重視して本書の企画委員会で紹介するアプローチを選択した。その結果, 1994 年当時のテキストで採用されたアプローチの一部は掲載を見送り，一部を追加することになった。

　第 1 章では，臨床心理学領域におけるいわゆる「ブリーフセラピー」の位置づけが説明される。臨床心理学史に関心がある方や，公認心理師や臨床心理士の試験対策のためにこの本を手に取った方には，特に関心をもっていただけるであろう。

　第 2 章では，さまざまなブリーフセラピー（広義）が並ぶ。ミルトン・エリクソンとの関わりを出自に持つアプローチ（「エリクソニアン・アプローチ」「エリクソン催眠」「解決志向アプローチ」「システムズアプローチ」「NLP」），ポストモダン・アプローチの「ナラティヴ・アプローチ」や「オープンダイアローグ」，日本で生まれて独自の発展を続けている「動作法」や「条件反射制御法」，ブリーフで効率的であることをエビデンスとして世に示してきた「認知行動療法」や，ユニークな手法を用いたセラピーとして「EMDR」「TFT と EFT」が概説される。よ

り深く理解したくなった場合には，参考文献にあたってみたり，各アプローチを専門的に扱っている学会や研究会等もあるので，さらなる探求をするのも良いだろう。

　第3章では，臨床現場におけるブリーフサイコセラピーの使い方が示される。多様な現場の多様な文脈の中で展開するブリーフセラピーは，時にアプローチの総合格闘技（折衷と呼ぶ人もいる）のような様相を呈している。しかし，第2章を通読した後に読むと，構成要素が浮き上がって見えてくるだろう。

▌本書の使い方

　本書は，それぞれが独自の「ものの見方」をさせてくれるメガネが並ぶ店のようなイメージかもしれない。異なるメガネをかけてみた後にどうするかは，読者諸氏の臨床家としての成長スタイルによるだろう。筆者の独断と偏見に基づき，臨床家によく見られる成長スタイルに適当な名前をつけて，いくつか挙げてみる。もちろん，混合型も無数にある。

- ・「○○療法専心型」：新しく出会う手法，ものの見方は全て，○○療法の枠に合う形で理解され，取り込まれる。「私はコレしかやりません」タイプ。
- ・「主菜副菜固定型」：メイン療法（1つまたは少数）は不動の位置を占めつつも，行き詰まり打破のために，あくまで控えめに他のアプローチを添えるタイプ。
- ・「メイン療法乗り換え型」：その時々のマイブームが定まっており，その時期はそればかりに取り組む。次のマイブームがくれば，過去のアプローチから飛び石を渡るがごとくに乗り換えながら進んでいく。
- ・「カメレオン型」：クライエントを見て，瞬時にアプローチを切り替えるタイプ。アプローチ間を器用にスイッチするタイプもいれば，もはや何のアプローチをやっているのかわからなくなるほどに手法を混ぜあわせて使うタイプまでいる。

　どの成長スタイルが良いとは一概に言えない。有用かどうかは，臨床家とクライエントと現場のニーズに合致し，効果的かどうかにかかっている。ただし，クライエントへのサービスであるという観点からすれば，自分のとっているアプローチに対する説明責任は果たせるようでありたいものだ。

　ダンゴムシは，進行方向で障害物にぶつかる度に，曲がる方向を右，左，右，左と変えるらしい。「なんのためにそんなことをするの？」と尋ねる私に，中学生くらいの生物オタクくんが考えながら教えてくれた。「同じ方向ばかり向いていると，動ける範囲が狭まって，滅びるからじゃないでしょうか？」多様性のないところに変化は生まれない。

　世界が新型コロナ禍に揺れる現在，対人援助の在り方も変化を余儀なくされている。激動の 2020 年に上梓される本書が，読者の対人アプローチのスタイルにいくばくかでも多様性をもたらすきっかけとなれば幸いである。

　令和 2 年 9 月 21 日

日本ブリーフサイコセラピー学会
第 8 期（平成 30 年 4 月〜令和 2 年 3 月）会長
菊池安希子

　文　献

菊池安希子・北村文昭（2017）ブリーフサイコセラピーの特徴とは？―第 4 回会員動向調査（2016）．ブリーフサイコセラピー研究，25(1-2); 35-42.
宮田敬一編（1994）ブリーフセラピー入門．金剛出版.
日本ブリーフサイコセラピー学会（1995）設立趣意書．https://www.jabp.jp/pr_aboutus（2020年 9 月 21 日参照）

目　　次

第3部　臨床現場におけるブリーフサイコセラピーの使い方

第 1 部

ブリーフセラピーの基本

第 1 章
ブリーフセラピーとは？

坂本真佐哉

▌I　この世に溢れる心理療法

　現在，世界に存在する心理療法を数えると 400 以上であるとも言われている（Prochaska et al., 2006）。途方も無い数である。しかも，それぞれの心理療法の中で新しい技法や理論は常に開発，改変，拡張されているだろうから，そうなると「概念」だけでも天文学的な数字になるに違いない。全てを学ぶどころか確認することすら不可能だろう。

　さて，そのような数多ある心理療法，特に初学の頃にはその種類の多さはとかく奇異に映るものかもしれない。人間の抱える悩みの解決に対して何故にこれほど異なる理論が存在するのだろうか。第一そんなに必要なのか。ちゃんと効果があるのならば，もっと少なくてもよいのではないか。極端に言えば，１つでもよいのではないのか，などと言いたくもなるかもしれない。

　異なる理論に依って立つ者同士では心理療法という学問分野の中でさえ，議論すら成り立たないこともままある。この状況は，バベルの塔の逸話になぞらえられている（Miller et al., 1997）。はじめは１つの言語だった人類が，神の領域に届く塔を建てようとしたときに神の怒りによってバラバラの言語にされてしまったという話である。

　心理療法が神の怒りに触れたわけではないにしろ，これだけ多くの理論があるということは，少なくともそれだけ「心」に関する捉え方が多様であるということを表している。心の捉え方が多様なのだから，当然ながら「心の問題」の捉え方とその解決への道筋も多様なものとなる。

Ⅱ　ブリーフセラピーの視点

　では，ブリーフセラピーでは，「心」をどのように捉えるのであろうか。また，私たちの抱える問題や悩みをどのように捉えるのであろうか。

　結論から先に述べるならば，人格の内面に想定される病理に原因を求めると言うよりも，クライエントの持つ強さやリソースに焦点を当てる点が共通している心理療法の一群だといえよう。人格の内面や無意識についてそのありようを理解していくというよりも，クライエントと周囲の人間の関係性や置かれた状況，環境，文脈によって理解していくものであると表現できる。

　ブリーフの言葉自体は，"短い時間"や"簡易"などの意味を指す。本来は，ブリーフサイコセラピーとブリーフセラピーはその出自から区別されるものである。もともとブリーフサイコセラピー自体は精神分析に端を発し，ブリーフセラピーはミルトン・エリクソン Erickson, M. H. 由来のアプローチ（高石，1997）で，次章に詳しく解説される MRI や解決志向アプローチ（ソリューション・フォーカスト・アプローチ）などに発展するものである。

　ただし，本書を監修している日本ブリーフサイコセラピー学会は，精神分析にその領域を限定することなく，というよりはむしろ近年では精神分析以外の領域を中心として，学際的に心理療法の「ブリーフ的実践」についての研究を長年発展させている。

　第2部で取り上げられている各アプローチを見ても個人の病理に焦点をあてるスタイルのアプローチはほとんど見られない。主に人間関係やコミュニケーションの流れの中で個人のありようについて理解するものやトラウマの解決に向けて身体から働きかけるアプローチなどが並んでいる。

　先に述べたようにエリクソン由来の心理療法とされているブリーフセラピーは，ベイトソン Bateson, G. らのグループによって個人の病理ではなくコミュニケーションという切り口によって人々の問題状況を理解し，解決の糸口を探るものとみることができる。

　顕在化している問題をその人の中から生じているものと理解するのではなく，コミュニケーションの相互作用の中で理解する。つまり，私たちの振る舞いや存在，ことばの持つ意味合いなどは個人のありようで決まるというよりも関係性という文脈の中で規定されるものである。同じ「バカ」ということばでも上司が部下を叱るときと恋人がロマンティックな雰囲気で囁くのとでは伝わる意味合いが大きく異なり，間違えると大変なことになる。

▌Ⅲ　関係性の中で「心」を理解するということ

　例えば，臨床の現場で私たちの前に，子どもの問題で相談に来た母親がいるとしよう。しかし，会話が噛み合わず，カウンセリングへの意欲も乏しいように見えるとする。

　セラピストが「どのようなことにお困りですか？」と尋ねても，「別に困っていることはありません。子どもは学校で問題を起こすかもしれませんが，家ではそんなことないので，学校の先生たちの関わり方に問題があるのではないでしょうか」と投げやりに答えたとする。

　このようなやりとりから私たちは，「動機づけの低い母親」とか「相談（治療）意欲が乏しい」，あるいは「問題に向き合うことのできない母親」であると見てしまうかもしれない。しかし，果たしてそれは母親自身の個人の問題であろうか。

　状況を整理してみると，母親は学校の教師から強く勧められてカウンセリングを受けることになった。理由は，彼女の子どもに落ち着きがなく，学校で周囲の者とよくトラブルを起こすからである。教師は，そのような母親に対して子育てに不安を抱えているのではないかと考え，よかれと思ってセラピストに相談するようにとカウンセリングを勧めたのである。

　実際に彼女の子どもは幼少時より落ち着きがなく，保育園でも周囲の子どもとよくトラブルを起こしていた。その度に「家庭でのしつけをきちんとしてください」と言われ続けてきたかもしれない。母親は，保育園や学校から呼び出されるたびに自分が責められているような気持ちになっていた可能性もある。

　今回，教師の勧めでカウンセリングに訪れたものの，ここでもまたセラピストに責められるのではないか，と不安を抱いている可能性は否めない。「困りごとなどない」と表明することで自分と子どもを守ろうとしていると見ることもできるだろう。

　当然ながら心理療法の現場は，自らすすんで意欲的に相談に訪れる人ばかりではない。この母親のように誰かから勧められ，その誰か（この場合は教師）との関係性（断りにくい立場に立たされている）によって，仕方なく来談している場合もある。

　そのような文脈にまで視野を広げると，母親が自分の子どもに関する困りごとや心配ごとについて表明できないことは十分に理解できるだろう。この場合の文脈というのは，母親と周囲の人間とのコミュニケーションの相互作用に他ならないのである。

　仮に，母親が抱えている「皆が自分のせいにする」，「誰も私のつらさをわかって
くれない」といった苦悩に会話の焦点が当たるならば，母親はすでに「動機づ
けの低い母親」や「問題に向き合うことのできない母親」ではなくなるであろう。
　このように外部の者から見た「問題」と母親自身が抱える困りごとが必ずしも
一致しないことは臨床の現場ではよく生じる。母親個人の問題として理解しよう
とすることには限界があるだろうし，援助関係は成り立たないかもしれない。
　英国心理学会・臨床心理学部門が監修した「精神病と統合失調症の新しい理解」
（Cooke, 2014）には，精神分析医として名高いメニンガー Menninger, K. の次の
言葉が引用されている。

　　自分の環境の思わぬ変化に直面した人は必死の努力を試みる。ところが，様々な
　問題を引き起こしてしまうものである。私は，これを釣り針にかかった魚に喩える。
　針にかかった魚がぐるぐる旋回する様子は，事情のわからない周りの魚には奇妙に
　見えることだろう。しかし，魚が跳ねまわること自体が苦悩なのではなく，その行
　動は魚が苦悩から抜け出そうとする努力の結果なのである。そして，漁師は皆，魚
　がうまく逃れることもあるのを知っているのだ。

　つまり，周囲から見て奇妙な形でぐるぐるまわっている魚は，釣り針という「問
題」から逃れようと必死の試みをしているのであり，そのこと自体が問題でも症
状でもましてや病理でもないのである。先の母親は，自分と子どもを守るために
必死で頑なな態度をとっていると見ることもできるのは先述したとおりである。
　また，個人の内面の病理に焦点をあてないということは，問題や悩みの原因を
過去に求めないということにもつながる。過去に遡って原因を同定するという作
業を行うのではなく，現在抱えている問題の膠着や維持のありようやクライエン
ト自身の描く未来，リソースなどに目を向けて会話を進めていくのがブリーフセ
ラピーの特徴であろう。
　問題の生じた状況では，とかく人そのものに原因を求めてしまい，「性格の問
題」や「親の育て方」などが取りざたされることが少なくない。そうなると，「原
因」となった人は「悪者」になってしまい，解決に向けての協力関係を築くこと
が難しくなってしまうこともある。関係性の中，つまりコミュニケーションのあ
りようとしての理解は，そのような悪者探しからの脱却であると考えることもで
きるだろう。

▮ Ⅳ　ブリーフセラピーのめざすもの

　当然ながら，さまざまな心理療法はそれぞれの理論に基づき，めざす目的は異なる。例えば，クライエント自身が未だ気づいていない心の領域に気づくための支援や，あるいは行動の変容，認知の変容に関する援助，感情の発散などさまざまなものがある。では，ブリーフセラピーは何を目指すのか。

　ホイト Hoyt, M.（2002）は，ブリーフセラピーについて「心理的苦痛を緩和し，成長を促進するための時間に配慮した治療」と定義している。ブリーフセラピーの 1 つの捉え方として「時間に配慮」という表現を用いている。さらに，「できうる限りの最短距離でゴール地点に到達することであり，短い時間での解決を目指すこと」としている。また，日本ブリーフサイコセラピー学会の設立の理念には，「世界の心理療法の動向は，より短期間に効率的な援助を探求する」方向に進んでおり，「個別の治療アプローチの枠組みを超えて効率的な援助方法の発展を目指す」とある。つまり，セラピーに要する時間を短期化することと効率化することが並行して述べられている。

　さらに 2016 年の当学会会員調査（菊池・北村，2016）で挙げられた「ブリーフサイコセラピー」の特徴を表すキーワードとしては，短期，効率，効果の言葉が挙げられている。「短期」については当然ながら単に短い期間や時間，あるいは少ない回数での実践ということを指すのではなく，効率，効果を意識することにより，結果として期間（回数）が短く（少なく）なるということと理解できる。

　それにしてもどのようなものが効率的，効果的なセラピーということになるのだろうか。「効率」の意味合いは，「無駄がない」とか「要した労力に比して得られる効果の割合（が高い）」というように説明される。つまり，少ない労力で最大限の効果を得る（得たい）ということである。

　何の仕事でも効率は求めるに越したことはないが，こと対人援助に関してこのように説明をされると首を傾げたくなる向きもあるかもしれない。人の成長や変化は急がせるべきものではないのではないかと。まったくその通りだと思う。また，援助者が労力を惜しむための効率化も厳に慎むべきであることは言うまでもない。

　ここで言う効率とは，いかにクライエントに不要な負担をかけないようにするか，ということであると筆者は解釈する。ただし，これもそう単純ではない。「不要な」とは誰にとっての基準であるのか。不要であるかそうでないかが，ラベリングや意味づけに過ぎないと考えるならば，クライエントが不要と認識しなけれ

ば，それは「必要」ということになるし，必要であれば「負担」でもないかもしれない。つまり，その支援が不要かどうかはクライエントの判断に委ねられることになる。

　さらに効果ということを考える際，何をもって効果というのかについてもよく考える必要がある。臨床の現場で語られる「効果」は，客観的なデータに基づく科学の文脈で語られるようなものから，その場でクライエントによって語られる主観的な満足感や表情といったものまで実に幅広いものである。

　いずれにしろ，効率であれ効果であれ，クライエントからの視点を無視することはできない。セラピストがいかに「効果があった」と見てもクライエントからして「役に立たない」と感じるのであれば意味がない。

　そしてそのようなクライエントからの評価は，クライエントとセラピストの双方による相互作用の結果として生じてくるものである。

　つまり，役に立つかどうかは，技法の優劣や理論の正しさだけに依るものではない。そうなるとブリーフセラピーが重視するもの，つまり期待される効果や効率は，技法そのものというよりもクライエントとセラピストの間，つまりは関係性の中に立ち現れてくるものだということができよう。クライエントとセラピストの関係性と切り離した形で効率や効果について論じることはできない。

　ベイトソン（Bateson, 1977）は，次のような例えを出している。ある母親が，ほうれん草が嫌いな子どもに，ほうれん草を食べることができたら大好きなアイスクリームを与えることにしたとする。さて，子どもはほうれん草が好きになるだろうか。あるいはアイスクリームが嫌いになるだろうか。あるいは母親のことが嫌いになるだろうか。これらの問いに答えるために必要な情報とはどのようなものだろうか，と。

　そこで必要になる情報とは，母親の特性でも子どもの特性でもないだろう。いうまでもなく，2人の間に交わされている何かなのではないだろうか。

Ｖ　なぜブリーフなのか？

　詳細な歴史は次章に譲るが，どのような経緯からブリーフセラピーのムーブメントが生じたのかについて振り返ってみたい。

　ブリーフサイコセラピーも含め広く概観するならば，小此木ら（1997）によるとすでに1920年代にはブリーフサイコセラピーの原型が見られるとある。当時，戦争神経症の治療において精神分析的な精神療法は無力であり，「Alexander, F. と French, T. は長期の精神分析療法における精神療法時間数と治療効果の相関

に疑いを持ち，一般に治療者に対する患者の過剰な依存心と退行現象が起こりやすいことを指摘し，短縮型精神分析的精神療法を提唱した。彼らは治療における最重要事項として『柔軟性』（患者を利用に合わすのではなく治療を患者に合わす）を挙げた」（小此木ら，1997）とある。

　実に100年も前にすでに指摘されていたこの「患者に合わす」という姿勢こそは，現在のブリーフセラピーに通じるものがあるのではないだろうか。ダンカンら（Duncan et al., 1997）は，治療困難例の多くが治療者側の自らの理論への固執によって生まれることを指摘している。「患者に合わす」ことに「柔軟性」以外の表現を当てはめるならば，患者やクライエントに対して敬意を払うというセラピストの態度や姿勢と記述できるのかもしれない。

　話を元に戻そう。その後，1960年代に多くの市民から精神的ケアを広く求める声が高まり，それに応える形で60年代から70年代にかけて精神分析的な視点によるブリーフサイコセラピーが発展した。ブリーフセラピーとしては，ヘイリー Haley, J. （1973）がエリクソンの治療を関係性の文脈で捉えた『アンコモン・セラピー』を出版したことが礎となっている（Budman et al., 1988）。

　80年代に入るとさまざまな学派が効果を主張するための指標としての「短期であること」を強調するようになった。また，米国の健康保険機関がセラピーの回数に関して制限を求めたこと，さらには，メタアナリシスの発展による効果研究で長期的な治療との比較において，短期的なセラピーに遜色がないことなどがブリーフのムーブメントに勢いをつけたとみることもできる。

　プロパガンダや自己主張，政治・経済戦略といった側面も見られるものの，もう1つの側面としては，一般市民へのサービスの普及や効果に対する関心の高さなどを「ブリーフ」の系譜の中に読み取ることができるだろう。

Ⅵ　ブリーフセラピストの持つ姿勢や態度

　先の会員調査（菊池・北村，2016）に話を戻すと，ブリーフサイコセラピーの特徴を示す言葉として「短期・効率・効果」の次に挙げられた言葉は「ポジティビティ」であり，「過去よりは未来，病理よりはリソース」に目を向ける会員が多いことがわかる。

　その次に挙げられているのは「プラグマティック」であり，ブリーフセラピーの実用性が注目されていることが示され，「協働」へと続く。

　また，その他には認識論に関するキーワードやスキル，姿勢に関するキーワードなどが挙がっている。

　これらのことからブリーフセラピストの持つ志向性としては，クライエントの健康的で肯定的な側面に光を当てながら，クライエントと協働して「役に立つ」支援を実践したいという姿勢が浮かび上がる。さまざまな認識論に関心を持ち，実践に役立てるためのスキルを身に付けたいと考えている，というようなセラピスト像が見えてくるのではないだろうか。

　認識論の変遷という観点からすると，精神分析が大多数だった時代にエリクソンによって病理や過去への焦点からリソースや未来へと焦点があてられ，問題さえも利用するアプローチ（ユーティライゼーション）が生み出された。そこからMRIモデルやミラノ派システミックアプローチによって問題発生モデルではなく問題維持モデルとして理解され，逆説的アプローチが発展した。さらに80年代以降からは，会話を重ねることで新たな現実が構成されるという社会構成主義の考え方をそのまま実践に移したとも言えるリフレクティング・プロセスが開発され，解決構築の会話を発展させた解決志向アプローチやコラボレイティヴ・アプローチ，ナラティヴ・セラピーなど社会構成主義心理療法の一群が多発的に発展を遂げ，オープンダイアローグへと続いていく。

　このようにブリーフセラピーの領域における認識論は刻々と大きな変化を遂げているが，近年ではさまざまな立場からの多様な視点を取り入れることで新たな現実を構成するという社会構成主義による実践がさらに広がりつつあると言えよう。さまざまな視点や立場を認めるということは，クライエントに対して，病理などの概念を用いて外部から個人内部への評価を行うのではなく，置かれた立場や社会，環境との相互作用という文脈の中で捉えるというむしろ内部からの視点を共有しようとする。その結果，より協働的で倫理的な実践が意識され，強調される方向にあると言えるのではないだろうか。

Ⅶ　おわりに

　ホイト（2002）は，効果的なブリーフセラピーに共通した特徴として，次の6点を挙げている。

　1）素早く肯定的な同盟関係を構築すること，2）特定の達成可能で計測可能な目標に焦点をあてる，3）クライエントとセラピストの明確な責任の定義，4）変化の期待と動機の高まりに伴う強さと能力の強調，5）目新しいことを導入し，クライエントを新たな感覚や行動に導くこと，6）過去よりも現在と未来に焦点をあてること。

　ここでも見えてくるものは，クライエントとの良質な関係を構築し，協働して

解決に向かうという姿勢である。つまり，クライエントに敬意を払い，その能力を信じ，強みが引き出されるような柔軟性を持つことを心掛ける。

　このようにブリーフセラピーとは，クライエントが解決の主体となるような援助関係のあり方に関心を持ち，その文脈の中で効率や効果について研究を重ね，その結果を実践に還元する。そのような心理援助の領域であるとまとめることができるのではないだろうか。そうすると，特に「ブリーフ」という言葉を持ち出さなくても良いのではないかという気もしてくる。実のところ白木（1997）は，すでに20年以上前にモデルの1つとしてのブリーフセラピーに別れを告げ，「良質なセラピー」を目指すべきであり，その結果としてのブリーフな（短期となる）セラピーであることの大切さを指摘している。つまり，冒頭のバベルの塔の話を持ち出すならば，異なる言語の1つとしてのブリーフセラピーではなく，共通する言語としてのブリーフセラピーとは何かについて追求し，実践する姿勢が求められているのかもしれない。

文　献

Bateson, G. (1977) Steps to Ecology of Mind.（佐藤良明訳（1990）精神の生態学．思索社.）
Budman, S. H., & Gurman, A. S. (1988) Theory and Practice of Brief Therapy. The Guilford Press.
Cooke, A. (Ed.), the Division of Clinical Psychology (2014) Understanding Psychosis and Schizophrenia. British Psychological Society.（国重浩一・バーナード紫訳（2016）精神病と統合失調症の新しい理解―地域ケアとリカバリーを支える心理学．北大路書房.）
Duncan, B. L., Hubble, M. A., & Miller, S. D. (1997) Psychotherapy with "Impossible" Case: The Efficient Treatment of Therapy Veterans.（児島達美・日下伴子訳（2001）「治療不能」事例の心理療法．金剛出版.）
Haley, J. (1973) Uncommon Therapy: The Psychiatric Techniques of Milton H. Erickson MD.（高石昇・宮田敬一監訳（2001）アンコモン・セラピー：ミルトン・エリクソンのひらいた世界．二瓶社.）
ホイト，マイケル（2002）より効果的なブリーフセラピーを目指して．ブリーフサイコセラピー研究，11; 7-12.
菊池安希子・北村文昭（2016）ブリーフサイコセラピーの特徴とは？―第4回会員動向調査（2016）．ブリーフサイコセラピー研究，25(1&2); 35-42.
Miller, S. D., Duncan, B. L., & Hubble, M. A. (1997) Escape from Babel: Toward a Unifying Language for Psychotherapy Practice.（曽我昌祺・黒丸尊治・浜田恭子ら（2000）心理療法・その基礎なるもの―混迷から抜け出すための有効要因．金剛出版.）
小此木啓吾・黒崎充勇（1997）精神分析的なブリーフ・サイコセラピー．精神療法，23(4); 329-338.
Prochaska, J. O., & Norcross, J. C. (2006) Systems of Psychotherapy: A Transtheoretical Analysis, 6th Edition.（津田彰・山崎久美子訳（2010）心理療法の諸システム―多理論統合的分析［第6版］．金子書房.）
白木孝二（1997）ブリーフ・セラピーに別れを告げよう―ブリーフ・セラピーから良質の治療へと，流れが変わることを期待して．精神療法，23(4); 347-354.
高石昇（1997）ブリーフ・セラピーの長所と落とし穴．精神療法，23(4); 362-366.

第 **2** 章

ブリーフセラピーの歴史
──背景としてのエリクソンと社会

吉川　悟

┃ I　ブリーフセラピーの定義は，クライエントの定義を変える

　ブリーフセラピーという名称に関しては，いろいろな立場・思想・方法論・経緯・原典・主張などがあり，ここで示す「定義」がもっともたいへんな作業になる。次項にあるような精神分析を源流とする立場から，晩年のミルトン・エリクソン Erickson, M. H. の心理療法的対応が祖であるという立場，むしろ BFTC（Brief Family Therapy Center）が登場して以降こそが主流であるという立場など，始まりについての議論がもっとも困惑材料かもしれない。

　学術的な経緯のみを概観すれば，Brief Therapy という用語の初出は，高石（1997）の研究がもっとも妥当で，「ブリーフセラピーという呼称がはじめて見られるのは，筆者の知る限りでは Haley の記述で，彼が開業した 1957 年から " ブリーフセラピー " のスーパービジョンを Erickson に受け始め，その時同行したのが Weakland であった」との記述である。

　また，現在使われているブリーフセラピーという表記に近いのは，1988 年の第4回国際エリクソン会議のテーマであった Brief Therapy や，1993 年に国際ブリーフセラピー学会が発足した時に定義された Brief Therapy だと考えるのが妥当であろう。これについて宮田（1997）は，1995 年に行われた会議 "Unmuddying the Waters" で示された内容が基本となっていることを示している。

　ただ，総じて 1990 〜 2000 年代に議論された経緯を見るならば，ブリーフセラピーを実施していると自負するセラピストの姿勢に関する議論に準じるのが，定義の一助になると考える。それは，1994 年に白木の示した「短期的 brief，効果的 effective，効率的 efficiently」からはじまる。これは，1985 年のエリクソン会議などで交わされた議論から来るものである。次に，2002 年に児島は，ホイ

ト Hoyt, M. F. （1998）の「効果的 effective，魅力的 esthetic，倫理的 ethical」という引用を用いている。この児島の主張は，心理療法を行う側ではなく，サービスを受ける側からの要請に応じることを基礎とすべきと主張したものである。これに経済性 economical を考慮すれば，治療者と患者の接点となる治療環境そのものを「ユーザー」として見なすべきであるという視点が存在している。

　これらのことは，これまでの心理療法における「クライエント」という定義をも改めるべきことを暗黙の内に示していると考えられる。それは，これまでの心理療法の対象とされてきたクライエントの定義では，問題を正しく科学的・専門的に判断・把握できる存在ではないとされていた。しかし，ブリーフセラピーを実践すると自負するセラピストは，クライエントの定義を新たにする必要が生じる。それはクライエントとは，自らの不都合や不全感について明らかにすることができ，その改善の努力をする意図を持った存在で，改善のための手続きや方法の一部に行き詰まりを示している存在だと考えることが求められる。

　このようにブリーフセラピーの発展的な展開は，これまでの心理療法における「常識とされてきた前提」を覆す立場にあるのだが，現在のブリーフセラピーを実施していると自負するセラピストの多くは，このことを自覚しているとは言い難い。

▋ Ⅱ　晩年のミルトン・エリクソンの貢献

　先にも述べたが，ブリーフセラピーという名称は，1957 年頃にヘイリー Haley, J. がエリクソンに臨床の指導を仰ぐ際に用いていた言葉が初出であると述べている高石の説が最も学術的妥当性が高い（高石，1986, 1997）。その記述にあたれば，ヘイリーだけでなく MRI（Mental Research Institute）の関係者の多くが，エリクソンの臨床的対応や基本的姿勢に共感し，驚くほど短期的な解決を図るエリクソンの心理療法の特徴をブリーフセラピーという名称で形容していたと考えられる。この用語の出典経緯を重視するならば，ブリーフセラピーは，エリクソンの臨床治験の発展であると位置づけることが適切であろう。

　また，祖として語られることの多いエリクソンであるが，彼の心理療法の柱となっているのは，催眠である。その催眠は，現在も学術的な立場を大きく二分している。エリクソンの立場は，いわゆる臨床催眠研究と呼ばれている領域で，実際に催眠現象を用いて積極的にクライエントを改善に向かわせる志向性の強い臨床的対応を柱とした社会的活動を促進することを推奨している。いわば，学術的発展より，実践的効果の提供を意図した催眠を推奨してきた経緯がある。

　催眠現象そのものは，クライエント自らが主導的に作り出すものではあるが，それをより積極的に催眠現象へと引き込む働きかけ全体がエリクソンの催眠活用法として着目されている。いわば，この催眠誘導などに見られる治療者からクライエントへの積極的な働きかけ方を基礎として，エリクソンの晩年の催眠を用いない心理療法へと展開し，それを基礎として後にヘイリーをして「ブリーフセラピー」と称されるような心理療法として成立したと考えるのが妥当だと思われる。

　ただし，こうしたエリクソンの臨床的接近法への着目を促進したのは，ベイトソン・プロジェクトと呼ばれていたある種のコミュニケーション研究に関与するメンバーであった。このプロジェクトは，ベイトソン Bateson, G. が 1956 年に「精神分裂病の理論化に向けて―ダブルバインド仮説の試み」（Bateson et al, 1956）の論文にて，精神疾患の発症機序を対人関係の中に求めるというこれまでにない対人コミュニケーション研究であった。その研究の中で焦点化された対人コミュニケーションの特徴として，エリクソンの心理療法でのコミュニケーションのエッセンスが含まれていた。いわば，ベイトソン・プロジェクトのメンバーが，エリクソンの心理療法におけるコミュニケーションのエッセンスを研究対象として着目したことが起因でありながら，エリクソンの心理療法におけるあまりにも多彩な対人コミュニケーションのエッセンスに魅了され，その後の経緯でも深い意味はなく「ブリーフセラピー」という呼称を当てはめていたのが実態で，彼らは後日後悔していたほどである（小森，2015）。

▐ Ⅲ　MRI の変遷とその周辺の発展

　さて，ベイトソン・プロジェクトは，人類学者のベイトソンだけでなく，化学者から人類学へと転身し，ベイトソンの研究に賛助していたウィークランド Weakland, J.，論理階型の違いをベイトソンに提言したコミュニケーション研究者のヘイリー，そしてすでに「家族ホメオスタシス」の概念を提唱していた精神科医のジャクソン Jackson, D. D.（1957）など，多彩な諸氏が参与していたプロジェクトであった。

　このベイトソン・プロジェクトで二重拘束状況を作り出す要因として着目されていたのは，「家族」「病棟」そして「治療」であった。ジャクソンは，当時としては珍しく家族関係に造詣が深く，「家族ホメオスタシス」の概念の提唱者として大きく関与している。ヘイリーは，コミュニケーション研究者としてコミュニケーションに見られる「論理階型の誤謬」というアイデアを提供したとされている。そして，共著者にはなっていないが，論文中に登場する「催眠」「治療」に関

しては，まさにエリクソンが多くの実証データを提供している。

　そして，ベイトソン・プロジェクトの終焉と共に，これらのメンバーに加え，家族を対象とした臨床を実践していたサティア Stier, V. が加わり，MRI を設置し，当時は「家族」を対象とした研究が主要なものであった。しかし，1968 年にジャクソンが亡くなって以降，MRI のウィークランドやワツラウィック Watzlawick, P., フィッシュ Fisch, R. などは，家族に対する関心より，心理療法そのものの効率化などに着目した（Watzlawick & Weakland, 1977）。そこには晩年のエリクソンの心理療法のエッセンス，つまりブリーフセラピ- に傾倒していった経緯が論文内容の変遷から見て取れることを小森（2014）も指摘している。そして，ヘイリーがエリクソン研究を重ね，そのコミュニケーションのエッセンスを従来の心理療法と隔絶するために，あえてストラテジー strategy という呼称で説明することで，いわゆるブリーフセラピーを広げていくなどの活動も見られた（Haley, 1963, 1973）。

　そして，ブリーフセラピーにとって大きな転換点を与えたのは，やはりド・シェイザー de Shazer, S. とバーグ Berg, I. K. であろう。1986 年に "Brief therapy: Focused solution development." が *Family Process* に掲載され，BFTC（Brief Family Therapy Center）での実践を示した（de Shazer & Berg, 1986; de Shazer, 1985）。彼らの方法論が着目されたのは，それまでの心理療法の多くが過去を取り扱うことを前提としていた常識を打ち破り，すべてが未来志向で対応できるという点で，これは現実構築主義の発想を活用した心理療法が実践可能であることを提唱していた。

　しかし，彼らは自分たちが提唱している新たな方法論の出自について聞かれると，すべての基本はエリクソンの臨床から知見を得たとし，エリクソンの臨床の中にあったものに現実構築主義という理論的側面を説明概念として付与したとの説明を繰り返した。また，方法論的に MRI で提唱されていたものとの類似を指摘されたとしても，それぞれの出自がエリクソンであるがための類似であるとしていた。

　その後，ソリューション・フォーカスト・アプローチ（解決志向アプローチ）Solution Forcused Approach の呼称となり，2005 年にド・シェイザーが，2007 年にバーグが亡くなるまで，その方法論の展開を続け，よりコンパクトで簡便でマニュアルチックな手続きを広げ続けた（Berg & Peter, 2005）。その広がりは全世界を網羅するに至り，「ブリーフセラピーの象徴」として広がり，あえて言うならばブリーフセラピーという呼称より，ソリューション・フォーカスト・アプローチの方がより広いカテゴリーであるかのような印象を作り上げるに至ってい

る。

Ⅳ　米国におけるブリーフ盛衰の社会的背景

　さて，人の心についての議論は，かつて宗教者の専売であったところから，デカルト Descartes, R.（1649）らが心身二元論でその一部を開放し，そして精神分析療法が新たな心のあり方として世界を席巻した。そこからはじまった心理療法の新しい議論の展開は，学習理論に則った行動科学が新たに提唱されたり，人間性心理学に基づいたロジャース Rogers, C. R.（1942）の非指示的療法へと展開し，家族療法やブリーフセラピーへと移り変わっている。

　この変遷には，それぞれの方法を提唱したマスターセラピストの存在が強調されるが，それ以上にそのマスターセラピストの方法を受け入れ，歓迎するに値する社会的背景が常に伴っていたと考えるべきであろう。フロイト Freud, S. の時代には，純粋な催眠療法でなくとも変化を起こす一群の症例があり，それらは当時の社会道徳に反する自己を心理的に抑圧しなければならなかった社会の有り様と深く関連していた。いわば，精神分析療法の効果についての説明概念が社会的背景とのつながりを意識させるものであることに意味があったと考えられる。行動療法の大家スキナー Skinner, B. F. も同様であり，ロジャースに至ってはその当時の上司との葛藤が社会的な背景と一致していることを含めて，明らかにされている（友久，2008）。

　では，この視点でブリーフセラピーを見てみれば，どのような社会背景があるのだろうか。まず，米国でのブリーフセラピーの前夜をベイトソン・プロジェクトのメンバーがエリクソンの心理療法に着目した時点だと仮定して話を進めたい。

　ちょうど 1960 年代のアメリカの社会での問題は，多くの就労者のアルコール依存への対応が着目されはじめた時期と一致する。ベトナム戦争の泥沼化をかかえ，国内の生産性に対する意欲減退が著しく，それを象徴していたのが労働者のアルコール依存であった。しかし，現在もそうであるが，アルコール依存に対する効果的で決定的な心理療法的対応はなく，精神保健の世界がそれまでにないより有効な方法が登場することを期待していたのである。これがブリーフセラピーの萌芽と繋がっていると考えられる。

　しかし，ジャクソン亡き後の 1970 〜 80 年代の MRI のメンバーが世に出している書籍のほとんどの内容には，当時の主要な心理療法である精神分析療法や行動療法から指摘されるであろう批判や非難に対するコメントが，其処此処にこれでもかというほど含まれていた（Fisch et al, 2010）。いわば，すごく肩身の狭い

思いをしながら臨床実践での有効性を訴え続けていたと言える。

　こうした中で米国では，社会保障制度改革が声高に始まり，1964年のメディケアを皮切りに医療保険・介護・年金などに関連する医療・保健・福祉，そしてそれらの保険にかかわるシステム改革がはじまった。国民の約6割が個別契約となっていた保険会社は，経費節減のため精神医療領域の支払い削減戦略として，「心理療法の種類による治癒像の相違が生じるのか」，いわば心理療法を受ける側からの方法論ごとの質的違いに関する調査研究に着手し，「心理療法の違いによって生じる治癒像には大差がない」という都合の良いデータを獲得した。そこには，米国文化の一部であった心理的問題に対する「家庭医」とされていた精神療法家や，科学的データを数多く提示していた認知行動療法（CBT）などだけではなく，各種のブリーフセラピーと呼ばれる立場のデータも含まれていたのである。かくして保険会社は，約3カ月から半年という短期間の治療費の支払いのみを契約条件として記載するようになったのである。そしてクライエントは日常的な困窮に自らで対処したり我慢し，本当に深刻な問題となった段階になってから，CBTやBrief Therapyの看板のある相談室を検索せざるを得なくなったのである。

V　日本でのブリーフセラピーとは……

　一方，日本については，ブリーフセラピーの導入が1980年代後半とするところからはじめたい。当時も，米国からの精神療法の輸入が盛んで，特に「家族療法」への注目がはじまっていた。ただ，不幸なことに家族療法は，1950年代から1980年代の間に大きな変貌を遂げており，いわば「古いものから新しいものまで」が同時進行的に導入される結果となった。当然であるが古いものは従来の心理療法との一致が見られて親和性が強く，新しいものほど違和感が強くなるのが当然である。加えて，早い段階から家族療法の導入に関与してきた人にとっては，古いものを前提とした主張がなされるのも当然であった。

　MRIがジャクソンの死去によって，研究対象が「家族」から「ブリーフ」に転換したように，当時の若手には「古い家族療法」ではなく，「最新の家族療法」への憧れが強くあったのは否めず，そこで学術的背景の共通性以上に新たな主張を相互に受け取り，臨床実践の有効性に焦点を当てた集まりとして，「ブリーフセラピー」を掛け声として集まる集団が生まれたと考えられる。

　現在のほぼ95％の会員がこんなことを思った経験はないだろうか。それは，「なぜこの学会名は，『日本ブリーフセラピー学会』ではなく，わざわざ精神分析の領域でもっとも用いられていた『日本ブリーフサイコセラピー学会』という名称

なのだろうか」という疑問である。当時の社会的背景を鑑み，関係する複数の団体との相克を上手く避けようとする戦略性は，現在も学会名として用いられている「ブリーフサイコセラピー」という名称がその当時の戦略性を色濃く残す象徴となっていると考えられる。

　惜しむらくは，社会的背景が変化し，それぞれの学術団体の存在が，どのような意味があると考えているのかを再考できない，無駄な『忖度』や『無関心』を前提としたものであるなら，むしろ社会的存在意義が消失したとして解散すべきものであることに早く気づいてもらいたい。もしくは，それでも「ブリーフセラピー」という名称の元に集まることの意義や意味がどのように社会的に存在するのかを再度明確に示すことそのものが，その元となっているブリーフセラピーの定義そのものを新たに世に問い直す機会となると考える。

Ⅵ　補足事項と終わりに代えて

　米国の精神保健の基盤は，日本の国民皆保険制度とは異なり，各個人が保険会社との契約を結ぶことが基本で，その上に精神的問題に対する『精神的な「家庭医」』の存在が当たり前の文化であった。しかし，保険会社の受診回数制限は，この『精神的な「家庭医」』という文化そのものを崩壊させた。そこには「ブリーフセラピー」という看板を掲げることの必然を迫られた『精神的な「家庭医」』の存在が透けて見えたであろうか。その後も，医療を中心とした社会保障制度の改革としてマネージド・ケアが叫ばれ，より一層の効果・効率の向上に着目しすぎた結果，根本的な「サービスを受けるはずであった患者の存在」が見えなくなり，政治的紆余曲折もあったが，対人サービスの現場に対して「効果・効率」という志向性のみに着目することの禁忌が明確に示されるという皮肉な効果と結果をもたらしたとされている。

　本章で示すべきであったことで抜け落ちているのは，精神分析の領域で用いられているブリーフ・サイコセラピーについての解説である。これについては筆者が概説するよりも，小此木ら（1997）がその歴史的背景や主要な方法との方法論的差異などについて明確に示しており，誤解のない理解のためには，ここでの記載は最低限に留めることとした。

　また，日本のブリーフセラピーに関する社会背景との相同については，より古くからの経緯を確認するためには，本章で示したいくつかの高石が記載した論述や，総論として述べているもの（高石，1994）にあたっていただくのがよいと考える。

　他にも補足すべきことについて，いくつか羅列しておきたい。1つは，1980年にはじまった「エリクソン会議」とされる現在も継続されている国際会議で，当時の会議での提言に準じた心理療法サービスそのものをより効率化しようとする姿勢が現在でも続いていることを伝えておきたい（Zeig, 1987）。また，日本における本学会設立当時の社会的背景については，詳細は記載に耐えられず，断片記載はいくつかあるものの，明確に示しているものはないことをご容赦いただきたい（詳しくは，吉川［2003］）。

　最後に，最初のブリーフセラピーの定義の話に戻るのだが，いったいどれはどのクライエントや家族やサービスを期待する人たちに主張できるのか，自らに問いかけてもらいたい。心理的・精神的困窮や混乱の改善を「確実にできます」と自負することはやり過ぎであったとしても，「できる限りあなたに負担なく，期待されているサービスを遂行することが，多くの同種のサービスをする人よりは確実にできます（思うのではなく，断言として）」程度のコメントができることくらいが，最低限のブリーフセラピーを実践しているという発言に繋がると考えるのはまだ穿っているのであろうか。

文　献

Bateson, G., Jackson, D. D., Haley, J., & Weakland, J. (1956) Toward A Theory of Schizophrenia. Behavioral Science.（Bateson, G.（2000）精神分裂病の理論化に向けて―ダブルバインド仮説の試み．In：佐藤良明訳：精神の生態学（改訂第2版）．新思索社，pp.288-319.

Berg, I. K., & Peter, S. (2005) Brief Coaching for Lasting Solutions. W. W. Norton.

Descartes, R. (1649) Les passions de l'ame.（谷川多圭子訳（2008）情念論．岩波文庫．）

de Shazer, S. (1985) Keys to Solution in Brief Therapy. W. W. Norton.（小野直広訳（1994）短期療法―解決の鍵．誠信書房．）

de Shazer, S., & Berg, I. K. (1986) Brief therapy: Focused solution development. Family Process, 25; 207-222.

Fisch, R., Ray, W. A., & Schlanger, K. (Eds.) (2010) Focused Problem Resolution: Selected Papers of the MRI Brief Therapy Center. Karnac Books.（小森康永訳（2011）解決が問題である―MRIブリーフセラピー・センターセレクション．金剛出版．）

Haley, J. (1963) Strategies of Psychotherapy. Grune & Stratton.（高石昇訳（1986）戦略的心理療法―ミルトン・エリクソン心理療法のエッセンス．黎明書房．）

Haley, J. (1973) Uncommon Therapy: The Psychiatric Techniques of Milton H. Erickson MD. W. W. Norton.（高石昇・宮田敬一訳（2001）アンコモンセラピー―ミルトン・エリクソンのひらいた世界．二瓶社．）

Hoyt, M. F. (ed.) (1998) The Handbook of Constructive Therapy. Jossey-Bass.（児島達美監訳（2006）構成主義的心理療法ハンドブック．金剛出版．）

Jackson D. D. (1957) The Question of Family Homeostasis. Psychiatric Quarterly Supplement 31-1.（ドン・D・ジャクソン（2015）家族ホメオスタシスの問題．In：小森康永・山田勝訳：家族相互作用―ドン・D・ジャクソン臨床選集．金剛出版，pp.79-90.）

児島達美（2002）ブリーフ・セラピーへの招待．現代思想，30(4); 70-83.

小森康永（2014）ドン・D・ジャクソンは，相互作用理論を使ってどのようにブリーフセラピーを牽引したのか？　家族療法研究，31(3); 237-243.

小森康永（2015）解説―パロ・アルトの家族療法家　ドン・D・ジャクソン．In：小森康永・山田勝訳：家族相互作用―ドン・D・ジャクソン臨床選集．金剛出版，pp.289-335.

宮田敬一（1997）ブリーフセラピーの現状と今日的問題．In：宮田敬一：解決志向ブリーフセラピーの実際．金剛出版，pp.11-27.

小此木啓吾・黒崎充勇（1997）精神分析的なブリーフ・サイコセラピー．精神療法，23(4); 329-338.

Rogers, C. (1942) Counseling and Psychotherapy: New Concepts in Practice.（末武康弘・諸富祥彦・保坂亨訳（2005）カウンセリングと心理療法―実践のための新しい概念．岩崎学術出版社．）

白木孝二（1994）ブリーフセラピーの今日的意義．In：宮田敬一編：ブリーフセラピー入門．金剛出版，pp.26-41.

高石昇（1986）訳者まえがき．In：ヘイリー，J.（高石昇訳）：戦略的心理療法―ミルトン・エリクソン心理療法のエッセンス．黎明書房，pp.5-6.

高石昇（1994）心理療法短期化への動向と展望．日本ブリーフサイコセラピー研究，Ⅲ; 1-15.

高石昇（1997）ブリーフ・サイコセラピーの長所と落とし穴．精神療法，23(4); 362-366..

友久久雄（2008）ロジャースと非指示的療法―三つの疑問から．龍谷大学教育学会紀要，7; 1-15.

Watzlawick, P. & Weakland, J. H. (1977) The Interactional View: Studies at the Mental Research Institute Palo Alto 1965-74. W. W. Norton.

吉川悟（2003）ブリーフセラピーの志向するもの．家族心理学年報，21; 80-96.

Zeig, J. (Ed.) (1987) The Evolution of Psychotherapy. Taylor & Francis.（成瀬悟策訳（1989, 1990）21世紀の心理療法Ⅰ・Ⅱ．誠信書房.）

第2部

ブリーフサイコセラピーの
各アプローチ

第 **3** 章
エリクソニアン・アプローチ

津川秀夫

▎I　はじめに

　エリクソニアン・アプローチ Ericksonian approach とは，アメリカの精神科医であり心理学者であるミルトン・エリクソン Milton H. Erickson（1901-1980）の影響を受けた心理療法の総称である。

　エリクソンの臨床は「普通でないセラピー uncommon therapy」（Haley, 1973）と形容されたように，それまでの心理療法の常識とかけ離れていた。エリクソンは人の肯定的な側面に注目し，現在や未来に焦点づけた。また，セラピストの影響力を行使し，変化や解決に導いていった。それらの特徴は，人生早期の否定的な経験に注目し，中立的な関与を旨として洞察を志向した，20世紀の心理療法の潮流とは明らかに異なるものであった。

　また，エリクソンは催眠の優れた実践家であり研究者であった。ハル Hull, C. L. の催眠デモンストレーションに触発され，エリクソンは大学2年生の時に催眠を始めた。ハルは誘導する側を中心に催眠を捉えており，誘導される側とのやりとりやその個別性に重きをおかなかった。一方，エリクソンは誘導される者との協力のなかから催眠は生まれるとし，多様な反応を許容する柔軟で間接的な誘導を確立させていった。エリクソンはアメリカ臨床催眠学会を創立し初代会長を務めたほか，同学会誌の編集長を10年間務めるなど，催眠の発展に大きく貢献した。

　1950～1960年代にかけて人類学者のベイトソン Bateson, G. のグループがコミュニケーション研究の一環として，エリクソンの臨床に注目した。ダブルバインドについての論文「統合失調症の理論化に向けて」（Bateson et al., 1956）のなかにも，エリクソンのエピソードが記されている。これらベイトソンらの研究やヘイリー Haley, J. の著作を契機にして，エリクソンの革新的な視座や手法は，

催眠の領域に留まらず，心理療法の実践家に広く知られるようになった。心理療法の学派のなかでも特に家族療法やブリーフセラピーに及ぼした影響は大きく，MRI のブリーフセラピー，ストラテジック・アプローチ，解決志向ブリーフセラピーの発展においては，エリクソンの影響を抜きに語ることができない。

　ここでは，エリクソンの臨床の概観を示すことを目的にするが，エリクソニアン・アプローチは特定の理論やマニュアルをもたない。そこで，エリクソンの言葉や事例から基本的な治療姿勢や志向性を抽出して概説したい。

▌ Ⅱ　個別性

　エリクソンの臨床においては，パラドックスや混乱技法など奇抜でユニークな治療技法が注目されやすい。たしかに，困難な問題をかかえたクライエントがエリクソンの介入により劇的な変化を遂げる様を見ると，各種の治療技法に関心が向くのは当然かもしれない。しかし，それら華やかに映る治療的介入にはその前提があることも併せて踏まえておきたい。すなわち，それは人それぞれの違いを把握し尊重するというエリクソンの治療姿勢である。個別性を認めクライエントの世界を尊重する。だからこそ，その人に合ったさまざまな関わり方が生まれてくる。

　エリクソンは言う。

　「人は一人ひとり独自の存在である。したがって，心理療法はその人のニーズに合わせて形づくられるべきである。人間の行動仮説という"プロクラステスのベッド"にその人を当てはめてしまわないように」(Erickson, 1979)

　クライエントは一人ひとり違う。生活の背景もこれまでの学習経験もそれぞれ異なっている。他者との関わり方も，物事への取り組み方も，一人として同じ人はいない。それにもかかわらず，セラピストの多くはその違いを無視し，自分の習得した理論や概念にクライエントを当てはめようとする。

　エリクソンはギリシャ神話の「プロクラステスのベッド」を引き，臨床家のその傾向を戒めている。プロクラステスはベッドの大きさに合わせて人を伸ばしたり切ったりする愚行を繰り返していた。私たち臨床家は，プロクラステスのように，理論というベッドにクライエントを無理やり当てはめてはいないだろうか。一人ひとりの独自性を認め，それに応じて関わること，これがエリクソニアン・アプローチの基本姿勢である。

▌Ⅲ　観　　察

　「人はそれぞれ違う」という見解は，エリクソンの信条というよりも，観察から導きだされたものである。エリクソンは極めて鋭い観察眼をもっていたことで知られる。ポリオから回復する過程において筋肉一つひとつのわずかな動きに気づく力を身につけ，研修医時代にも徹底して観察力を鍛えあげた。その観察眼をもってクライエントを捉えた結果，誰一人として同じではないという結論に至ったのである。

　臨床家をトレーニングする際にも，エリクソンは特定の技法を教えることはなく，もっぱら観察する力を養うようにしていた。彼は観察の重要性について，研修医時代の指導医の言葉を借りてこう語る。

　「ぼうっとした顔で，口を閉じ，目を開け，耳をすませて歩き回りなさい。あなたの推測や仮説を支持する証拠をつかむまで判断を控えなさい」（Zeig, 1980）

　エリクソニアン・アプローチでは，個々の特徴を捉えるとともに，相互作用interaction を観察対象とする。嫁がこう言うと姑がああ返すとか，息子が暴れると母親が機嫌をとるなどの対人間のやりとりの連鎖を見る。このときに，姑の方が悪いとか，息子がこうなったのは母親のせいだ，いや父親に責任があるなどの価値判断は脇に置いておく。見たことを見たままに，聞いたことを聞いたままにする。これが観察のポイントである。

　人と人との間を見るのと同様に，個人のなかの相互作用である認知や生理的反応なども捉えていく。例えば，いじめられた経験のある中学生が同年代の生徒を見ると，心臓がドキドキしたとする。それならば，その中学生のなかで「見る→思い出す→動悸がする」という連鎖のあったことが理解される。ここでもその原因を詮索せずに，得られた事実から把握できる相互作用を追いかける。

　対人間・個人内の相互作用の観察は，直接見聞きしたものに加え，クライエントに聞きながら進めていくのもよい。エリクソンは観察の一環として問題や症状について丁寧にクライエントに尋ねていた。どのようにして問題が起こったか。問題はどの場所で起きたか。誰と一緒にいたか。問題はどれくらいの頻度で起き，その持続時間はどれくらいか。エリクソンはこのような質問を用いて問題状況を詳細に描写させていった（O'Hanlon, 1998）。また，エリクソンは「症状はヤカンの取っ手のようなもの」と語った。

　「取っ手をうまくつかんだならば，ヤカンを自由に動かすことができる。だからこそ一つの症状も無視してはならない。症状から細かいことが全てわかってく

る」(Haley, 1982)。

　意味づけや解釈を控えて，対人間・個人内の相互作用を観察し，出来事の起こった状況について情報収集を続ける。そうしていくと，あらゆる現象は固定した形をもたずに刻々と変化していることが体感される。特定の条件下において生じた現象はその条件が変わるとまた違う形をとる。愛情や憎しみも，親子関係も友人との関係も，常に移り変わり留まることはない。しかし，自然な変化が阻害され，繰り返し生じてくるものがある。それが問題や症状であり，不毛なやりとりが強固なパターンによって支えられている。エリクソンは言う。

　「疾病は，心因性であれ器質性であれ，何らかの明確なパターンをもっている。とりわけ心因性の障害ではそうである。したがって，このパターンを崩すことが最も有効な治療手段である」(Rossi, 1980)。

　エリクソニアン・アプローチでは，観察や情報収集を通して，クライエントの特徴を捉え，問題・症状のパターンを把握する。それはそのまま変化や改善に必要な指針になる。これがエリクソニアン・アプローチのアセスメントである。

▌Ⅳ　利　　　用

　利用 utilization とは，クライエントの示したあらゆるものを治療的に活用することを指す (Erickson et al., 1981)。利用は，エリクソニアン・アプローチの中心概念であり，催眠の使用・不使用にかかわらず，エリクソンの臨床は利用の原則に支えられている。

事例1

　エリクソンがウースター州立病院に勤めていた時，自分のことをイエス・キリストであると信じ込んでいる患者がいた。その男性はシーツをマントにして病棟内を闊歩し，布教にいそしんでいた。イエスでないことを説得しても彼は聞く耳をもたず，医師の指示にも病院のルールにも従うことがなかった。

　エリクソンが「あなたは人々に仕えるために地上に来たのですね」と尋ねると，男性はそれに同意した。“人々に仕えるため”テニスコートの整地をするようエリクソンは依頼し，患者は石や泥をテニスコートから取り除く作業に取り組むことになった。

　またある時，エリクソンは「あなたには大工の経験がありますね」とその患者に尋ねた。イエスの父ヨーゼフは大工であったから，イエスにもその経験があった。イエスと自称する患者は大工の経験のあることを認め，“人々に仕えるため”

今度は本棚を修理することになった。そのようにして，その患者は院内のさまざまな仕事に携わるようになった（Gordon et al., 1981; Haley, 1973）。

　エリクソンは，キリストだという患者の信念を否定することはない。その信念に合わせ，人々に仕えるためにその男性が地上にやって来たことをエリクソンは確認する。そして，テニスコートの整地や本棚修理を依頼し，役割をもち生産的な活動ができるように導いていく。
　この事例を見ると，利用は単なる理念や心構えではないことが見えてくる。臨床家を当惑させるような言動に対峙したとき，今ここでどう関わるべきか，その指針になるのが利用である。
　最初の段階では，相手の言動や価値観などに同調する「合わせ pacing」を行っていく。キリストという信念にそって話をすることがこれにあたる。合わせに続いて，治療的な方向づけを加える「ずらし leading」に移る。テニスコートの整地や本棚の修理の依頼がこれに相当する。クライエントの世界に合わせ，それを尊重しつつ望ましい方向へとずらしていく。すなわち，利用は，合わせとずらしの2つの過程からなる（Bandler et al., 1975; 津川，2005）。
　エリクソンはこれを端的に次のように示す。
　「患者の考えがどのようなものであっても受け入れてみてください。その後で方向づければよいのです」（Erickson et al., 1981）

▌V　自然志向

　エリクソンは自分のセラピーについて，自然志向 naturalistic approach と呼ぶことがあった。自然志向とは，クライエントがもともと備えている力や経験に注目し，それを引き出し活用することを意味する。それは催眠を使うときも同じように当てはまる。
　「催眠は新しい能力をつくりだすものではない。すでにもっているにもかかわらず認識されていない能力をもっと利用できるようにするものだ」（Rossi, 1980）
　それまでの生活や学習経験を通して，クライエントは問題を克服する力やトランスに入る力を自然に身につけている。それを無意識の力と捉えても，リソース resource やストレングス strength と言ってもよい。セラピーにおいては，新たな知識やスキルを学ばせることよりも，クライエントのリソースを引き出すことが優先される。

事例2

　7歳の少女が保護用のブランケットに包まれて連れてこられた。少女は大型犬にかまれ，さらにその飼い主にこっぴどく非難された。それから，少女は登校や外出ができなくなり，外に出ることを考えるだけで，嘔吐や下痢，頻脈，気絶などの症状が出た。

　エリクソンは，ブランケットについて話題にし，それにくるまっていたい気持ちと，それから出たい気持ちについて，話し合うことからセラピーを始めた。

　また，エリクソンは少女を「強くて健康な女の子」と捉えた。「私が驚いたのは，君の心臓はもっとドキドキしていてもおかしくないのに，そうでなかったことだ。もっと長い時間，気絶していたって不思議でないのにそうではなかった。もっと下痢を繰り返していてもおかしくないのに，そうでないことだって驚くべきことだ」。

　少女はエリクソンと話をするうちに，笑顔をのぞかせるようになった。やがて彼女は冗談まで言えるようになり，エリクソンの飼い犬にも会いたがった。(Short et al., 2005)

　エリクソンは，保護用ブランケットにくるまっている少女に合わせて，ブランケットについての相反する思いについて話す。その対話を通して彼女との関係をつくり，続いてトラウマによって生じた症状に注目する。ただし，それら症状の否定的な側面ではなく，プラスの面に焦点を当てる。すなわち，恐ろしい経験をしたにもかかわらず，少女の症状が驚くほど少ないと意味づけたのである。そのようなエリクソンの話を聞くことによって，少女は自分に備わっているリソースを確認する。

　どんなに深刻な問題や症状をかかえたクライエントであっても，必ずリソースをもっている。ただし，そのリソースはセラピストが拾い上げやすい形であることは滅多にない。したがって，セラピストの仕事は，一見しただけではリソースと気づかないものにリソースとしての価値を見出すことにある（津川，2012）。

　エリクソンは言う。「やってきた患者はヒステリーかもしれないし，強迫性障害かもしれません。あるいは，統合失調症や躁病であったりします。そういう診断分類に当てはめることが大切なのではありません。"これをする力がある"とか"あれをする力がある"というようにどういう力を示したかが重要です」(Haley, 1985)。

▎VI　間接性

　クライエントの幅広い反応を許容し，潜在的な抵抗を回避するために，エリクソンは間接暗示 indirective suggestion を多用していた。間接暗示は多水準のコミュニケーションを可能にするものであり，「〜かもしれない may」などの許容語を用いるシンプルなものから，特定の言葉を散りばめるものなどさまざまな種類がある（O'Hanlon et al., 1992）。また，逸話やアナロジーも間接的にメッセージを伝える手段の1つであり，催眠使用の有無を問わず，アセスメントから介入まで幅広く用いられる。さらには，行動課題も間接的な介入になる。エリクソンが行動課題を出すとき，何をすべきか具体的に指示したが，それは同時に多義的で間接的な課題であることも多かった。

事例3

　アルコール依存症の男性が治療を受けに来た。男性の家族は祖父の代から皆アルコール依存症であり，その男性はそれまでに11回も振戦せん妄を経験していた。エリクソンは「3年もの間，水なしで生き延びるサボテンの驚異に触れて学びなさい」と男性を植物園に行かせた。セッションはその1回のみだけであったが，それ以降，男性は酒を飲むことはなかった。（Rosen, 1982）

　サボテンを観察せよという具体的で直接的な指示であるが，それがまた間接的なメタファーになっている。アルコール依存症の男性にとってアルコールはなくてはならないものであり，それは植物にとっての水に相当する。しかし，サボテンは植物であるにもかかわらず，水なしで枯れることなく炎天下に雄々しく立っている。サボテンを見ながら，男性は何かを学ばねばならないが，何を学んでもよい。

　変化や解決は，直接暗示の結果ではなく，必要とされる体験を再結合させることによって生じる（Erickson et al., 1981）。男性はサボテン観察により，「酒をやめられない」という価値観を変えたかもしれないし，辛抱強さを学んだのかもしれない。あるいは，生き方のモデルをサボテンに見出したのかもしれない。多義的で間接的な課題だからこそ，クライエントはその人に必要な体験を課題に結びつけることができる。

┃Ⅶ　むすび

　ここでは，エリクソンの臨床について基本的な治療姿勢や志向性を概観してきた。「エリクソニアン・アプローチ」と聞くと，特定の理論や形式をもつ心理療法が存在すると考えやすい。しかし，大方のその考えをエリクソンは簡単に覆してしまう。「一人目の患者に対する心理療法は，二人目の患者の心理療法にはならない」（Zeig, 1980）。

　エリクソンの臨床に決まりきった形のないことは，本章において「個別性」「観察」「利用」「自然志向」「間接性」という各テーマから見てきた通りである。エリクソニアン・アプローチでは，観察を通してクライエントの独自性を捉え，それを活かして変化や解決に導く。だからこそ，セラピーの形も一様ではない。

　エリクソンのアプローチをさらに学び臨床力を高めたい人のために，エリクソンその人からの助言を紹介してむすびとしたい。

　　「人と人との間の関係性や人の心の中での関係性，そして行動上の変化における雪だるま効果などについて，よく注意しながら私の論文を読まれることをお勧めします。
　　それから強調しておきたいのは，決まりきったことば遣いや指示，暗示などは，まったく重要ではないということです。本当に大切なのは，変化への動機づけであり，人は誰もが自分のもつ本当の力に気づいていないという認識です」（Zeig, 1985）

文　　献

Bateson, G., Jackson, D. D., Haley, J., & Weakland, J. (1956) Toward a theory of schizophrenia. Behavioral Science, 1; 251-264.

Bandler, R., & Grinder, J. (1975) Patterns of the Hypnotic Techniques of Milton H. Erickson, M. D. Vol.1. Capitola, CA: Meta Publication.

Erickson, M. H. (1979) Brochure for the First International Erickson Congress. Phoenix, Arizona: Milton H. Erickson Foundation.

Erickson, M. H., & Rossi, E. L. (1981) Experiencing Hypnosis: Therapeutic Approaches to Altered States. New York: Irvington.（横井勝美訳（2017）ミルトン・エリクソンの催眠の経験—変性状態への治療的アプローチ．金剛出版．）

Gordon, D., & Meyers-Anderson, M. (1981) Phoenix: Therapeutic Patterns of Milton H. Erickson. Cupertino: Meta Publication.

Haley, J. (1973) Uncommon Therapy: The Psychiatric Techniques of Milton H. Erickson. New York: Norton.（高石昇・宮田敬一監訳（2001）アンコモンセラピー—ミルトン・エリクソンのひらいた世界．二瓶社．）

Haley, J. (1982) Erickson's contribution to therapy. In: Zeig, J. K. (Ed.): Ericksonian Approaches to Hypnosis and Psychotherapy, New York: Brunner/mazel, pp.5-25.

Haley, J. (Ed.) (1985) Conversation with Milton H. Erickson, M. D. Vol.I. New York: Triangle.

O'Hanlon, B. (1998) Possibility therapy: An inclusive, collaborative, solution-based model of psychotherapy. In: Hoyt, M. F. (Ed.): The Handbook of Constructive Therapies. California: Jossey-Bass, pp.139-158.（児島達美監訳（2006）構成主義的心理療法ハンドブック．金剛出版.）

O'Hanlon, W. H., & Martin, M. (1992) Solution-oriented Hypnosis: An Ericksonian Approach. New York: Norton.（宮田敬一監訳，津川秀夫訳（2001）ミルトン・エリクソンの催眠療法入門―解決志向アプローチ．金剛出版.）

Rosen, S. (1982) My Voice Will Go with You: The Teaching Tales of Milton H. Erickson. New York: Norton.（中野善行・青木省二監訳（1993）私の声はあなたとともに　ミルトン・エリクソンのいやしのストーリー．二瓶社.）

Rossi, E. L. (Ed.) (1980) The Collected Papers of Milton H. Erickson. Vol. IV. New York: Irvington.

Short, D., Erickson, B. A., & Erickson-Klein, R. (2005) Hope and Resiliency. Wales, UK: Crown House.（浅田仁子（2014）ミルトン・エリクソン心理療法―〈レジリエンス〉を育てる．春秋社.）

津川秀夫（2005）痛みへのアプローチ―ブリーフセラピー．臨床心理学，5(4); 491-496.

津川秀夫（2012）観察／合わせとずらし／リソース．臨床心理学，12(4); 597-598.

Zeig, J. K. (1980) A Teaching Seminar with Milton H. Erickson. New York: Brunner/Mazel.（成瀬悟策監訳，宮田敬一訳（1984）ミルトン・エリクソンの心理療法セミナー．星和書店.）

Zeig, J. K. (1985) Experiencing Erickson: An Introduction to the Man and His Work. New York: Brunner/Mazel.（中野善行・青木省三監訳（1993）ミルトン・エリクソンの心理療法―出会いの3日間．二瓶社.）

第 **4** 章

システムズアプローチ

田中　究

　システムズアプローチは，ものごとをシステムとして理解し活用しようとする臨床実践の手法である。本章ではシステムズアプローチの要点を7点から示す。他章で挙げられたアプローチに取り組みながら，並行して用いることができるので，まずは気軽に取り入れてみることをおすすめする。各節は「概要」「事例」「解説」によって構成され，不足は「展開」で補われる。事例はすべて合成による架空事例である。

I　システム

概　　要

　「システム終了」といえば，コンピュータの電源を落とす時に目にする，あの文言である。複雑なプログラムの「セット」をすべて，オフにする，という意味である。

　システムは，人や組織，手続きが「セット」として機能している様を表す。クライエントを心理的側面からだけでなく，生物学的側面である神経や筋肉，骨格などのセットからとらえることもできるし，社会的側面である家族や知人，上司といった関係者とのセットから理解することもできる。セットであれば変化は波及する。「個人カウンセリング」に限らず，薬物療法からコミュニティへのアプローチまで，クライエントに影響を及ぼすことさえできれば，どんな選択肢も支援に含めることができる。

事　　例

　コンサルテーションでコンサルティが，「母親はアグレッションが強い人物で」などと，アセスメントについて述べている場面。〈何がきっかけになって母親は「アグレッシヴ」になるのでしょう？〉〈母親が「アグレッシヴ」になっている時，

母親は孤立しているのでしょうか？〉〈母親が好きで「アグレッシヴ」になっているのではないとしたら，母親を追い詰めているのは何だと思いますか？〉コンサルタントはそのように問いかけた。するとコンサルティはハッとして，「私はすっかり母親だけを問題視していました」と述べた。

解　説

「アグレッション」といった，事象を個人の性質に切り詰める術語は人間関係の中で有意味となるのであって，もし当該の人物が孤島に一人身をやつしたら，意味をなくすだろう。したがって，システムズアプローチのセラピストは問題や症状，あるいは「まし」な状況がどのようにして成立可能か，その条件面へと発想を転じる。つまり，どのような状況や人間関係において「母親のアグレッション」なるものが強まり，また弱まるのか，関心を持つ。そのようにして明らかになるコミュニケーションの連鎖が人間関係のセット，すなわち「システム」なのである。

また，こうした作業は，上記のように関係者にしばしば思考の変化をもたらす。

展　開

何はともあれ，『セラピスト入門』（東，1993）から。ひとしきり内容に驚愕した後，実践が困難なことに落胆したら，そこがシステムズアプローチのスタートラインになる。システムとコミュニケーションの関連については，『システム論からみた学校臨床』の第1章「システム理論の概論」（高橋，1999）で臨床実践に引き寄せる形で解説されている。

システムズアプローチは，コミュニケーションを会話の内容だけでなく話の流れや非言語，コミュニケーションの不在にまで拡大する。すなわちコンテクスト（文脈）を重視する。『戦略的心理療法』（Haley，1963）は古い文献だが，読んでおくとコミュニケーション理解が濃密になるだろう。

▎Ⅱ　相互作用パターン

概　要

相互作用パターンはシステムズアプローチを特徴づける認識の仕方のひとつであり，その源流はベイトソン Bateson, G. にある。ベイトソンは人類学者であった。人類学者はフィールドワークを行うにあたり，対象世界に身を置き，生活の中で繰り返されているパターンにどのような意味があるのか，見出そうとする。

意味が見出せない段階で頼みとなるのがパターンなのである。人類学者にならずとも，人と人とが織りなすパターンを有用な視点として臨床活用することはできる。中でも「良循環の増加，悪循環の減少」は，簡便な臨床的指針になる。

事　例

　ある生徒の発達障害傾向をめぐって，両親と担任とスクールカウンセラー（以下，SC）の4名で会合を開くことになった。SC は中年の厚かましさから，ついいつも通りに「いやあ，良い天気ですねえ」などとフランクに両親に話しかけた。両親もにこやかに挨拶を仕返す。

　しかし，若い担任が微妙に浮かない顔をしているのを SC は見逃さなかった。「しまった，会合をリードし始めてしまった」。SC は慌てた。会合を招集したのは他ならぬ担任だったからである。【この場は私がリードする】という担任の意向を蔑ろにしてしまったかもしれない。「先生，今日はどのあたりのお話から進めて参りましょうか?」，SC は急いで担任に話を振った。

　幸い，担任は議事を進めてくれた。その間，SC は担任と両親とのやりとりに耳を傾けながら，発言を極力，手控えた。その代わり，両親が発言するタイミングでは両親に，担任の発言時は担任に，「なるほど」などと一人肯くことは止めなかった。

　会合終了時刻が近づき，担任に「SC の先生から，何か補足することがありますか?」と振られた際も，「良い会議になりましたね」と，さらに会合終了後も，担任に「随分話し合いが進みましたね」と，あえて所感を伝えるのみとした。

解　説

　どんなに良さそうに見える振る舞いでも，タイミングを外せば最悪の展開を招き入れかねない。

　SC：場を仕切る→両親：なごやかに反応する→担任：うなだれる

　これを悪循環パターンと判断した SC は，すぐさま悪循環パターンの切断に取りかかる。切断と言っても，ホールケーキを切り分けるのとは訳が違う。対象に働きかけることで変化を生み出すというより，セラピスト自身が変わることで副次的にクライエントに影響が及ぶと考えるのが，とらえ方としては穏当である。そういうわけで，SC は進行から手を引く。すると，コミュニケーションのパターンが変わる。

　担任：場を仕切る→両親：なごやかに反応する→ SC：控え目にしている

　SC はこれを良循環パターンと判断，その後はこのパターンが定着するよう自らの動きを調整し続けた。

展　　開

　「良循環の増加，悪循環の減少」を旨とする面接の進め方は，問題を解消するために「正しい方針が必要である」，あるいは「真の原因を探り当てなければならない」という指針の留保と軌を一にする。だから，システムズアプローチにおいて認知や行動の変化，例外探し，問題の外在化等々，面接方針の選定に当たってキーワードとなるのは「有用 expedient かどうか」になる。役に立つならどんなアイディアも使うし，そうでないのなら使わない。

　相互作用パターンの平易な解説としては，『セラピストの技法』（東，1997）の第1章「枠組みを治療対象にするということ」が挙げられる（同書新版（東，2019）ではカットされているので初版を参照のこと）。また，『セラピスト誕生』（東，2010）では良循環と悪循環がシンプルに説明されているので目を通したい。

　悪循環についてそもそも，「ゴールに向けてクライエントが行っている解決努力こそが問題を維持し悪循環パターンを形成する」という MRI（Mental Research Institute）の指針が発端となっている。MRI の研究と実践はシステムズアプローチにとって重要なレファレンスである。『家族療法テキストブック』の「コミュニケーション・モデル」（村上，2013）を参照のこと。

▌Ⅲ　フレーム

概　　要

　パターンとともにフレームも，システムズアプローチが携える基本的な認識の仕方を示す概念である。

　フレーム（枠組み）とは事象，相互作用パターンを一定のところでパンクチュエートし（＝区切り）枠づけたもの，つまり「意味」である。クライエントの言動はどのような意味を指し示しているのか，注意を払う。会った途端に泣きそうな表情で声を震わせてクライエントが言った「こんにちは」は，単なる挨拶を超えて，【辛い気持ちを察して欲しい】というセラピストへの要望を意味するかもしれない。辞書の「こんにちは」の項目を引いても，そのような記述は，当然のこ

とながらない。「こんにちは」の定義はローカルな現場ごとに変わるのである。

　このように，支援の場で用いられる全言動の意味するところをセラピストは考え続ける。その際，意味論と語用論，どちらの視点を持つかによって見えてくるものが変わる。意味論は言葉と外部世界の関連を扱う。語用論は言葉の使用状況に関心を持つ。

事　　例

　小学校高学年の次男が学校で落ち着きがないとのことで担任に勧められ，母子で来談して行われた初回面接。

　母親が経過を説明する中で，「私の育て方が悪かったんです。構い過ぎたんです。だから自分で考えられなくなってしまったんです」と伏し目がちに述べたところで，息子と目が合ったセラピストは，彼が微かに首を傾ける様子をキャッチした。【母親の自責を聞いているのは苦しい，何とかして欲しい】，セラピストは，そう言われている気がした。ここで，面接における，

　　母親：自責感を示す→息子：心理的負荷を示す→ Th：傾聴

というパターンが悪循環を来しているものと判断，その変更および息子からの要望に応えることを意図し，息子に向けて，〈「お母さんの育て方」は，関係ないのかな？〉と問うた。すると息子は明るい表情になって，コクコクと肯いた。そして，担任の話があまりにつまらないために，好きなアニメの名場面を思い浮かべてしまい，楽しくなってついウキウキしてしまうという「内情」が，初めて明かされたのである。聞けば，小さい頃から気が散りやすかったのだという。〈どちらかというと，「担任の話がつまらないこと」や，「息子さんの思考がもともと移ろいやすいこと」が関わっているようですね〉とセラピストが言うと，「そっかあ」と母親は納得した様子。「育て方は関係ないよ」，息子は断言した。

　この後面接のムードは一変，母親の自責は陰を潜めた。息子の学校での過ごし方に焦点を当て，彼の特性に合わせた対策を建設的かつ具体的に検討することができるようになった。

解　　説

　特に複数面接では，フレームはびゅんびゅん飛び交う。それらを上手くとらえると，話が弾むようになったり，さらに，セラピストが何か特別な技法等を駆使せずとも，個人のフレームが，あっという間に変わったりする。

　事例において，母親の「育て方が悪かった」との発話を，単なる「セラピストに対する経過説明」としてとらえるだけでは不十分である。同席し耳をそばだてている息子にとって，その母親の発言はどのような意味を持つのか，考える。直後，セラピストと息子は目が合う。息子は首を傾げる。セラピストはこうした息子の挙動について，「セラピストを見た，首を動かした」という行動面の観察にとどまらず，「息子は，母親に心配をかけて申し訳ない，母親は思い違いをしている，実情を伝達できずもどかしい，などと感じている」といった意味論的掘り下げだけでもなく，セラピストを含む状況から語用論的に解釈し，【母親の自責を聞いているのは苦しい，何とかして欲しい】というセラピストへの要望として受けとっている。そのような，クライエントや家族のフレームに基づいてセラピストは，〈「お母さんの育て方」は，関係ないのかな？〉と問いかけているのであり，「原因追求はするべきではない」というような出来合いの方針を教条的に，一方的に適用しているのではない。

展　　開

　クライエントの発話の一つひとつに，セラピストに対する要望が含まれていると考え，その要望に応えようとする。そうした姿勢は往々にして関係性形成や変化を促進する。『セラピーをスリムにする！』（吉川，2004）の第10章「5分でできる情報収集」を参照のこと。
　フレームの「読解」はいかにして可能か，例えば『家族万華鏡』（Minuchin, 1984）第1部「トリオ—離婚期における家族のパターン」は教材になる。末尾の「ビーバーと池の対話」も楽しい。
　コミュニケーションの非言語的側面を観察することについては，1956年のベイトソンらの記念碑的論文「統合失調症の理論化に向けて」において，その重要性が取り上げられている（『精神の生態学』［Bateson, 1972］第3篇所収）。

Ⅳ　ジョイニング

概　　要

　セラピーや対人援助は，セラピストが一人佇んでいるだけでは何もできない。クライエントであろうと関係者であろうと，誰かと一緒にことに当たる必要がある，ということは，協調的な関係性が築けるかどうかが重大事となる。ジョイニングとは，互いに影響を及ぼせるような関係性をセラピストが構築しようとすることを意味する。

事　例

　あるセラピストのジョイニングを見学した人が,「『お父さん, 今日はいいネクタイされてますね』とか,『今日はよくいらっしゃいましたね』とか, なんだかジョイニングというのは, ちょっとわざとらしいものだと感じましたね」との感想を述べた。それに対して,「もしも君にジョイニングする必要があるときには決してネクタイのことなどほめないよう, そのセラピストにアドバイスしておくよ」と言った。見学者はジョイニングのポイントをつかんだようだった（東, 2010）。

解　説

　ジョイニングは非言語的な特徴や, 関係性のルールに合わせることとされる。しかし, 事前に定められている方法を盲目的に適用しさえすれば, それがすなわちジョイニングになる, と考えてはならない。「個々のクライエントが支持されたと感じること」がジョイニングだからである。

展　開

　ジョイニングは,『家族と家族療法』第7章「治療システムの形成」（Minuchin, 1974）をおさえておくと, トラッキングやミメーシスといった基本的術語を学ぶことができる。セラピストが何をするかではなく, クライエントがどう受けとめるかがジョイニングの成否を決めるというコミュニケーション理解については, 差し当たり『みんなのシステム論』第2章「みんなのシステム実践入門」（田中, 2019）を参照のこと。本件, 社会学者ルーマン Luhmann, N. のコミュニケーション論で詳述されているが,『ニクラス・ルーマン入門』（Borch, 2011）は例示が豊富であり, 入門として好適だろう（特に第2章「社会システム」）。パンクやワインの例がやたらと出てくるので吹き出してしまう。

Ｖ　リフレーミング

概　要

　リフレーミングとは, 意味を変えることであり, 意味が変わることである。一例として, 前者は「ルーズである→おおらかである」といった言葉の言い替えが, 後者は持続的なやりとりをつうじて, クライエントの人生を統制するストーリーが変わること, などが挙げられる。

事　例

「なんで私の気持ちが分からないの?!」

「過去のことは謝ってるじゃないか，こだわるのはもう止めろよ！」

　子どもの問題行動を主訴として来談した両親だったが，互いの不満を言い募っていた。「仲の悪い夫婦」とフレームづけたくなる場面である。しかし，①夫婦はわざわざ来談して，②問題解決に向けてエネルギーを費やしており，③加えて過去から未来に目を転じようとしてもいる。だからセラピストは，緊迫する夫婦に対して微笑みさえ浮かべて，こう言うことにした。〈お二人はたいそう，信頼しあっていらっしゃるのですね〉。2人は一瞬きょとんとしたが，すぐに決まり悪そうに苦笑いを返した。2人ともセラピストの発言を少なくとも否定はしない，そんな夫婦の反応を種に，セラピストは続ける。〈本音はあえて言わないようにしているんですか？〉，話題は夫婦それぞれの「善意の意図」へと移る。夫婦の言い合いは静かな語りへと変化していった。

解　説

　現象をセラピストがどのように捉えるかによって，面接展開は変わる。リフレーミングの鍵は，クライエントの囚われではなく，セラピストの囚われを変えることにある，と言うこともできる。あわせてセラピストは，語られていないこと，見えていないものへの眼差しを忘れないようにする。事例においてセラピストは，夫婦の間に「信頼」を見，焦点化した結果，パターンは以下のように変化した。

　　Th：信頼関係に焦点化→夫婦：穏やかさを示す

　これをセラピストは良循環パターンととらえ，促進しようとしたのである。

　リフレーミングにあたってセラピストは，柔軟である必要がある。柔軟性を育む上で，循環性（円環性）概念 circularity は役に立つ。循環性とは，「原因は結果であり，結果は原因である」というように，因果関係が循環することを表す謂いである。

　例えば，「子の怠学」と「親の叱責」は，原因と結果が双方入れ替え可能で，循環する。だから，子（親）は「問題である」「問題ではない」という相反する2つの見方が，どちらもありうることになる。循環的なとらえ方がしっかり身につくと，上記事例のように言い合いをしている夫婦が「問題であるし，問題ではない」というように，どちらとも受けとれるようになる。そこから「夫婦は信頼し

合っている」というリフレーミングまではあと一歩である。

展　開

　循環性といえば，これもベイトソンである。『デカルトからベイトソンへ』（Berman, 1981）の第7章，第8章「明日の形而上学（1）・（2）」がベイトソンの簡潔な解説になっているので，まずここを当たられたい。その先に，ベイトソンの著作を地道に読みとく道程が続く。『精神と自然』（Bateson, 1979）の第2章「学校の生徒もみんな知っておる」から踏み入れることをおすすめする。

Ⅵ　セカンド・オーダー・サイバネティクス

概　要

　フレームにしろパターンにしろ，それらは実在するように見えてセラピストの仮説の域を出ない。先に「役に立つならどんなアイディアも使う」と書いた。ここには「役に立つなら」という条件節が入りこんでいる。条件節は，役に立つかどうかが事前に確定できないことを示唆する。セラピストの言動は，有益となりえているか検証がなされなければ，セラピストの自己満足に終わりかねない。

　セカンド・オーダー・サイバネティクスは，「アセスメントについてのアセスメント」というように，支援にあたって二次的 second order な再調整やそれを可能にするセラピストのメタ認知を推奨することの，理論的背景である。セラピストはクライエントのコミュニケーションだけでなく，セラピスト自身の思考，感情，身体感覚，行動などを自己観察し，それらを活用する。

事　例

　和田（2006）の事例から。パーソナリティ障害と診断されていたある女性クライエントは，セラピストを「白馬の王子様」であるかのように理想化していた。セラピストが距離を置こうとすると自傷行為に及ぶ。セラピストはクライエントの要求にどの程度応じるべきか苦慮していた。このクライエントには治療上，セラピストへの不満を保持できるようになることが必要であると考えたセラピストは，歯に青海苔をつけて面接に臨んだ。面接でセラピストが共感的に微笑む，するとそこに青海苔が覗く。クライエントにとってそれは，「それさえなければ理想的なのに」という我慢できる範囲での不満として作用し，ほどよい関係性形成に寄与した。

解　　説

　セラピストが「介入」できるのはセラピストだけである。「介入」は言葉の内容を工夫することだけとは限らない。システムズアプローチをそれとして最も特徴づけるのは，セラピスト自身をシステムの一部として考え，その影響性を考慮し活用しようとする点である。

展　　開

　セカンド・オーダー・サイバネティクスについては『みんなのシステム論』の第1章「今日から始める，システム論」（赤津，2019）が水先案内になるだろう。助走がついたら，*Aesthetics of Change*（Keeney, 1983）を読みたい。未邦訳だが，ベイトソンの認識にかんするエッセンスが詰まっている。「観察対象 observed system から観察の仕方 observing system へ」という一世を風靡したフレーズに触れることもできる。

　また，この視点を臨床実践に役立てるには，セラピストの仮説検証プロセスが逐語記録で明示されている事例報告に当たるのが実際的である。『新版 セラピストの技法』（東，2019）の第4章「夫婦面接」と第5章「母娘面接」，『システムズアプローチによる家族療法のすすめ方』（吉川・東，2001）の第5章「治療者Hの面接の逐語録」，『家族療法』（吉川，1993）の第3章「治療者の呟きとともに」などは，面接者の経験に定位しながら読むことができる。

▌VII　言語システム論

概　　要

　言語システム論は家族やその他の組織や集団等の既存のシステムに問題を見出すのではなく，「言葉のセット」をシステムとし，その語られ方が変わることを目指す。「システムが問題を作るのではなく，問題がシステムを作る」という言い方もできる。言語システム論は，システムとナラティヴを連続的に理解する上での結節点とみることができる。言語システム論では，幾つかの哲学の立場 philosophical stance を知ることが求められる。例えば，ヴィトゲンシュタイン Wittgenstein, L. の「言語ゲーム」概念は言語システム論の重要な一角を占める。

事　　例

　ヴィトゲンシュタインの例から（Wittgenstein, 1953）。「どこかこの辺に立っ

ていろ！」と言われたら，私たちは「この辺」を見繕って，それなりに「立つ」。その文脈で「この辺」や「立ち方」の定義をミリ単位で見極めようと躍起になったりはしないだろう。私たちはいつの間にか意味を受けとり，どうしようもなく慣行に従ってしまう。と同時に，その判断が正しいのかどうか，底知れない不確定性に晒される。

解　　説

意味は主体的に運用できるものではないとするこうした「哲学の立場」は，臨床的な課題とダイレクトにつながる。例えば，ジョイニングはできているかもしれないし，できていないかもしれない。それを確認するための検証も，的を射ているかもしれないし，外しているかもしれない。どこまでも不確実性が伴う，だからシステムズアプローチは，「良循環の増加，悪循環の減少」を指針としてその都度「成果」を積み上げようとするのである。

展　　開

言語システム論については『協働するナラティヴ』（アンダーソンら，2013），その下地となっている社会構成主義については『あなたへの社会構成主義』（Gergen，1999）が入り口になる。ただし，とかく喧伝されがちな「対話の可能性」は，ストーリーは社会（的なやりとり）から獲得できるとする微視的視点と，ストーリーは社会（的な慣習）に従属するとする巨視的視点とに分類（Burr，2015）される社会構成主義の言わば「片側」であり，地に足の着いた実践を行うためには，その素地となっている個々の哲学に触れる必要がある。また，言語システム論に影響を与えた近年のシステム論オートポイエーシスの臨床適用については，まずは吉川論文（1997），田中論文（2013）を参照のこと。

システムズアプローチは突如出現したものではない。家族療法や行動療法といった土壌が必要であった。また多様性の尊重，コラボレーションといった今日的トピックを旨とするナラティヴ・セラピーやコラボレイティヴ・アプローチは，システムズアプローチを苗床に花開いている。各アプローチ間の関係性を歴史的，鳥瞰的に理解することで，流派に縛られることのないクライエント本位の臨床実践が可能になるはずである。

文　　献

赤津玲子（2019）今日から始める，システム論．In：赤津玲子・田中究・木場律志編：みんな

のシステム論―対人援助のためのコラボレーション入門．日本評論社，pp.14-32.

アンダーソン・H，グーリシャン・H，野村直樹（2013）協働するナラティヴ―グーリシャン
　　とアンダーソンによる論文「言語システムとしてのヒューマンシステム」．遠見書房．

Bateson, G. (1972) Step to an Ecology of Mind. Chicago: University of Chicago Press. （佐藤良明
　　訳（1990）精神の生態学．思索社．）

Bateson, G. (1979) Mind and Nature: A Necessary Unity. New York: E. P. Dutton. （佐藤良明訳
　　（1982）精神と自然―生きた世界の認識論．思索社．）

Berman, M. (1981) The Reenchantment of the World. New York: Cornell University Press. （柴田
　　元幸訳（1989）デカルトからベイトソンへ―世界の再魔術化．国文社．）

Borch, C. (2011) Niklas Luhmann. London: Routledge. （庄司信訳（2014）ニクラス・ルーマン
　　入門―社会システム理論とは何か．新泉社．）

Burr, V. (2015) Social Constructioninsm, 3rd Editon. London: Routledge. （田中一彦・大橋靖史
　　訳（2018）ソーシャル・コンストラクショニズム―ディスコース・主体性・身体性．川島
　　書店．）

Gergen, K. J. (1999) An Invitation to Social Construction. London: Sage Publications. （東村知子
　　訳（2004）あなたへの社会構成主義．ナカニシヤ出版．）

Haley, J. (1963) Strategies of Psychotherapy. Florida: Grune & Stratton. （高石昇訳（1986）戦
　　略的心理療法―ミルトン・エリクソン心理療法のエッセンス．黎明書房．）

東豊（1993）セラピスト入門―システムズアプローチへの招待．日本評論社．

東豊（1997）セラピストの技法．日本評論社．

東豊（2010）セラピスト誕生―面接上手になる方法．日本評論社．

東豊（2019）新版 セラピストの技法．日本評論社．

Keeney, B. P. (1983) Aesthetics of Change. New York: Guilford Press.

Minuchin, S. (1974) Families and Family Therapy. London: Harvard University Press. （山根常男
　　監訳（1984）家族と家族療法．誠信書房．）

Minuchin, S. (1984) Family Kaleidoscope. London: Harvard University Press.（信国恵子訳（1986）
　　家族万華鏡．誠信書房．）

村上雅彦（2013）コミュニケーション・モデル．In：日本家族研究・家族療法学会編：家族療
　　法テキストブック．金剛出版，pp.89-92.

高橋規子（1999）システム論の概論．In：吉川悟編：システム論からみた学校臨床．金剛出版，
　　pp.9-27.

田中究（2013）オートポイエーシス・システムによる学校臨床へのアプローチ．ブリーフサイ
　　コセラピー研究，21(2); 56-69.

田中究（2019）みんなのシステム実践入門―15のポイント．In：赤津玲子・田中究・木場律志編：
　　みんなのシステム論―対人援助のためのコラボレーション入門．日本評論社，pp.33-55.

和田憲明（2006）思春期臨床から産業臨床へ―小郡まきはら病院方式による臨床的工夫と発展．
　　In：牧原浩監修，東豊編：家族療法のヒント．金剛出版，pp.171-179.

Wittgenstein, L. (1953) Philosophische Untersuchungen. Oxford: Basil Blackwell. （藤本隆志訳
　　（1976）ウィトゲンシュタイン全集8 哲学探究．大修館書店．）

吉川悟（1993）家族療法―システムズアプローチのものの見方．ミネルヴァ書房．

吉川悟（1997）「治療者にいじめられてきた」と訴える患者とどう会話したのか．ブリーフサ
　　イコセラピー研究，6; 61-81.

吉川悟（2004）セラピーをスリムにする！　金剛出版．

吉川悟・東豊（2001）システムズアプローチによる家族療法のすすめ方．ミネルヴァ書房．

第 **5** 章

解決志向アプローチ

田中ひな子

I　はじめに

　解決志向アプローチ Solution-Focused Approach（ソリューション・フォーカスト・アプローチ，以下 SFA）は，ベイトソン Bateson, G. のコミュニケーション理論に基づいた家族療法とエリクソン Erickson, M. H. の心理療法の流れを汲むブリーフセラピーである。1980 年代，米国ミルウォーキーの Brief Family Therapy Center（BFTC）においてド・シェイザー de Shazer, S. とバーグ Berg, I. K. らのグループによって開発された。クライエントのもつリソース（能力，強さ，可能性）を引き出し，それを活用する対人援助法である。現在は，心理臨床，医療，福祉，教育，子育て支援，司法矯正，産業などの領域で，個人面接，家族面接，子どもとの面接，グループカウンセリング，ケース・カンファレンス，スーパーヴィジョン，学校における学級経営や職場の組織づくりなどさまざまな形で利用されている。

II　前提と原則

1．解決を構築する

　SFA では，問題や原因をテーマにするのではなく解決，すなわちクライエントが「望んでいること」と「できていること（できたこと）」に焦点を合わせた会話を行う。したがって，「問題には必ず原因があり，その原因を除去することによって問題は解決する」という問題解決アプローチとは大きく異なっている。

　SFA では「変化は必然である」という前提に基づいて，「問題には必ず例外があり，例外を見つけ出してそれを増幅していくことで解決が構築される」と考える。「例外」とは，問題が起こっていないときやそれほど深刻ではないときの経験である。それはすでに存在している解決の断片であり，例外を一つずつ積み上げて日

常化することが解決構築である。一つの小さな変化（例外の発見）がきっかけとなり次の良い変化を引き起こす。この波及効果 ripple effect を広げて良循環となるようにセラピストは援助する。

2．クライエントは自分の人生の専門家である

人は一人ひとりユニークな存在であり，自分の人生と生活の専門家である。セラピストはそれをクライエントから教えてもらう立場にあり，純粋な好奇心から質問を発する「無知の姿勢（not knowing）」をとることが大切である（Anderson & Goolishian, 1992）。SFA の主な技法は質問であり，それは，「すべてのクライエントは，自分たちの問題を解決するのに必要なリソース（資源）と強さをもっており，自分たちにとって何が良いことなのかをよく知っており，またそれを望んでいて，彼らなりに精いっぱいやっている」という前提に基づいている（Berg & Miller, 1992）。

3．協働する会話

前述の前提に基づいたセラピストの質問に，クライエントは自分自身を振り返り，これまで思い及ばなかった何かに気づく。すると，それまで見過ごしてきた出来事が重要な意味を持ち始める。人は会話を通して現実とその意味を作り上げていく。セラピストは会話の専門家として，またクライエントは自分の人生や生活の専門家として協働して解決を構築する。SFA は，「現実は人々のコミュニケーション（相互作用）を通して言語的に共同制作される」と考える社会構成主義に基づいている（Anderson & Goolishian, 1992; de Jong & Berg, 2013）。

4．中心哲学

SFA では中心哲学として，以下の 3 つのルールを定めている。

①うまくいっているのなら，変えようとしてはいけない
②もし何かがいったんうまくいったのなら，もっとそれをしてみよう（Do more ！）
③もしそれがうまくいかないのなら，何か違うことをしてみよう

Ⅲ　面接の進め方と技法

初回面接の流れに沿って主な技法を紹介していきたい（de Jong & Berg, 2013）。

1．クライエントの思考の枠組みを探求する

クライエントはまず問題について話すことが多い。そこから繰り返し使うキーワードやクライエントにとって重要な人物と事柄を聞き取る。言葉がその人の思考の枠組み frame of reference を表すので，クライエントの使っている言葉を用いて質問すれば，クライエントの枠組みに沿った質問となる。これは面接全体を通じて心がける基本である。

2．クライエントの望む解決像を描く

クライエントの願望をウェルフォームド・ゴールという形に言語化する。

1）ウェルフォームド・ゴールの特徴
　①クライエントにとって重要なこと
　②クライエントの生活の中で現実的で達成可能なこと，小さなこと
　③抽象的な言葉（例：自分らしく生きる，余裕ができる）ではなく，具体的な
　　行動レベル（例：一人暮らしをする，旅行する）で表現する
　④問題の不在や終わり（○○しない）ではなく，何か他のことの存在や始まり
　　（かわりに△△をしている，始める）で表現する

2）ミラクル・クエスチョン──解決後の生活を想像する
　クライエントが望んでいることに関する会話をソリューション・トークと呼ぶ。その際に役立つ技法がミラクル・クエスチョンである。クライエントの問題の話が一段落したときに「今日はそうしたことがどうなることを望んでいらしたのですか？」と尋ねて，会話を解決へ方向づけた後に行う。
　「これから変わった質問をします。今晩あなたが眠り，家中が寝静まっている間に奇跡が起こるとします。それはあなたがここにいらっしゃることになった問題が解決するという奇跡です。でもあなたは眠っているので奇跡が起こったことを知りません。明日の朝，あなたが目覚めるときにどんな違いから，奇跡が起こり，問題が解決したのだとわかるでしょうか」（de Shazer, 1988）。
　セラピストは「例えば？」「まず？」「他には？」，（「○○をしない」という表現には）「そのかわりにどのような行動をしているでしょうか？」と尋ね，クライエントがイメージできるよう援助する。

3）関係性の質問──他者の視点で考える

「奇跡が起こったことに（解決したことに）最初に気づくのは誰ですか？」「その人はあなたのどのような変化に気づきますか？」「その変化に気づくと,その人は今とは違うどんなことをするでしょうか？」

私たちは関係性の中で生きている。そのため,問題によって損なわれた大切な人との関係（信頼や敬意）の修復を願って来談する場合も多い。他者の視点から考えることによって,より現実的で行動レベルの解決像が浮かび上がる。

例：ウツによる欠勤を主訴とする 20 代女性にミラクル・クエスチョンをすると,しばらく沈黙が続いた。セラピストが「どうぞゆっくり考えて下さい」と言葉をかけると,「うーん,よくわからないですけど,たぶん気分が良くなっている」と話し始めた。「着替えて朝食をとり,定時に出勤する。職場では仕事が捗り,打ち合せをさぼらないで,自分から上司に報告する。早めに仕事が終わり,帰宅して家族と食事をする。ダラダラとスマホゲームをしないで,すぐ入浴する。音楽を聴きながらストレッチをして,明日の服を用意してから寝る」。このように奇跡後の一日を映画のように描き出した後,関係性の質問を行うと,「最初に母が気づく。母は,私が笑顔でおはようと言う,自分で起きてくる,おしゃれをすることから気づく。次は上司で,上司は私が締め切り前に書類を提出し,同僚と一緒にランチに行っていることから気づくだろう」とのことだった。

3．例外の探求

1）例外探しの質問

「今,お話しになったこと（ソリューション・トーク）に少しでも近いことは,最近どのようなことがありましたか？」

これは「変化は必然であり,例外はすでに存在している」という前提に基づく質問である。

2）コーピング・クエスチョン──例外を引き起こした対処行動を問う

「（その例外を）いったいどのように行ったのですか？」「何がよかったのでしょうか？」「どんな工夫をしたのですか？」「何が役立ちましたか？」

例外には,意図的例外と偶然の例外がある。意図的例外は「健診前なので断酒した。代わりにコーヒーを飲んだ」「ボーナス前なので出社した。そのために早く寝た」「大切な仕事があったので薬物を使わなかった。そのために危険な人物とは会わないようにした」「昨日は万引きしなかった。小さなポシェットを持って友人と一緒に店に行った」とコーピングを説明することができるので,クライアント

は技術として繰り返すことができる。一方，偶然（宝くじに当たった，事故，トラブル，苦手な上司の出張など）による例外は，コーピングを尋ねても答えることができない。その場合は，その例外状況の詳細を訊いてみよう。例えば，「宝くじに当たったので気分がよくて家族とケンカにならなかった」という偶然のような例外でも「家族が喜ぶ土産を買って帰った」「気持ちに余裕があったから家族の話に耳を傾けた」という意図的努力が伴っていた。

3）スケーリング・クエスチョン──0 から 10 の数字で考える

①面接前の変化のスケーリング

「0 が予約を入れた時の状態（もしくは問題や状況が最悪だった時），10 を解決した状態とすると，今日はどのあたりですか？」「どんなことから，その数字だと思うのですか？　0 の時と比べて何が違っていますか？」

「どのようにして，ここ（その数字）まで来ましたか？」（コーピング・クエスチョン），「このスケールで 1 上がった時には，どんなことが違っているでしょうか？」

例：子どもの家庭内暴力に悩む親へのスケーリング。「今は 4 ぐらい。最悪のときは殴られてケガをした。心中を考えたこともあった。現在は物を壊すことはあるが，家族に暴力をふるうことはなくなった。一緒に夕飯を食べることもある。（Th：どのようにしたのですか？）本を読んで接し方を変えてみた。子どもも悩んでいるとわかった。口うるさく言わないようにしたり，友人と会って気分転換をしたり。夫も早く帰宅して対応してくれるようになった」「（Th：数字が 1 上がった時には？）食後にすぐ自室に戻らないで家族と一緒にテレビを見たりする」。

来談した時点で最悪の状態ということはほとんどない。予約時から初回面接までの短い期間に 2／3 のクライエントに良い変化が起こっているという。これは「面接前の変化」（pre-session changes）と呼ばれている（Weiner-Davis, 1987）。

万が一，クライエントが現状を「0」と答えたのならば，「そんな状態なのに，どうやって来談することができたのですか？」「そんな状態で一体毎日どのように過ごしているのですか？」「これ以上悪化しないために，どのようにしているのですか？」とサバイバル・クエスチョンを行うことができる。

②意欲のスケーリング

「10 が解決するためには何でもする，0 が何もする気はなく何かいいことが起きるのを待っているだけとすると，どのぐらいの意欲がありますか？」

例：ウツ状態を主訴とする会社員は「7 です。どんなにつらくても復職をあきらめることはできません。子どもたちに幸せな生活をさせたいですから」と答えた。

③自信のスケーリング

「0 が解決する自信が全くない，10 がとても自信があるとすると今どのぐらいですか？」

例：薬物依存のクライエントは「8 です。私は自分で学費を稼いで大学を卒業しました。決めたことはやり遂げる人間なのです」と答えた。

4．面接終了前のフィードバック──コンプリメントと提案

面接の終了前に 5 分から 10 分の休憩をとりフィードバックを作成する。そしてセラピストはコンプリメントと提案をクライエントに伝える。

1）コンプリメント（ほめてねぎらう）

クライエントが自分の良い変化や長所，リソースに気づくことができるように，クライエントが大切にしていることを肯定し，うまくいっていること（例外），努力や工夫，長所などをほめてねぎらう。これはフィードバック時に限らず，面接中は常に行うよう心掛ける。

2）提　案

提案には，観察を促す提案と行動を促す提案がある。最初にうまくいっていることを続ける（Do more）提案を行ない，解決のために自ら行動しようと考えているクライエント（カスタマー・タイプ関係）には行動する提案を，それ以外は観察する提案といったように，クライエントに合わせた提案を行なう。

① Do more 提案──うまくいっていることや役立つ行動を続ける

例：「お話しをうかがって，自助グループに参加する，家族と話す，スポーツジムへ行くことが役立つとわかりました。ぜひこの工夫を続けてください」

②例外とコーピングを観察する提案

例：「今日から次回までの間，お子さんと穏やかに過ごせた時間に，どのようにしたのか，何が良かったのかを観察して次回教えてください」

例：「暴力をふるってしまいそうな衝動が生じた時，どのように克服しているのか，観察して次回教えてください」

④初回面接公式課題──ゴールや例外が不明確なとき

「あなたの生活に今後も続けて起こってほしいことを観察して，次回，話してください」

⑤奇跡のふりをする提案──ゴールが明確で行動する意欲が高いとき

「都合の良い日を 1 日選び，誰にも言わずに奇跡が起こったふりをしてみてくだ

さい。そして，何が起こるか観察してください」

5．2回目以降の面接── EARS

2回目以降の面接でも，初回面接と同様，例外と良い変化について会話を続ける。「何がよくなっていますか？」と尋ねて，前回から今回までの例外を引き出し（Eliciting），コーピングを尋ねてそれを増幅し（Amplifying），強化する（Reinforcing）。そしてまた最初に戻って「他に何がよくなっていますか？」と続けていく（Start again）。クライエントがこの EARS の質問に答えることが難しい場合，セラピストは前回から今回までの出来事を詳しく聞き出し，良い変化や新たなコーピングを明らかにする。

▌Ⅳ　特徴的な臨床場面における対応

1．クライエントが強制されて不本意ながら来談したとき

クライエントが他者（家族，上司，教師など）から強制されて不本意ながら来談している場合をビジター・タイプ関係と呼ぶ。まず，「誰が，どのような変化を期待して来談を勧めたのか？」「その期待に対してクライエントはどのように考えているのか？」を尋ねる。そして，来談せざるを得なかった事情を理解してねぎらい，クライエントの来談動機や願望を探し出し，次回の来談を提案する。

例えば，ある中学生は「登校してほしい」という両親の考えに同意できないが，「両親との関係を改善して小遣いがほしい」という願いがあるので来談した。さらに会話を進めると，もらった小遣いで楽器を買って音楽仲間を作りたいと考えていた。

ある高校生は低体重を心配する親の「体重を増やしてほしい」という考えに反発していたが，「親の許可を得て短期留学したい」という願いがあるので来談した。医学モデルでは「摂食障害」と診断するかもしれない。だが，SFA ではクライエントの望む解決をゴールとして採用することによって，変化への意欲を高め協力関係を築く。日々の出来事は相互作用を通じて円環的に生じているので，何か一つ小さな変化が起こるとそれが生活全体に波及効果を及ぼす。変化しやすい部分から変化させるのが，解決への近道である（田中，2019）。

2．クライエントが他人が変化することを望んでいるとき

「他人が変化することで解決する」とクライエントが考えている場合を，コンプレイナント・タイプ関係と呼ぶ。クライエントは「自分は無力な犠牲者である」

と感じて，問題の観察者の立場をとる。セラピストは例外について観察する提案をして，自分に解決のために行動する力があると気づくよう援助する。例えば，夫の飲酒問題に悩む妻には「夫がお酒を飲まなかったとき」，子どもの不登校に悩む親には「子どもが登校したり，先生や友人とコミュニケーションをとるなど調子が良いとき」について観察するよう提案する。

3．クライエントが変化や援助を拒否しているとき

「問題」とされていることも，クライエントにとっては生きるためのコーピングとなっている場合がある。「問題行動（飲酒，薬物，拒食，自傷など）をやめる気はない。放っておいて」と言うクライエントには「そのこと（飲酒，薬物，拒食，リストカット，ギャンブル，万引き等の問題）はどのように役立っていますか？　どのような助けになっていますか？」と尋ねてみる。飲酒は「入眠」，薬物は「嫌なことを忘れさせてくれる」，リストカットは「生きている実感」，万引きは「高揚感」や「倹約」，ギャンブルは「変化への希望」，拒食は「自信」を与えて助けになっているかもしれない。その場合，「問題」を手放すためには，それに代わるコーピングを見つけることが必要となるだろう（田中，2019）。

4．後退・再発（スリップ，ぶり返し）したとき

後退・再発は回復の一つのプロセスである。成功（登校，出社，断酒，断薬など）していたからこそ後退・再発ができる。いかにして後退・再発を止めたかに焦点を合わせ，以前の状態を回復できるよう援助する（Berg & Miller, 1992）。
「今回，ぶり返す（スリップ）までどのぐらいの期間，うまくいっていましたか？　その期間はどのようにしていましたか？　何がよかったのでしょうか？」
「前回のぶり返し（スリップ）と今回はどのように違っていますか？」
「（飲酒，欠席，ギャンブルなど）ぶり返したとき，どのようにしてそれ（再発した問題）をやめることができたのですか？　何でまたそこで（2杯目，3日間，2回など）でやめようという気になったのですか？」

Ⅴ　おわりに

解決志向アプローチはシンプルな技法である。質問や提案の方法がわかりやすく示されており，臨床場面ですぐに用いることができる（de Jong & Berg, 2013）。だが，クライエントの思考の枠組みを尊重しないで進めたならば，それは「解決強制アプローチ」となり面接は不首尾に終わるかもしれない。もっとも大切なこ

とは，無知の姿勢でクライエントの一歩後ろから導くことである。このアプローチで面接を続けていく中で，セラピストは過酷な状況から解決を実現していくクライエントの強さと賢さに驚かされる。まさにクライエントこそ専門家である。

文　　献

Anderson, H., & Goolishian, H. (1992) The client is the expert: A not-knowing approach to therapy. In: Mcnamee, S., & Gergen, K. J. (Eds.): Therapy as Social Construction. Sage.（野口裕二・野村直樹訳（2014）クライエントこそ専門家である─セラピーにおける無知のセラピー．In：野口裕二・野村直樹訳：ナラティヴ・セラピー─社会構成主義の実践．遠見書房，pp.43-64.）

Berg, I. K., & Miller, S. D. (1992) Working with the Problem Drinker: A Solution-Focused Approach. W. W. Norton, New York.（齋藤学監訳（1995）飲酒問題とその解決．金剛出版．）

Berg, I. K.（1994）Familly Based Services: A Solution-focused Approach. Norton.（磯貝希久子監訳（1997）家族支援ハンドブック─ソリューション・フォーカスト・アプローチ．金剛出版．）

Berg, I. K. & Dolan, Y.（2001）Tales of Solutions. Norton.（長谷川啓三監訳（2003）解決の物語─希望がふくらむ臨床事例集．金剛出版．）

de Jong, P., & Berg, I. K. (2013) Interviewing for Solutions. Thomason Brooks / Cole.（桐田弘江・玉真慎子・住谷祐子訳（2016）解決のための面接技法［第 4 版］．金剛出版．）

de Shazer, S.（1988）Clues: Investigating Solutions in Brief Therapy. Norton.

de Shazer, S.（1991）Putting Difference to Work. Norton.（小森康永訳（1994）ブリーフ・セラピーを読む．金剛出版．）

de Shazer, S.（1994）Words Were Originally Magic. Norton.（長谷川啓三監訳（2000）解決志向の言語学─言葉はもともと魔法だった．法政大学出版．）

黒沢幸子（2008）タイムマシン心理療法─未来・解決志向のブリーフセラピー．日本評論社．

Lee. M. Y., Sebold. J., & Uken. A.（2003）Solution-focused Treatment of Domestic Violence Offenders: Accoutability for Change. Oxford University Press.（玉真慎子・住谷祐子訳（2012）DV 加害者が変わる─解決志向グループ・セラピー実践マニュアル．金剛出版．）

Lipchik, E.（2002）Byond Technique in Solution-focused Therapy. The Guilford Press.（宮田敬一・窪田文子・河野梨香監訳（2010）ブリーフセラピーの技法を越えて─情動と治療関係を活用する解決志向アプローチ．金剛出版．）

Miller, S. D. & Berg, I. K.（1995）The Miracle Method: A Radically New Approach to Problem Drinking. Norton.（白木孝二監訳（2000）ソリューション・フォーカスト・アプローチ─アルコール問題のためのミラクル・メソッド．金剛出版．）

Milner, J. & Bateman, J.（2011）Working with Children and Teenagers Using Solution Focused Approaches. Jessica Kingsley Publishers.（竹之内裕一・バレイ（佐俣）友佳子訳（2019）解決志向で子どもとかかわる．金剛出版．）

森俊夫・黒沢幸子（2002）森・黒沢のワークショップで学ぶ─解決志向ブリーフセラピー．ほんの森出版．

龍島秀広・阿部幸弘・相場幸子（2017）解決志向リハーサルブック．遠見書房．

田中ひな子（2019）未来から構成される現在─解決志向アプローチ．In：信田さよ子編：実践アディクションアプローチ．金剛出版，pp.67-75.

Weiner-Davis, M. (1987) Building on pretreatment change to construct the therapeutic solution. An exploratory study. Journal of Marital and Family Therapy, 13; 359-363.

第 **6** 章
ナラティヴ・アプローチ

市橋香代

Ⅰ　はじめに──ナラティヴ・アプローチとは

　Narrative（ナラティヴ）は，物語と訳されることが多いが，語り（叙述），事実や経験に基づく話，また narration（ナレーション）のように対話のあいだにある地の語り部分（解釈や説明，文字情報以外の描写など）を指す。ナラティヴ・アプローチは，既成の物語（ドミナントなストーリー）に埋もれた，いまだ語られていない部分（not yet said）に焦点を当てて，個別の経験に合わせたストーリーを紡ぐことを援助するアプローチである。同じ言葉に対しても，人によってさまざまな意味づけがなされることを，「スーツケースというだけでは中身はわからない（unpacked suitcase）」と例えることもある。

　物語を組み直す主体は本人である。治療者は著者や登場人物とはならず，あくまでもストーリーの中心から離れて，やりとりを通して文脈を作る手伝いをする。これを脱中心化という（White, 2007）。なんらかの「診断」や「障害」というラベルを伝えることなどにより，治療者が中心となって「物語を書き換える」行為とは真逆の営みである。

　ナラティヴという枠組みについて，簡単な例を挙げてみたい。たとえば，さい銭泥棒が盗んだお金を落としたとする。それを聞いて，ある人は「悪いことをしたのでバチがあたった」と考えるかもしれない。そこで誰かが科学的根拠の欠落を指摘したところで，とりあえず「そうだね」という同意は得られても，「バチが当たった」という考えを修正することはそれほど容易ではないだろう。

　ブルーナー Bruner, J.（1986）は，出来事の因果関係をもとに現実を構成する際の2つの認知・思考モードとして論理科学モードとナラティヴ・モードを示した。それぞれの認知・思考モードは性質が異なるため，一方のモードで他方のモードをなんとかしようとするのは難しい。モードの違いとは，たとえば感情をぶ

つけてきたパートナーに理屈を並べて応じたら，相手の気持ちはおさまらず，かえって火に油を注ぐ結果となる，などである。

　論理科学モードは近代以降広く普及しているのだが，それとは別のモードで人は因果関係を考えるというのがナラティヴ・アプローチの出発点である。その背景には，論理科学モードによる近代的（モダン）な思考を，人間関係を扱うセラピーに援用したことへの違和感がある。これは，治療者側が誠心誠意，策を練って患者を治療するというモデルにおいて，はからずも生じてしまった，セラピストとクライエントのヒエラルキーに関する問題意識ともいえる。ナラティヴ・アプローチとして特徴付けられる方法論に共通する考え方のひとつが，それまで治療者側にあまり自覚されてこなかった，この権力構造に対する気づき，である。

　医療面接などでも，質問者の問いかけ次第で異なる情報が導かれ，アセスメントに影響を与えるということは当然の前提である。ただ，ナラティヴ・アプローチの基礎となっている社会構成主義 social constructionism では，それを「質問者が上手に聞けば真実に近づける」という設定ではなく，聞き取りのプロセスで双方が話した内容によってまさに現実が構成される，と考える。この場合は social を「社会」ではなく「社交」と考えるとわかりやすい（野村，2013）。

　この認識の変化は，対人関係を扱う家族療法において，家族などをシステムとして捉える過程で，治療者がシステムから離れた観察者として存在するのではなく，問題によって発生した（治療）システムの一部として捉えられたことによる変化でもある。家族療法領域でのシステムから言語／解釈（ストーリー）への認識論の転換である（Anderson & Goolishian, 1988）。

　本章ではこのような社会構成主義[注1]の認識論に立って実践されている幾つかの手法をナラティヴ・アプローチとして総称する（McNamee & Gergen, 1992）。同じ枠に括られるものには，コラボレイティヴ・アプローチ（Anderson & Goolishian, 1988; Anderson, 1997）やリフレクティング・チーム（Andersen, 1987, 1991）があるが，紙面の都合で具体的な内容に関してはナラティヴ・セラピーについてのみ記載する。

▌Ⅱ　ナラティヴ・セラピー

　ナラティヴ・セラピーはオーストラリアのホワイト White, M. とニュージーランドのエプストン Epston, D. によって開発された，カウンセリングやコミュニテ

注1）ポスト・モダン，構成主義，構築主義など，括り方はいろいろあると思われる。

ィワークにおけるアプローチである（White & Epston, 1990）。その特徴は，「問題が問題である（人や人間関係が問題なのではない）」という言葉に示される通り，問題を人々から離れたものとして敬意を払いながら扱うところにある。

　ナラティヴ・セラピーはその思想からも，現場に合わせた実践を重視し，セラピストの中心化を避ける慎重な姿勢をとる。固定した物語（理論や手法）が必要以上の力を発揮してしまうことへの懸念から，教科書的なものを作ることにも慎重であった。結果としてホワイトが総論的なガイドとなる『ナラティヴ実践地図』を記したのは，惜しくも晩年となってしまった 2007 年である。

　一方で，ホワイトが活動していたナラティヴ・セラピーの郷 Dulwich Centre[注2]では，トレーニングを受けたナラティヴ・セラピストにわかりやすい入門書の執筆を依頼し，スタッフが一緒になって作り上げた。これが『ナラティヴセラピーって何？』（Morgan, 2000）であり，その内容は今も同センターのホームページに掲げられている。その中では，「セラピストは各自いくぶん違った形でナラティヴな考えを取り入れている」として，いくつかの特徴を記載している。

- ・人々のアイデンティティに対する特定の理解のしかた
- ・問題と人に対する問題の影響についての特有な理解のしかた
- ・人々の人生と問題について人々と話す特別な方法
- ・治療関係やセラピーの政治学や倫理についての特有の理解のしかた

　では，実際のナラティヴ・セラピーはどのようなものだろう。上述の 2 冊，『ナラティヴ実践地図』と『ナラティヴ・セラピーって何？』を参考に主要な 6 つの会話について記載する。もちろん全てが必ず網羅的に実施されるということではない。地図という言葉には，直線的ではないこと，共に旅をするガイドという意味合いが含まれている。

1．外在化する会話（立場表名地図）

　外在化の対象となるのは問題に限らないが，ここでの最初のステップは問題の外在化である。問題の外在化は「問題が問題である」というナラティヴ・セラピーの重要な部分を担うプロセスである。問題を自己，あるいは他者，あるいは人間関係から切り離して，問題を客体化することにより，人は問題から離れたアイ

注2）オーストラリアのアデレードにある（https://dulwichcentre.com.au）。ナラティヴ・セラピーの開発者が南半球の住人であることは，このセラピーの成り立ちに少なからぬ影響を与えていると思われる。

デンティティを経験することができるとされている。

　外在化する会話は類型化すると4つの質問カテゴリーから成る。それらを用いた立場表明地図（マップ）と単純化したやり取りの例を示す（図1）。4つの質問カテゴリーは以下の通りである。

①「問題」の特別で経験に近い定義を協議する

　問題について，経験から遠い大域的（専門的）なものから「経験に近く」「特別な」ものに定義するプロセスである。（セラピーにやってきた）当人の言葉を用いて，彼らの人生理解に基づいたものにする。

②「問題」の影響をマッピングする（編集記を作成する）

・家，職場，学校，仲間の文脈
・家族関係，自分自身との関係，友人関係
・アイデンティティ，当人の目的，希望，夢，抱負，価値観
・当人の将来の可能性と人生の展望

③問題の活動の影響を評価する

　問題の活動が人生に与える主要な影響を，人々が評価するプロセスであり，②で引き出された編集記を要約しながら行う。

・問題からの影響を受けることに満足されていますか？
・あなたはそれについてどう感じるのでしょうか？
・この展開に対するあなたの姿勢は，ポジティヴですか？　ネガティヴですか？　両方でしょうか？　それともどちらでもないですか？　もしくはその中間なのでしょうか？

④評価の正当性を証明する（正当化質問）

　サイコセラピーの文化ではユニークなのだが，この段階では「なぜ」の質問を柱とする。ナラティヴ・セラピーでは，「なぜ」質問が，人々が人生で価値をおくことについての考えに声を与え，本人にとってよりポジティヴなアイデンティティティへの展開を助けると考えられている。

・なぜこのことはあなたにとっていいこと／よくないことなのでしょうか？
・なぜあなたはそう感じているのでしょうか？

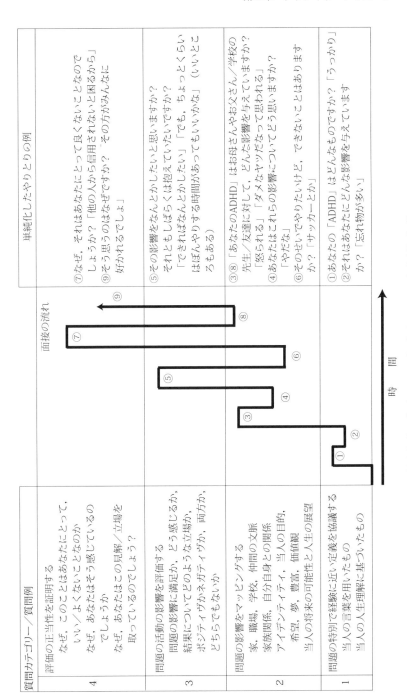

図1　外在化する会話のチャート（White, 2007 を参考に作成）

・なぜあなたはこの立場をとっているのでしょうか？

　③同様，たいていは②の編集記を前置きするのだが，「わかりません」と返ってきたら，セラピストは，②についてその影響をより幅広く概観するように勧め，他の人たちの回答例から選択肢を示すなどしながらサポートする必要がある。

　外在化に際しては，「問題と戦う」というような敵対的な例え（メタファー）や，問題を完全に悪いものと考える全体化は，当人たちが価値をおいていることを置き去りにする可能性があるため，セラピストから導入する事は控えた方が良い。当人から導入されてしまった場合には，セラピストは採用されうる他のメタファーに注意を向けつつ話を進めることになる。

2．再著述する会話

　相談にやってきた人が問題について語る時，通常は困難をテーマにした出来事を抽出し，時間軸上で順に結びつけて話す。これらはしばしば失敗，無力感や挫折などを反映している。再著述する会話では，このドミナントなストーリーラインに合わない，見過ごされてきたような出来事や経験（例外やユニークな結果）を見つけ出し，別の（オルタナティヴな）ストーリーラインの入り口を提供する。

　例外を見つけるという発想は，解決志向アプローチとも共通するものである。解決志向アプローチでは，すでにある解決から未来に向けて解決を構築していく。一方，ナラティヴ・セラピーでは，（ドミナントな）ストーリーラインの裂け目にある例外的なプロットを並べて，その中にある豊かな経験を引き出し，新しいストーリー・ラインを再著述しようとする。セラピストは，行為の風景とアイデンティティの風景について質問しながら，両エリアを行き来して，新しい文脈を作り上げることを助ける（図2）。次に2つの質問について述べる。

①行為の風景についての質問

　ドミナント・ストーリーにそぐわないユニークな結果を発見したセラピストは，「いつ？」「どこで？」「誰が？」「何を？」と，その詳細について多くの情報を知りたいと思うに違いない。

・それはいつですか？
・あなたはどこにいましたか？

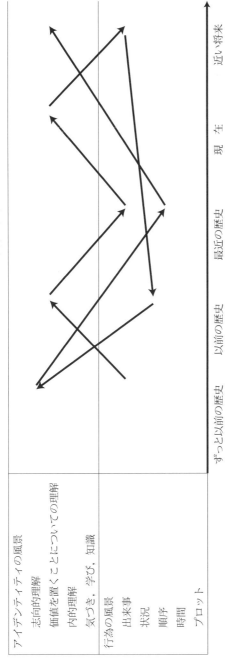

図2　再著述する会話のチャート（White, 2007 を参考に作成）

- ひとりでしたか？　誰かと一緒でしたか？
- その前にどんなことがありましたか？
- その後にはどんなことがありましたか？
- 前にもそんなことがありましたか？
- ○○さんはそのことについてなんと言いましたか？

②アイデンティティの風景についての質問

　一方でユニークな結果について，その人にとっての意味を探求していくのが，アイデンティティの風景についての質問である。この骨子についてホワイト（2007）は「行為」と「意識」の描写に言及したブルーナー（1986）を引用しながら5つの要因（主観性，判断，知識，印象，推定）を示している。そしてこれらの質問は，「もしかしたら」「かもしれない」「おそらくは」などのように仮定法的スタンスで発せられるとしている。

- 欲求，願望，好み：あなたが人生で望んでいることにとってどんな意味があると思いますか？
- 価値：これらはあなたのどんな価値観に結びついているのですか？
- 人間関係の質：もしそのようなことが起こったら，あなたは○○と自分との関係をどのように語るのでしょうか？
- 個人的スキルと能力：あなたのどんな能力がこの時に発揮されたのでしょうか？
- 意図，動機，計画，目的：この行動はあなたの人生にとって何を意味していますか？
- 信念と価値観：このことはあなたが大切にしている考えについて，どんな意味がありますか？
- 個人的資質：これを実行するのに，あなたの中でどんな能力が必要でしたか？

3．リ・メンバリングする会話

　人々のアイデンティティの基礎となるのは，核となる自己よりも周りの人との関係によるという考え方[注3]で，そのメンバーになってもらう人を慎重に選ぶのがリ・メンバリングである。その人の過去，現在，そして予測される未来におけ

注3）この点に関しては分人という考え方もひとつの参考となるかもしれない（平野啓一郎『空白を満たしなさい』講談社文庫）。

る重要な人物を選んで目的を持って関わり直す作業である。

　メンバーは直接の知人である必要はなく，テレビのキャラクターやぬいぐるみ，ペットかもしれない。問題を抱えた人は重要な関係から孤立していることが少なくない。ユニークな結果を発見した場合，セラピストはまず，行為の風景について尋ね，それがアイデンティティの風景に結びついた時に，たとえば次のような質問をする。

・このことについては他に誰が知っていますか？
・このことを聞いて一番驚かないのは誰ですか？

　これらの質問により，その人にとって望ましいアイデンティティを補強するメンバーが増え，豊かなストーリーが記述されることが期待される。

４．定義的祝祭（アウトサイダー・ウィットネス）

　定義的祝祭は，治療的会話に聴衆を加え，目撃者 witness による豊かなストーリー展開を目指すものである(Myerhoff, 1982)。ホワイトはアンデルセン Andersen, T.（1987）のリフレクティング・チームの考え方にヒントを得て，専門家のチームも直接的に聴衆をかかわらせるインスピレーションを得たとしている。それは下記の構造を持つ。

① 当人たちの語り
② 外部にいる目撃者（アウトサイダー・ウィットネス）による語り
③ ②に対する当人たちの語り直し

　アウトサイダー・ウィットネスが②で語るのは，面接の要約ではなく，自身が心を惹かれた部分についてであり，共感ではなく共鳴を大切にする。②の部分でガイドとされる４つの質問カテゴリーは以下のものである。

①表現：人々の表現の中で，自分が興味を惹かれたことを同定して話す
②イメージ：会話を聞いていた時に頭に浮かんだイメージを描写する
③個人的な共鳴：なぜその表現に惹かれたのかを説明する
④忘我：自分の心の動かされ方について説明する

　アウトサイダー・ウィットネスでは，さまざまなコメントがありえるが，セラ

ピストにはプロセスに対する責任を負う。コメントは「何でもあり」というわけではない。以下のようなやりとりは判断を含んでおり，治療的文脈の権力関係から当人たちに疎外感を与えかねないとして，注意喚起がなされている。

　　肯定すること，祝福を伝えること，ポジティヴな事柄を指摘すること，力や資源に焦点を当てること，文化的規範に照らし合わせた判断を下すこと，他者の人生を解釈（リフレーミング）すること，問題解決を狙って介入を行うこと，アドバイスを与えること，など

　　セラピストは，誇張的称賛に対しては，話のどの部分に惹かれたのか，表現について焦点化する必要がある。「自伝的になること」に対しては，話のどの部分が響いたのか（共鳴）についての経験を共有するよう励ます。「一段下の立場をとる」ことは，誤解された感覚や英雄化による孤立感につながることがある。苦痛表現に惹きつけられたコメントに対しては，話の中で出てきた当人の大切にしている価値観や希望などについて質問し，痛み表現を越える援助となるよう努める。

　上記を見ると，ナラティヴ・セラピーと他のアプローチの差異への主張が透けて見える。下線は筆者がつけたものであるが，これらを読むと，ブリーフセラピストはギョッとするかもしれない。次項も同様の意図で下線を付した。

5．ユニークな結果を際立たせる会話

　ドミナント・ストーリーから外れたユニークな結果や例外は，相談に来た人に特権的に著作権を付与するセラピストの脱中心化とともに，オルタナティヴ・ストーリーを生み出す。セラピストが著作権を引き受けてしまうと（中心化），「確信モード」に入り，賞賛を与えること，ポジティヴなことを指摘すること，そしてリフレーミングを試みることにやりとりが限定されやすい。

　セラピストの脱中心化に際しては，立場表明地図 ver.2（問題をユニークな結果に置き換えた4つの質問カテゴリー，『ナラティヴ実践地図』[White, 2007]）が役に立つ。これは再著述する会話への導入の基礎となり，人々は人生で何に価値をおくかなどの理解に応じて行為の風景についての質問などを通して，彼らの歴史に関わり直すことができる。

6．足場作り会話

　以上のような会話を進めるにあたり，人々が馴染みのある身近なものから徐々に実現可能なステップを踏んで新しいことに挑戦できるよう，ホワイトは *Maps of Narrative Practice*（2007）の最後に足場作りとして5段階の分離課題を挙げている。

①初級分離課題：「問題」「ユニークな結果」の特徴づけ
②中級分離課題：「問題」「ユニークな結果」のマッピング
③中上級分離課題：「問題」「ユニークな結果」の影響評価
④上級分離課題：評価の正当化
⑤最上級分離課題：行動計画

Ⅲ　おわりに

以上がナラティヴ・セラピーの主だった地図である。もしかするとこの先には「5つの分離課題／行為とアイデンティティ／時間」という3次元のマップが出てくるのかもしれない。ナラティヴ・アプローチはスマートな理論を身に纏った泥臭いアプローチである。相手の言葉と理屈の中に身を投じる中で出てきた，このアプローチの進化に期待して本章を終えたい。

文　献

Andersen, T. (1987) The reflecting team: Dialogue and meta-dialogue in clinical work. Family Process, 26(4); 415-428.

Andersen, T. (1991) Reflecting Processes: Conversations and Conversations about Conversations. W. W. Norton. （鈴木浩二監訳（2001）リフレクティング・プロセス―会話における会話と会話．金剛出版．）

Anderson, H., & Goolishian, H. A. (1988) Human systems as linguistic systems: Preliminary and evolving ideas about the implications for clinical theory. Family Process, 27(4); 371-393.

Anderson, H. (1997) Conversation, Language, and Possibilities: A Postmodern Approach to Therapy. Basic Books. （野村直樹・青木義子・吉川悟訳（2001）会話・言語・そして可能性―コラボレイティヴとは？ セラピーとは？．金剛出版．）

アンダーソン，グーリシャン，野村直樹（野村直樹訳）（2013）協働するナラティヴ．遠見書房．

Bruner, J. (1986) Actual Minds, Possible Worlds. Harvard University Press. （田中和彦訳（1998）可能世界の心理．みすず書房．）

平野啓一郎（2015）空白を満たしなさい．講談社文庫．

McNamee, S., & Gergen, K. J. (Eds.) (1992) Therapy as Social Construction. Sage Publication. （野口裕二・野村直樹訳（1997）ナラティヴセラピー―社会構成主義の実践．遠見書房．）

Morgan, A. (2000) What Narrative Therapy?: An Easy-to-read Introduction. Dulwich Centre Publications. （小森康永・上田牧子訳（2003）ナラティヴ・セラピーって何？．金剛出版．）

Myerhoff, B. (1982) Life History among the Elderly: Performance, Visibility, and Remembering. In: Ruby, J. (Ed.): A Crack in the Mirror: Reflexive Perspective in Anthropology. University of Pennsylvania Press, pp.99-117.

White, M., & Epston, D. (1990) Narrative Means to Therapeutic Ends. W. W. Norton. （小森康永訳（1992）物語としての家族．金剛出版．）

White, M. (2007) Maps of Narrative Practice. W. W. Norton. （小森康永・奥野光訳（2009）ナラティヴ実践地図．金剛出版．）

第 7 章
オープンダイアローグ

長沼葉月

I　はじめに

　オープンダイアローグ（以下ODと略す）とは，フィンランドの西ラップランド地方にあるケロプダス病院を拠点として1980年代から開発，実践が重ねられてきた，精神病に対する治療アプローチであり，治療システムの名称でもあり，その思想そのものを指して使われる用語でもある。このアプローチは，精神病への介入において優れた成果を上げたことから世界的に注目を集めるようになった。

　その実践や思想をまとめた，セイックラ Seikkula, J. ら（2006）による *Dialogical Meetings in Social Networks* は，日本において『オープンダイアローグ』というタイトルで翻訳された。ただしこの書籍の中では，ODだけではなく，コミュニティでのネットワークミーティングの手法であるアンティシペーションダイアローグ（未来語りのダイアローグ，以下ADと略す）についてもかなり紙幅が割かれており，同著者らによる2冊目の書籍 *"Open Dialogues and Anticipations: Respecting Otherness in the Present Moment"*（2014）においてもODとADの両方について扱われている。そこで，本章ではそれらについて説明していく。

II　対話実践アプローチとしてのオープンダイアローグ

　ODを実践するためには，①即時対応，②社会ネットワークの視点を持つ，③柔軟性と機動性を持つ，④責任を持つ，⑤心理的連続性を保つ，⑥不確実性に耐える，⑦対話主義，という7原則がある。対話主義というのは対話を続けることを目的とし，多様な声に耳を傾け続けるというODの核である。それ以外の点について，事例を挙げて説明をしてみよう。

事　例

　OD実践を提供している機関に電話がかかってきた。弥生さんという女性が，切迫感が高い様子で，長男の睦月さんの暴力があり，いま緊急的に家を出ているが，どうしたらよいか，助けてほしい，と訴えてきた。

　状況を聞くと，軽度の知的障害の青年である睦月さんがこの半年くらいひきこもりがちで，家族に対して暴力を振るうようになったという。暴力の対象は当初は大学生の妹であったが，この1カ月ほどは母親にもふるうようになった。睦月さん一家は母子家庭で，激しい暴力があるとまず機動力のある妹が家を飛び出し，近所の知人を呼んで今度は母親が逃げられるように間に入ってもらい，母親，妹が知人の家に身を寄せながら睦月さんの気が鎮まるまでしのぐ，ということを何度か繰り返してきたという。最近は暴力の頻度が高まっており，知人の家にも大きな迷惑をかけているので母親も妹も申し訳なく思っているそうだ。その知人である如月さんが，この機関のことを調べて教えてくれたので，わらにでもすがるつもりで電話を掛けたという。

　緊急性を感じた担当の春田さんは，すぐに面談の日時を設定しようと提案した。特に，できるだけ早くから睦月さんとも話したいと提案した。母親は，今家から逃げているので，今日すぐにでもそちらの相談機関に行きたいと話した。睦月さんはひきこもっていて，全然家から出てくれないし，今日はまだ家に帰れていないから，一緒に話すのは難しいし，正直怖いという。また担当者のほうから，面談で一緒に話を聞いてもらいたい人や支えになってくれる人もいるか尋ねたところ，妹も一緒がよい，というので同席を促した。さらに助けてくれている知人の如月さんについても提案したところ，母から依頼して参加してもらえることになった。

　春田さんは約束の時間に対応できる同僚の夏木さんとチームを組み，面談に応対した。母親，妹ともに緊迫感で張り詰めたような様子で，ときおりボロボロと泣きながら最近の近況を話した。電話で聞かされていた話と重なる部分も多かった。ほかにも睦月さんの昔の主治医に電話で相談をしたところ，睦月さんの受診を提案してくれたが，本人が行く気がなくどうにもできなかったことや，主治医に入院させることができないかと尋ねたところ，無理やり入院させてかえって恨みを買うような形になったらよくないといわれてしまったことなどが語られた。母親としては知的障害がありさんざん苦労してきた睦月さんを見放すこともできない，と泣く。妹は「大学の寮などに緊急的に住めるかも相談してみたんですが無理でした」と話した。如月さんは，困っている二人の助けになれればと思っているが，素人なので，いざという時に宿を貸すことくらいしかできない，という。

　「今聞いたことについて，二人で話し合っていいですか」と，春田さんは二人に許可を取り，夏木さんと向き合って話し始めた。夏木さんは，母親や妹があれこれ相談に出向いた努力や，母親の睦月さんへの思いへの敬意を語った。春田さんは，正直に二人の痛みを感じてどう言葉にしたら良いか分からないくらいだと話した。そして，睦月さんのことを睦月さん抜きで勝手に決めることはできないから，どうしたらよいか，戸惑っているとも話した。また，これだけ大変なことを繰り返しながらも，母も妹もこれまで何とかして自宅に帰り，また生活を続けてきたこと自体が奇跡のようでもあり，それはどうしてできたのか，不思議に思うとも話した。夏木さん，春田さんの言葉を聞いて母親と妹は驚いたように目を合わせて「だって家族だししょうがないじゃないですか」と泣き笑った。そして妹は「確かに，兄のことを兄がいないところで勝手に決めるのは無理ですね。どうしたらいいんだろう」とつぶやいた。

　改めて，春田さんが「ご家庭に訪問もしますから，睦月さんのいるところで，一緒に話し合うことはできますか」と尋ねてみると，母親は，「このまま家に帰れないまままではどうしようもない。家に帰ってから睦月さんに専門家を家に呼ぶという話をしたら，どう反応されるか分からない，夜中に暴れられたらと思うと怖い」という。妹も何度もうなずいた。すると如月さんが「だったら，いっそ，帰る前に家庭訪問してもらって，一緒に話してもらったら？　睦月くんも，他人がいるときは暴れないし，危なそうだと思ったら，二人ともまたうちに戻ってきていいから」と口を挟んだ。妹は「でも，いつまでもご迷惑になるわけにもいかないし」と言うので，春田さんと夏木さんは日程を確認し，直近で翌日の午後なら訪問の時間を工面できるが，と伝えた。

　すると母親は，「まずは，やってみたいです，お願いします」と頭を下げた。妹が少しうつむきがちに唇をかんだように見えたので，夏木さんが「妹さんには，何か気がかりがありますか」と尋ねたところ，妹は一瞬驚いたような顔をして「え，いえ……」と言いながらぽろぽろと泣き出し，「正直怖いんです，また怒鳴ってくるんじゃないかと，でも，兄と話さないとどうしようもないのもわかります，だから，頑張ろうと」とまた泣いた。夏木さんは春田さんに尋ねた。「妹さんの怖さのこともちゃんと考えたいですね，ずっと一番暴力振るわれてきたそうですし。どんな風に考えたらいいんでしょうね」。春田さんも，「そうですよね，妹さんのお気持ちも尊重したいです。近くにいるのが怖ければ少し離れるとか，でしょうかね……。一緒にいるのがあまりに怖ければ同席しないというのもあり得るかもしれません。ただ，どうでしょう，私の場合，自分の知らないところで自分が関っている話が進むというのも，それはそれで不安につながったりするので

……」とつぶやいた。その様子を聞きながら，涙を拭いた妹は，「はい，私も，その話し合いの内容はちゃんと一緒に聞いておきたいです」と言い，「できれば玄関に一番近いあたりに座らせてください」と話した。その後は，翌日の家庭訪問の時間や流れについて詳細を決めて，その日の相談は終了となった。

　事例に即して原則を確認してみよう。まずは「即時対応」である。最初の電話を受けながら，事例の状況を聞き，できるだけ速やかに対応するようにしている。特に，「幻覚のような激しい体験に通じる『窓』は，初めの数日間しか開かれていない」とされるように，きつい体験を他者に伝えたいと思える期間はとても限られており，その時期を逃すと「どうせ誰にも分ってもらえない／助けてもらえない」とむしろ他者への窓が閉ざされてしまいかねない。そうなるとますます対話を拡げていくのは難しくなってしまうだろう。

　また「柔軟性と機動性」という点についても指摘しておこう。ミーティングの場所は，どこでも参加者の都合の良い場所にすることができる。そのためにチームは訪問もできるし，クリニック等の場所を用いることができる。また，基本的にミーティングには関係者すべてが集まり，本人がいないところで本人のことを決めないという大原則がある。しかし，本事例のように柔軟に睦月さんが参加できる状況にないのであれば，まずは困っている母親や妹のニーズに対応しつつ，睦月さんも交えた対話のスペースへとどう広げていくか考えることができるのである。本人のいないところで本人のことを決めないからといって，本人がいないのでミーティングを開かない（＝支援をしない）というわけではないのである。

　「社会ネットワークの視点を持つ」の点では，本事例では如月さんが重要なリソースとなっていた。母親や妹だけでは，睦月さんの暴力への恐怖や無力感で現実的な見通しが持てなかった時でも，深くかかわっている知人がいることによってミーティングの展開そのものにも良い影響が得られることがある。睦月さんのこれまでの主治医や，その他の相談先についても，今後ミーティングの誘いを広げていくことができるだろう。関わっている人が集まりオープンに話し合うことができるほど，本人や家族のそれぞれが自分のことについて意思決定しやすくなっていく。

　こうしたことを可能にしていくためにも，支援者チームはクライエントに対して「責任を持つ」ことを引き受ける必要がある。母親や妹の安全や安心の確保に目を配りつつ，睦月さんとのかかわりを築いてゆく姿勢が必要となる。その際には，担当者が毎回変わってしまっては，参加者から「わかってもらえているかわからない」という感情を引き起こしてしまうため，同じ担当チームが継続的に関

わり続けることが重要である（心理的連続性）。そして支援者チーム自身が混乱や不確かさを鎮めようと，何らかの整理をつけることにこだわるのではなく（「不確実さに耐える」），一家の混乱した感情の渦の中に共に巻き込まれながら，対話のためのスペースを広げ続けることに注意を向けるのである。

　もちろん，治療の場や環境が異なると，この7原則をすべて実践するのは難しくなるかもしれない。そのような際に，最も重視すべきなのは以下の3原則であるとされている。①危機に速やかに対応すること，②治療プロセスの始めから終わりまで，クライエントの社交ネットワークとの協働作業を一貫して取り入れること，③可能な限り心理的連続性が担保され，不確かさにも耐えられるような安心できる共有スペースを作り出すこと，である。

　ODの対話実践に関しては，その基本となる要素が12にまとめられている。7原則と重なる部分もあるが，より具体的なノウハウに近い部分もあるので，挙げておこう[注1]。①透明性を保つこと，つまり本人のことを本人のいないところで決めないこと，②答えのない不確かな状況に耐え続けること。この2つは全体に関わる基本指針となる。これ以降は話し合いの進め方に関するものとなる。③継続的に担当する2人以上のスタッフでチームを組んで関わること。④クライエント，家族，つながりのある人々を初めからミーティングに招待すること。⑤ミーティングを「開かれた質問」から始めること。⑥クライエントの語りのすべてに耳を傾け，応答すること。⑦対話の場で今まさに起きていることに焦点を当てること。⑧さまざまなものの見かたを尊重し，多様な視点を引き出すこと。⑨対話の場では，お互いの人間関係をめぐる反応や気持ちを大切に扱うこと。⑩問題について，それがどのような文脈で生じているかに注意を向け，困難な状況への"自然な""意味ある"ふるまいであると捉えて対応すること。⑪症状ではなく，クライエントの言葉や物語そのものに耳を傾けること。⑫スタッフ同士の会話（リフレクティング）の時間をとること。

　事例の中でも，睦月さんの暴力がどのように生じるのかといった点やそれをどう抑えるかといった点については話し合われてはいない。本人のいないところで本人のことを決めることはないからである。そこにいる母親や妹のことは話し合うことができる。開かれた質問を用いながら，お互いへの思いを丁寧に聞き取ることで，障害のある息子への母親の思いや暴力への恐怖，無力感といった多様な感情を聞き出すことができている。さらにこれまでの対処の取り組みとそれに伴

注1）原典はOlsonら（2014）に基づくものであるが，本章での順番や訳語はオープンダイアローグネットワークジャパン（2018）を参考にしている。

う困惑，混乱についても共有した後は，春田さんと夏木さんのリフレクティング
で，二人の感情についての共感だけではなく，支援者としても睦月さん抜きでは
どうしたらよいか分からないと感じたことを伝えている。そうすることで，母親
や妹自身がどうしていきたいか，内的対話を深める時間を持つことができ，まず
は睦月さんを交えた対話の場を持ちたいという気持ちを確認することにつながっ
ている。そして，その時に妹の身体に表現された言葉にならない「声」に，夏木
さんが注目することで，妹の体にしみ込んだ恐怖に言葉を与えて解き放つことが
できた。それゆえに，妹の「恐さ」を個人でどうにかするのではなく，参加者全
員で少しでも和らげるための現実的な工夫を話し合うことにつながった。

　このような実践要素も，実践現場の置かれた文脈によってはすべてを重視する
ことができないかもしれない。状況が異なる際でも優先すべきポイントは，以下
の４点であるとされる。まず，①ミーティングの参加者全員がなるべく早い段階
で発言の機会を確実に持てるようにすること。②発言するときは，第一声を他者
の発言に合わせること。例えば，相手の言葉を繰り返してみて，短い沈黙を挟み，
それから自分の考えを伝えること。③精神病的な発話を解釈したり，「現実に即し
た」方向付けをしたりせず，本人がどんな経験をしているかもっと詳しく聞くこ
と。④自分が見たことや考えたことを，他の専門家と一緒にリフレクティングす
ること。

　これらの特に重視すべき４つの実践要素は，ブリーフサイコセラピーの中でも
特に社会構成主義的な視点を持ったアプローチを実践していたものにとっては，
ある意味当然のことと思われるかもしれない。クライエントに波長を合わせ，無
知の姿勢でその一歩後ろに下がり，当事者たちがどのように状況を体験している
のかに真摯に耳を傾ける姿勢は共通するものである。対話主義の実践では，そこ
にさらに丁寧なリフレクティングを行うことによって，当事者一人ひとりが安心
して「聴いてもらった」と感じられるように心がける。またさまざまな立場から
の「声」がその場に出されることで，それぞれが状況についての新たな意味を見
出し，今後の道筋を見通せるようにしていく。支援者が本人や家族のためのプラ
ン作りを目的とするのではなく，対話の場を支え，広げ続けることを目的にする
ことで，当事者たちがそれぞれ見出していけるようになるのである。

▌Ⅲ　「オープンダイアローグ」の他の側面

　「オープンダイアローグ」という言葉には，3つの側面があるとされる。1つは
「サービス提供システムとしてのOD」であり，もう1つは「対話実践」としての

OD，最後が「世界観」としての OD である。前節では，主に「対話実践」としての側面に注目して事例を挙げて説明した。他の２つの側面については紙幅の関係で十分に扱えないので，簡単に要約しておく。

　「サービス提供システムの OD」とは，まずはフィンランドの西ラップランドにあるケロプダス病院で行われている急性期の精神病に対する治療の提供方法のことである。その具体的な運用の仕組み，例えば，地域の医療圏の規模や構造（人口や病院・診療所の数など），24 時間 365 日電話対応システムや，フィンランドにおける医療提供体制（OD は医療保険で提供されており自己負担がない），ニーズ適合型サービスというケアマネジメントとは少し異なる福祉サービスの提供方法，スタッフトレーニング方法といったサービス提供システムの構築や運用に関わる側面を知っていると，日本における展開を別の視点で考えることができるだろう。

　また「世界観」を表す言葉としても OD が使われる。その時には「他者に耳を傾け，他者とかかわり，応答する」ということや，「対話を通じて，現実を共に作り上げていく」ということ，個々人が独立しているという人間観ではなく，個人は他者との関係の中で，それまでの社会的文脈の中でアイデンティティを構成しているという人間観を抱くことなどが指摘されている。これらの議論は多分に哲学的な側面から成っているが，対話主義を実践しようとすれば欠かせない視点，価値観である。対話主義を実践しようと踏みとどまることで，これらの価値観の変容が生じてくるともいえるだろう。

Ⅳ　アンティシペーションダイアローグ（未来語りのダイアローグ）

　対話実践としての OD は，特に危機が生じて混乱が高まっているクライエントや家族への支援に有用である。しかし，対話の形を変えることが求められる場面はそれだけではない。いわゆる多問題家族とか複合困難事例などと呼ばれる，家族の中にさまざまな問題が生じている家族への支援の場面を考えてみよう。例えば，ある認知症高齢者について，地域包括支援センターに「近所の高齢者が家族に叩かれたと話していた」と通報が入った。センターの秋月さんが訪問して面談をしたが，特に外傷などは見えず，本人も同居の娘もトラブルや喧嘩はないと否定した。娘は日中は仕事で不在だが，親のためにコンビニ弁当を買っておいているとのことだった。また，娘曰く「近所にあることないこと吹聴して同情を集めたがるところがあるんです」と嘆いた。健康状態などには問題はなさそうで，虐

待はないと判断された。日中のケアのため，秋月さんは介護保険サービスの利用を進めたが，経済的に余裕がないと娘は拒否的であった。そこで日中の居場所として住民活動によるサロンを案内したところ，高齢者本人が定期的に通うようになったので，少し安堵した。しかし，今度はサロンの担当者から，本人が持参するコンビニ弁当がたまに消費期限を大幅に過ぎていることがあるという話や，着替えをしていなかったり，体臭がひどい時があったりする，と相談があった。日中，脱水症状っぽくふらふらだった日もあるという。ネグレクトが気がかりだが，きちんとできている日も多く，秋月さんはどう介入したらよいか分からなくなってしまった。

　現在の専門的支援機関や社会福祉サービスは，それぞれ機能分化しているため，その機関の対象ではない領域については，なかなか理解が及ばなかったり，踏み込めなかったりすることが多い。上記の事例では，明確に虐待とは言い切れず，介護保険サービスの利用を拒否されてしまっているため，地域包括支援センターの秋月さんは十分に踏み込めないでいる。サロンの担当者は気にかけているが，一住民の立場としては，職員に相談をすることしかできないでいる。娘は，高齢者本人の状況に関しては強い困難を感じていないため，自ら相談をする状況にはなっていない。このような，リスクをあいまいに抱えつつ膠着している状況を，打破するためには，また別の対話によるアプローチが必要となってくる。

　このような状況では，対話のニーズが強いのは，支援者自身である。支援者が，自身の抱える心配を解消するために，対話が必要となる。ただし，この対話は危機に際して生じる混乱に感情的にも巻き込まれながら一緒に解決を作っていくようなODとは異なる手法が必要となる。ODのような混乱を分かち合い，言葉で解きほぐす対話ではなく，むしろ膠着状態に対して安全にゆっくり揺さぶりをかけ，変化を促すような対話が必要となるのである。そのための対話の手法として，アンティシペーションダイアローグ（AD）が開発された。

　ADを実践する前に，まず支援者自身が自分の心配事を整理する時間を持つ必要がある。エリクソン Eriksson, E. ら（2009）はその整理の手法を開発している。これも他者と話し合いながら進めていくものである。①自分の心配事をあげ，何もしなかったらどうなるか，心配事の度合いはどの程度のものかを検討し，自分がどういったところでクライエントやその家族や関係機関のスタッフの協力を必要としているのかを考える。②クライエントや家族，スタッフは，自分のことをどう見ているかを考える。自分から支援を受けていると思うことがあるか，自分を脅威に感じるようなことがあるか。③クライエントや家族，スタッフとの関わりの中で肯定的に感じられることをリストアップする。④状況を改善するために

自分は何ができるか考える。⑤自分の心配事をクライエントや家族やスタッフに伝えるときに，小言や批判と誤解されずに表現するにはどうしたらよいか，前もってよく考える。肯定的な面やリソースについて説明し，心配を表現するための文言を練りあげる。⑤実際に考えた手順を，シミュレーションしてみて，相手に敬意を込めながら協力を求めたいと願っている気持ちが伝わるかを確認する。うまくいかなければ伝え方を練り直す。

　このような手順を経て，相手に心配事を伝えることから対話を動かすことができる。そして，関係機関のスタッフ同士で心配事を分かち合い，協力を求めることができ，それによって心配が解消されることもあるだろう。自分の心配を分かち合った結果，支援者と本人や家族，その他関係機関の職員を交えた対話がさらに必要となる場合もある。そうした場合には，本人や家族の未来の見通しを分かち合うために AD の手法を用いることができる。

　AD では，まず本人や家族に対して，以下の3点について具体的に1人ずつ聞いていく。①いまを1年後などと仮定し，今はうまくいっているが，それはどんな状態なのか，特に最近うれしかったのはどんなことなのか。②そうなるように，この1年何をしてきたか，また他者はどのように手助けしてくれたか。③1年前は何が不安や悩みだったのか，何が不安や悩みの解消に役立ったか。次いで，支援者たちに，②や③について同じように尋ねていく。こうして本人や家族のうまくいっている状態を軸に，それぞれの心配や取り組みを言葉にしていくことで，これまでとは違った形でお互いの理解が進み，今後の自分の行動を参加者との関係性の中で位置づけて見通しを立てることができるようになる。

　事例における秋月さんは，センターの同僚と自分の心配ごとを整理する時間を持った。サロンの担当者には高齢者本人が繋がっていることがいかにありがたいかを伝え協力を依頼した。娘にも敬意をこめつつ「酷暑の中，体調を崩す高齢者が多い。介護サービスを使っていれば誰かが早期に発見し，適切なサービスをタイミングよく紹介できるが，使っていないと発見が遅れて重症化してしまい，入院が長引いたり，施設入所が必要になったりして，家族の負担が増えるまで，センターとしての支援が後手に回ってしまう」と自分の心配を伝え，面談を依頼した。娘とじっくり話し合いをすると，「こんなにじっくり先のことまで考える余裕もなかった」といわれた。本人の在宅生活を支えたいという娘の強い意志を知り，いくつかのサービスを提案したところ，娘も以前よりは前向きになった。

　AD に関しては，解決志向アプローチやナラティヴ・セラピーモデルとの近縁性が指摘できる。1回あたりのセッションにかかる時間は長いが，こうした対話の時間を持つことで，その後は日常的なやり取りだけでもお互いの相互理解を深

めあうことができる。

▎V　対話を通じて社会ネットワークをつなぐ

　ODもADも，効果を引き出そうとするのではなく，その場に責任を持ち「対話を続けよう」とする姿勢が求められるため，特にディレクティヴなブリーフサイコセラピーのアプローチとは一線を画すものである。とはいえ，どちらも社会ネットワークの中でうまくいかなくなっている「対話」を，改めて再生するような取り組みである。そうすることによって，困難状況に陥ったとしても，社会ネットワークに存在するさまざまなリソースを活用し，それぞれが生きている文脈の中での最適解を模索し，取り組み続けることができるようになるため，結果的に効率的に望ましい成果が生じるという考え方である。単に1対1での対話を深めるのではなく，個人や家族との協働，関係機関との連携の中でこれらの思想を活かしてこそ，良い成果を見ることができるだろう。

文　献

Eriksson, E., & Arnkil, T. E. (2009) Taking Up One's Worries: A Handbook on Early Dialogues. National Institute for Health and Welfare, Jyväskylä（高橋睦子訳（2018）あなたの心配ごとを話しましょう―響きあう対話の世界へ. 日本評論社.）

Olson, M., Seikkula, J., & Ziedonis, D. (2014) The key elements of dialogic practice in Open Dialogue. The University of Massachusetts Medical School. Worcester, MA. http://umassmed.edu/psychiatry/globalinitiatives/opendialogue/（山森裕毅・篠塚友香子訳（2014 オープンダイアローグにおける対話実践の基本要素―よき実践のための基準」 http://umassmed.edu/globalassets/psychiatry/open-dialogue/japanese-translation.pdf）

Seikkula, J., & Arnkil, T. E. (2014) Open Dialogues and Anticipations: Respecting Otherness in the Present Moment. National Institute for Health and Welfare, Helsinki.（斎藤環監訳（2019）開かれた対話と未来―今この瞬間に他者を思いやる. 医学書院.）

Seikkula, J., & Arnkil, T. E. (2006) Dialogical Meetings in Social Networks. Karnac.（高木俊介・岡田愛訳（2016）オープンダイアローグ. 日本評論社.）

オープンダイアローグネットワークジャパン（2018）オープンダイアローグ対話実践のガイドライン. https://www.opendialogue.jp/（斎藤環監訳（2019）開かれた対話と未来―今この瞬間に他者を思いやる. 医学書院. にも付録として所収）

斎藤環（2019）オープンダイアローグがひらく精神医療. 日本評論社.

斎藤環（2015）オープンダイアローグとは何か. 医学書院.

野口裕二（2018）ナラティヴと共同性―自助グループ・当事者研究・オープンダイアローグ. 青土社.

野村直樹・斎藤環編（2017）オープンダイアローグの実践. N：ナラティヴとケア, 8.

村上純一・山中一紗（2019）特集 琵琶湖病院で始まっているオープンダイアローグを取り入れた日常診療. 精神看護, 22(6); 531-554.

第 **8** 章

認知行動療法

大野裕史

　American Psychological Association（APA）の web 辞書（APA, 2020）によれば，認知行動療法 Cognitive Behavior Therapy（以下，CBT）とは，「心理療法の一種で，認知理論・学習理論と，認知療法・行動療法に由来する治療技法とを合わせたものである。CBT は，認知的，情動的，行動的変数は相互に関連して働くと考えている。治療の目的はクライエントの非適応的思考過程と問題行動を同定し変容することで，認知再構成や行動的技法を用いる」と解説されている。

　この解説は現在の CBT には対応していない。熊野（2012）は，CBT を行動療法系 CBT，認知療法系 CBT，そしてマインドフルネス系 CBT に分類した。本章でも熊野（2012）にしたがい紹介する。

　なお，アメリカ，ヨーロッパ，日本の CBT の学術団体は CBT を behavio(u)ral and cognitive therapies と複数形で表している。CBT は単一の療法ではなく，包括的な概念である。

I　認知行動療法とは

1．行動療法系 CBT

　行動療法で行動を問題とするのは，行動が過剰な場合（強すぎる，多すぎる），過少な場合（弱すぎる，少なすぎる），そして場面・年齢にマッチしていない場合である（坂野ら，1996）。

　行動療法は条件づけ系学習理論に基づく心理療法である。不適応状態は誤学習や未学習によると考える。誤学習は不安症・恐怖症にみられる。一般には不安・恐怖を喚起しない状況・刺激に対し過剰な不安・恐怖が誤って学習されている。未学習とは，当該年齢で習得しているはずの行動を獲得していないなどである。

①レスポンデント系

　レスポンデント条件づけ（パブロフの条件反射を思い出していただきたい）の枠組みで問題を理解し，介入を考える。例えば，パニック症に伴う広場恐怖は，外出時にパニック発作（無条件刺激：UCS）によって生じた恐怖反応（無条件反応：UCR）が条件づけられ，戸外（条件刺激：CS）－死の恐怖（条件反応：CR）の連合が成立したからと考える。このようにして形成された条件反射は，CS の単独提示によって消去することが予想される。よって介入では，恐怖を喚起する刺激（CS）に曝すこと（曝露法）が選択される。

②オペラント系

　本を読む，話す，考えるなどは無条件刺激が同定されない行動である。このような行動をオペラント行動という。オペラント行動が維持されているのは，その行動が現在の環境で「役立っている」からである。役立ち方には2種類ある。1つは行動することで好ましい事柄が生じたり，手に入ることである。これを正の強化という。もう1つは行動の結果として，嫌な事柄がなくなったり，軽減することである。これを負の強化という。

　オペラント行動上の問題には，適応行動の不在と不適応行動の存在がある。前者の場合，生活場面で必要な行動や強化を受けるような行動をクライエントの行動レパートリーの中から見つけ，生活文脈内に位置づける。そのような行動がレパートリーに見つからない場合は，それにつながりそうな行動を強化し，目標とした行動にスモールステップで近づけていく。生活文脈で強化が得られないようであれば，恣意的に強化を配置する。

　不適応行動が存在する場合，その行動は何らかの強化を受けて維持されていることになる。とすれば，その強化を停止すれば（消去手続き）当該行動は減少することが予測される。かつては，行動を減少させるためには，このような消去手続きや，場合によっては罰が使用されたが，現在では，問題とされる行動の代わりの行動（代替行動）を積極的に強化することがまず行われる（Alberto & Troutman, 1999）。丁度「○○をしなくなった時，代わりにどのようなことをしていますか？」と尋ね，代わりの行動を促進するように。代替行動が生じるようになれば，望ましくない行動は相対的に生じにくくなる。

2．認知療法系 CBT

　同じ状況に置かれても，その状況をどのように認知するかによって感情や行動は違ってくる。町で知り合いに声をかけたが反応がなかった時に，「騒々しい中

で気づかなかった」ととらえれば,「仕方ない」「よくあること」と気にもならない。一方,「無視された」と考えれば怒りや悲しみがわいてくる。

　感情や行動に影響を与える認知・思考に焦点をあてた介入が認知療法(以下CT, Beck [1976]) や理性感情行動療法（Ellis, 1996）である。

　先の「騒々しい中で気づかなかった」「無視された」のように,ある状況でポッと浮かんでくる思考を自動思考という。この自動思考は,基底にある情報処理様式の結果である。不適応状態はこの情報処理様式が非機能的であることで生じる,と考える。ベックBeck（1976）は非機能的な認知の仕方として以下をあげている。自己関連づけ（自分とは関係のない出来事を自分に向けられたもの,自分の責任と考える）,二分法思考（はっきりと分けるのが難しい出来事でも,全か無か,白か黒かで判断する）,破局視（最悪の結果を予測する）,選択的抽出（出来事のある一部にだけに注目して判断する),恣意的推論（証拠がない場合や正反対の証拠があっても,ある結論に飛躍する）,過度の一般化（1つまたは少数の出来事では妥当な結論を他の例にも適用する）。この他,拡大解釈と過小評価（ネガティブな出来事や脅威を過大に,ポジティブな出来事や資源・対処可能性を過小に解釈する）などがある。

　介入のねらいは,抑うつや不安を引き起こす非機能的な情報処理の修正である。そのためには,自動思考に気づくために思考記録をつける。思考の妥当性を検討するために思考の根拠や反証（例外）を探したり実際に試してみたり（行動実験）する。この他に,活動スケジュールの作成,段階的課題設定,活動の快・達成度の評価などの行動的技法も使い,認知の修正変容を試みる。

　CTはうつに対する介入として始まったが,その後,不安症にも適用されるようになった（表1）。

　認知的媒介変数を扱うようになったのは認知療法系だけではなく認知的学習理論（Bandura, 1977; Lazarus & Folkman, 1984; Meichenbaum, 1985）の影響もある。

3．マインドフルネス系

　マインドフルネスとは「今,この瞬間の体験に意図的に意識を向け,評価をせずに,とらわれのない状態で,ただ観ること」（日本マインドフルネス学会, 2020）,「次に何が起るのだろうと,好奇心をもって,優しい,穏やかな気づき／注意を向けていること」（越川, 2010, p.28）である。

　1990年代以降に提案された,Acceptance & Commitment Therapy（ACT）,弁証法的行動療法,行動活性化などいわゆるCBTの第3の波（Hayes et al., 2004）

表 1　不安症の認知・感情・行動

	嫌悪刺激	認知の例	感情	不安を減らす 行動の例
社交不安症	他者からの評価 内部感覚 （動悸，発汗，振戦など）	「うまく話せないと無能と思われる」 「無能と思われたら人生お終いだ」 「また緊張してきた」 「頭が真っ白になる前兆だ」		社交場面に行かない 視線を逸らす 自己注目
パニック症	電車，人混み （逃げられない場面） 内部感覚 （動悸，息切れなど）	「気が狂った姿を人に見られてしまう」 「また発作が起きるだろう」 「死んでしまう」 「大きな病気の兆候だ」	不安	逃げられない場面に行かない 誰かに居てもらう 運動を避ける
全般性不安障害	将来の不快 将来の曖昧さ 大きな心配事	「先を読み準備することは役立つ」 「準備をしないと大変なことになる」		心配をする （問題解決シミュレーション） 些末なことを心配する

　では，選択した経緯や位置づけに違いはあっても，共通してマインドフルネスが用いられている。この背景について，シーゲルら（Segal et al., 2002）に沿ってみてみよう。

　マインドフルネス認知療法の開発者であるシーゲルらはうつの再発予防の方法を探していた。CT は再発防止に有効であり，薬物療法よりも再発率が低い。CT から患者は何かを学んだのだろう。CT では認知内容の修正を意図していたが，認知内容は再発とは無関係であることを示唆する研究がある。例えば，回復時の非機能的認知（非機能的態度）は非うつ者と差がなく，認知修正をしない薬物療法でも非機能的態度は改善する。

　では，なぜ CT は効いたのか？　CT では自分の思考に気づき，妥当性を検討する。思考を思考する，というメタ認知的作業で，思考から離れ距離を取ることを学び，思考との関係や扱い方が変わったのではないか。

　深刻でネガティブな出来事を経験した患者の割合は，再発を繰り返すにつれ少なくなっていく。再発経験を繰り返す患者では，その繰り返すという学習の結果，ちょっとしたきっかけで抑うつモードに入りやすくなる。このモードでの典型的な思考パターンは反芻である。ネガティブな思考を自分で維持し，自分で自分に持続的にダメージを与える。「ここでの問題は，考え続けることで問題を解決しよ

うとし，そのことによって問題から抜け出そうとする状態に，はまり続けるということであった。これは家族療法の臨床家がずっと強調してきたこと……」(Segal et al., 2002, p.35) とワツラウィックら（Watzlawick et al., 1974）の『変化の原理』に言及している。反芻は偽解決になっている。その Do difference としてマインドフルネスが選ばれた（CBT センター，2020）。

うつや不安症では，過去や未来に飛んだ思考にはまることで問題が生じている。マインドフルネス・トレーニングは，「今，ここ」に注意を向け，浮かんでくる思考や感情を単に思考・感情として体験する。そして手放す。このことが悪循環を断ち切ることになる。

このように，マインドフルネス系 CBT では認知の内容を変えるのではなく，認知とのかかわり方を変えている。

Ⅱ　CBT の特徴

CBT の特徴をいくつか述べる。

1．科学者－実践家モデルに則る

条件づけ理論から行動療法が発達した流れを維持しており，調査・実験により理論を展開している。そのため，独立変数たる手続きをマニュアルにより標準化し，従属変数の測定のための各種尺度を作成している。

2．Evidence-based Practice にマッチする

マニュアルや尺度を使うことで，ランダム化比較試験（RCT）に乗せやすく，こうして得たデータはメタアナリシスに使える。

エビデンスがないことはその介入に効果がないことを意味しない。また RCT に対しては，研究の質は高いが，結果の一般化に難があるとの批判もある。しかし技法を選択する際，根拠があるとクライエントに説明しやすい。

3．理論・技法を更新する：時に冷酷無情

研究を積み上げていくことで，それまで有効とされていたアプローチに再考を迫ることがある。CT に対する疑問についてはマインドフルネス系 CBT で触れた。

恐怖・不安の低減の目的で，行動療法の黎明期に考案された技法として系統的脱感作がある（Wolpe, 1958）。交感神経系の反応である恐怖を喚起する CS に，交感神経系に拮抗する副交感神経支配のリラクセーションを徐々に条件づける

ことで恐怖反応の低減をねらった。生じる恐怖が弱い場面から始め，徐々に強い場面へと曝露しては，筋弛緩を行うことが中心的な手続きであったが，曝露の前に6～10セッションほど筋弛緩を学習することが必要だった。この技法の発明によって行動療法が心理療法業界に居場所を見つけたといっても過言ではない。ところが，その後の研究（Marks, 1975）によって，恐怖症状の軽減に筋弛緩は必須ではないことが指摘された。筋弛緩の獲得に数セッション費やすのが冗長であるということで，現在では筋弛緩訓練なしの曝露法が選択されている。

　CBTの事典でも，系統的脱感作は，ベラックBellackとハーセンHersen（1985）では見出し項目であったが，その後のフリーマンFreemanら（2005）や日本認知・行動療法学会編（2019）では見当たらない。

Ⅲ　事　　例

　手続きがマニュアル化されていれば，心理療法の専門家でなくとも利用でき，また集団にも適用しやすい。事例として，筆者のゼミに修士課程学生として所属していた現職教員が行った実践の概略を紹介する。

　内山（2016）は高校の吹奏楽部員の演奏不安を低減する介入を実施した。演奏不安とは演奏場面で演奏家が経験する「緊張して失敗しそう」「逃げ出したい」などの状況特異的不安である。2種類の介入法が比較された。1つは「ミスへのとらわれ」の認知修正である。もう1つはリラクセーションである。リラックスすることで，演奏に必要な身体動作がスムーズになること，また「筋緊張の知覚→不安の増加→筋緊張の増加」という悪循環を避けることがねらいであった。

1．方　　法

①参加者
　高校吹奏楽部員65名のうち，定期演奏会（後述）直前の状態不安得点の高かった33名を，認知の置き換え群，リラクセーション群，無介入統制群に11名ずつ割り当てた。

②従属変数
　STAI日本語版（水口・下仲・中里，1970）を用い，定期演奏会（6月上旬）の前日に特性不安と状態不安を，吹奏楽コンクール地区予選（7月下旬）の前日に状態不安を測定した。

2．介　入

　介入は定期演奏会から地区予選までの約 1 か月間に週 1 回，各群別々に全 5 回実施する予定であったが，台風による休校のため，第 4 回目として予定していた回は中止となった。

①認知の置き換え群

＃ 1 ：ワークシートを使用し，「朝，起きたら 8 時 10 分」「仲良しの X さんが他の友だちとおしゃべりをしていた。こっちを向いたので『おはよう』と声をかけたら無視された」などの例題に対して浮かぶ思考を記入してもらった。それを利用して，ネガティブな思考や自動思考について説明をした。その上で，ネガティブな思考に気づくために，5 つのコラムへの記録法を教示した。コラムは，気分が落ち込んだ出来事／その時に起こった感情（強度 0 ～ 10）／その時心を占めた考え（おそらく否定的な）／それ以外の考え方（より適応的な）／感情の変化（強度 0 ～ 10）であった。気分が落ち込んだ時にコラムに記録することを毎回のホームワークとした。

＃ 2，3 ：記録を取り上げながら，気分が落ち込んだ時に生じるネガティブな思考に気づくことがポジティブな考えを持つことにつながると説明した。＃ 2 の終わりに，地区予選の演奏前に自分自身にかける言葉を最終回までに考えておくことを依頼した。

＃ 4 ：最終回は，仕上げとして，妹尾・橋本（1997）に準じた認知の置き換えトレーニングを実施した。例えば，「本番当日，体調を崩してしまった」「朝の音出しの時点でコンディションが悪い」などの場合に浮かぶ自動思考をまず記入し，それを「内容がシンプルであること」「単純な肯定文であること」「現在形を使用すること」のルールの下に積極的な語りに変えるワークであった。最後に演奏前に自分自身にかける言葉と，感想を記入してもらい終了した。

②リラクセーション群

＃ 1 ：腹式呼吸と肩上げを練習し，数回繰り返した。呼吸法：教師が腹式呼吸の要領を参加者に示した。吸うよりも吐く息に重点を置き，吐く時に不安や嫌な感情が吐き出されるイメージをするとよいという説明を加えた。肩上げ：背もたれにもたれないで，両腕は自然に横にたらす。そして肩を上に上げ，しばらく止めてゆっくり下げた。次はすとんと下げた。気持ちいい方を選んでもらった。下げた時に力が抜けている感触を味わってもらうことを重視した。腹式呼吸と肩上げを毎日練習することをホームワークとし，チェックシートへの記入を依頼した。

表2　状態不安の変化

		6月上旬	7月下旬
認知置き換え群	Mean	56.40	58.36
	SD	4.94	7.43
リラクセーション群	Mean	57.55	50.55
	SD	4.16	8.02
統制群	Mean	55.82	55.36
	SD	4.81	7.62

2, 3：漸進性筋弛緩法：両手首，両足首，腰，肩，顔の順で，それぞれ力を入れ一挙に抜く練習を2～3回繰り返した。

4：踏みしめ：足を肩幅に広げ，足裏全体に，体重を乗せて，どっしりと立っているようにし，足首，膝，股を少し折っていった。肩の力は抜き，ぐっと大地を踏みしめている感じを出すよう指示した。本番前等の落ち着かない時に，呼吸法・肩上げとともに使うと効果的ではないかと付け加えた。

③統制群への介入は行わなかった。

3．結　　果

状態不安得点（表2）に対し介入条件と時期を要因とする2要因分散分析を行った。その結果，リラクセーション群のみに交互作用に有意な傾向が認められた（$F(2,90)=2.77, p < .10$）。そこで単純主効果の検定を行ったところ，リラクセーション群では介入後の状態不安が有意に低下していることが認められた（$F(1,90)=8.34, p < .01$）。

以上から，リラクセーショントレーニングは演奏会前の状態不安の低減に役立つことが示唆された。

Ⅳ　まとめ

CBTは変わっていく。新しい知見を知っておくことは必要だが，新しい技法に飛びつく必要はないと私は考える。なぜなら，最先端って折れやすいから。

文　献

Alberto, P. A., & Troutman, P. A. (1999) Applied Behavior Analysis for Teachers, 5th Edition. Prentice-Hall. （佐久間徹・谷晋二・大野裕史訳（2004）はじめての応用行動分析［日本語版第2版］．二瓶社.）

American Psychological Association (2020) Cognitive Behavior Therapy. https://dictionary.apa.org/cognitive-behavior-therapy（2020年2月29日閲覧）

Bandura, A. (1977) Social Learning Theory. Prentice Hall.（原野広太郎監訳（1979）社会的学習理論―人間理解と教育の基礎. 金子書房.）

Bellack, A. S., & Hersen, M. (1985) Dictionary of Behavior Therapy Techniques. Pergamon Press.

Beck, A. T. (1976) Cognitive Therapy and the Emotional Disorders. International Universities Press.（大野裕訳（1990）認知療法―精神療法の新しい発展. 岩崎学術出版社.）

CBTセンター（2020）アクセプタンスとは. http://cbtcenter.jp/act/whatsact/acceptance.php（2020年2月29日閲覧）

Ellis, A. (1996) Better, Deeper, and More Enduring Brief Therapy: The Rational Emotive Behavior Therapy Approach. Brunner/Mazel Publishers.（本明寛・野口京子監訳（2000）ブリーフ・セラピー―理性感情行動療法のアプローチ. 金子書房.）

Freeman, A., Felgoise, S., Nezu, A. M., Nezu, C. M., et al. (Eds.) (2005) Encyclopedia of Cognitive Behavior Therapy. Springer.

Hayes, S. C., Follette, V. M., & Linehan, M. M. (2004) Mindfulness and Acceptance: Expanding the Cognitive-Behavioral Tradition. Guilford Press.

越川房子（2010）マインドフルネス認知療法―注目を集めている理由とその効果機序. ブリーフサイコセラピー研究，19; 28-37.

熊野宏昭（2012）新世代の認知行動療法. 日本評論社.

Lazarus, R. S., & Folkman, S. (1984) Stress, Appraisal, and Coping. Springer Publishing.（本明寛・春木豊・織田正美監訳(1991)ストレスの心理学―認知的評価と対処の研究. 実務教育出版.）

Marks, I. (1975) Behavioral treatments of phobic and obsessive-compulsive disorders: A critical appraisal. In: Hersen, M., Eisler, R. M., & Miller, P. M.（Eds): Progress in Behavior Modification (Vol.1). Academic Press, pp.65-158.

Meichenbaum, D. (1985) Stress Inoculation Training. Pergamon Press.（上里一郎監訳（1989）ストレス免疫訓練―認知的行動療法の手引き. 岩崎学術出版社.）

水口公信・下仲順子・中里克治（1970）日本版STAI（状態・特性不安検査）. 三京房.

日本マインドフルネス学会（2020）設立趣旨. https://mindfulness.jp.net/（2020年2月29日閲覧）

日本認知・行動療法学会編（2019）認知行動療法事典. 丸善出版.

内山一雄（2016）演奏不安とパフォーマンスに対する介入の効果―いかに普段通りの力を発揮するか. 兵庫教育大学大学院学校教育研究科修士論文. http://repository.hyogo-u.ac.jp/dspace/bitstream/10132/16821/1/M14090E.pdf

坂野雄二・菅野純・佐藤正二・佐藤容子（1996）臨床心理学. 有斐閣.

Segal, Z. V., Williams, J. M. G., & Teasdale, J. D. (2002) Mindfulness-Based Cognitive Therapy for Depression: A New Approach to Preventing Relapse. The Guilford Press.（越川房子監訳（2007）マインドフルネス認知療法―うつを予防する新しいアプローチ. 北大路書房.）

妹尾江里子・橋本早子（1997）バスケットボール選手に対するメンタルトレーニングプログラムの試み. 成城文馨，159; 62-68.

Watzlawick, P., Fish, R., & Weakland, J. (1974) Change: Principles of Problem Formation and Problem Resolution. Norton.（長谷川啓三訳（1922）変化の原理―問題の形成と解決. 法政大学出版局.）

Wolpe, J. (1958) Psychotherapy by reciprocal inhibition. Stanford University Press.

第 **9** 章

エリクソン催眠

中島　央

I　はじめに

　エリクソン Milton H. Erickson という存在を考えることは，皆の耳目を惹きつけながらも，一般にその理解は至極難解なことと考えられている。一方で，彼が活躍していた時代から半世紀経った今でも，その業績は「心理療法の源泉」と考えられ，「フォロワー」は後を絶たない。この傾向は今後よほどのパラダイムシフトがない限り，続いていくだろう。このような事情を踏まえると，本書のテーマは「教科書」であるから，そういった存在は題材として格好のものなのかもしれない。

　吉川（2004）が述べているように，彼の業績は格好の「泥棒」の餌食となっているようだ。ロッシ Rossi（Erickson et al., 1976），ヘイリー Haley（1985），オハンロン O'Hanlon（1987, 1992），ザイク Zeig（1999）など，彼らは皆，言うなればエリクソンが「やったこと」を巧みに引用し，自分たちの業績につなげていっている。そのほぼ全ては，エリクソンの「技法」に焦点が置かれ，その解析にどう言う「名前」をつけ定義付けるかということに力点が置かれている。これは現在まで主流となっている。

　一方で，技法の分析と定義づけや構造化は，それが浅いとか深いとか，本質的かそうでないかという議論は別にして，それなりに価値の高いものだと言える。よく「エリクソニアン催眠」と言われる，前述のオハンロン（O'Hanlon & Martin, 1992）や，ザイク（Zeig et al., 1999）で推奨されるようなやり方は，「エリクソンっぽさ」を一般化させることには，非常に役立っている。何よりこのロールプレイをすることで，一般的な催眠をやろうとする人たちが，表面的であれ，部分的であれ，エリクソンを感じ体験できるのはありがたいことだ。

　ただそれらは，思想やものの見方，つまり「感性」という部分において，あま

りにもそれを一般的なものに近づけてしまったがために，無視し切り捨ててしまっている側面も強いように思える（中島，2008）。ベイトソン Bateson のダブルバインド理論（Bateson, 1972）にしても多分にそうだろう。

　エリクソンは，初期のロッシ，その後のベイトソン，ヘイリー，晩年のザイクなど，来訪者をことごとく歓迎し，よく喋っている。エリクソンへの接近者は皆，「彼がなぜ奇跡のようなことができるのか」「それにはどのような考え方，メカニズムが存在するのか」というテーマで接していたようにみえる。そういった見方では，感性は必ず置き去りにされる。僕からみるとそのような現象が，彼らの対話記録の中からは随所に見られるのだ。この違いは大きい。

　ここで，誤解を恐れずに本章の主旨についてはっきりさせておきたいところだが，僕はエリクソンの感性が知りたいし，実際に何を考えていたのかを知りたい。したがって，周囲の人がどのようにエリクソンを解釈し，技法に名前をつけ，それを体系化しているかについては，全く興味がない。僕はエリクソンの「言葉」だけをあてにして，彼が何を見て何を考えていたのかを推測し，エリクソン催眠やエリクソン療法に関してイメージを作って実践している。いみじくもエリクソンは，「内的世界の重要性」について語っている（Erickson et al., 1976）。

　さて催眠。エリクソン自身は極めて真摯に催眠に取り組んでいた（Zeig et al., 1999）。これはおそらく彼自身のこだわりによるものであると考えられるが，トランスというものに関して，特にその状態を「誘導する」ということに関しては，臨床的にどのくらいの有益性を感じていたかはよくわからない。ただ，エリクソンは通常の催眠をするのにも数時間かけており，それが俗に言う抵抗除去などだけのために費やされたものでないことは，ケースの記録を見てもわかる（O'Hanlon et al., 1990）。つまり彼は患者が催眠に「誘導」されるのを望んでおらず，患者が自ら，催眠状態という「結果」を選択することを手助けしていたとも言える（Erickson & Rossi, 1981）。僕なりに言葉を換えれば，エリクソンは 1950 年代当時，いやもっと前からかもしれないが，患者の「自己決定」の感覚を持っていた，と言える。この自己決定の中身を考えていくことが，僕にとっては，エリクソン催眠というものを考えていくことだ。

　催眠の中核となることは，言うまでもなく，無意識（トランス）と暗示だ。無意識に関しては，エリクソンはかなりアクティブな考え方を持っていた。エレンベルガー Ellenberger の『無意識の発見』（1970）が，同時代の無意識と催眠の考え方，およびその歴史をまとめているものと言えるが，それからも相当に乖離している。暗示に関しても，エリクソンはそれを極めて日常的でナチュラルなものと考えているようだが，これも他とはかなり違ったものだ（Erickson et al., 1976）。

さて，以下の項で，この無意識と暗示というテーマを扱っていきたい。

▌II　意識と無意識の関係

　先のエレンベルガーの著書に詳しいが，催眠は，その歴史から無意識へと通じる道（フロイトは「王道」と言っている）と考えられてきた。そして催眠によってもたらされるトランスは，無意識の表現型として捉えられている。この考え方だと，どうしても意識と無意識の間に乖離が生じるということになり，催眠という「道」が必要になってくる。したがって人間の状態は，通常の意識に支配された状態か，トランスつまり無意識によって支配された状態か，という二分法で捉えられることになる。要するに，人間は意識と無意識の「どちらにいるか」，もしくは意識と無意識の間にあるスペクトラムの「どこにいるか」という考え方になるということだ。伝統的な催眠の系譜だと，前者に従うと，「誘導」もしくは「催眠儀式」のような区切りを催眠と呼ぶことになり，後者だと「催眠深度」とか，最近のナチュラル指向の催眠にみられる「トランスが少し入っていた」とかいう考え方になる。

　このようなことに関するエリクソンの見解は明白で（Erickson et al., 1981），前者に近い考え，つまり「どちらにいるか」の立場になる。ただ彼の場合，催眠を道とは考えておらず，きっかけとしての催眠，結果としてのトランスという形になっていたようだ。

　エリクソンの言葉によると，意識と無意識の関係は「同一人物の中に一緒に存在している」「意識，無意識が両方とも，私のオフィスの中で私と共にその場にある」ということになり，同時並行で走っているものということになる。そして患者が「どちらにいるか」が重要で，それは患者が選択する。通常は意識が患者にとっては優位な状態となっているため，催眠の過程は，患者が無意識を選択しやすくなる条件を整えていることになる。当然，患者が無意識の行動をとり，無意識優位の状態になれば，それが意識的な行動と融合し，治療的な効果を生むことになる。

　有名なユーティライゼーション（Erickson et al., 1976）やダブルバインド（Bateson, 1972）の理論も，このような立場で捉えるならば，簡単に考えることができる。

　前者は，患者が示す無意識の行動に患者自身が囚われることによって，トランスが表に出てくる。例えば，ひきこもりの患者で，ずっと携帯電話を中心に行動している患者がいた。僕はその患者に対して，毎朝起きたら，「携帯電話を使っ

て」，家の庭の写真を撮ることを命じた。そしてまた携帯電話を使って，それを整理し僕に見せるようにと話した。それができるようになると今度は家の外のものを撮るように，そして整理して僕に見せるようにという課題を続け，結果，働くようになった。

　僕は言うまでもなく，携帯電話というツールに関して，ユーティライゼーションを行なっている。ただその患者とお話ししているときには，そのようなこと，つまり携帯電話を使っていることを利用しようとか活用しようとかいう考えはなく，ひたすら患者を観察しながら，患者がトランスに没入できる状況は何か，ということに考えは終始していた。結果的には患者はその行為に没頭，つまりトランス状態に没入していたわけで，日常生活と，無意識的過程は常に並行しているという前提に基づいたアプローチになった。このようなことでユーティライゼーションという考え方はある程度把握できると思う。

　後者については，エリクソン自身が明白に，「解離」という言葉で言い換えている（Erickson et al., 1976）。日常生活でよく解離は起こっていて，子どもが好き放題している状態で，お母さんは最初はかまってあげているのだが，時間が経つと，「もういい加減にしなければ」，「私の育て方が間違っていたのでは」という考えが頭の中を占めることになる。

　そうなった後の解離状態は著しく，お母さんは，「体は」そこを離れたくてしょうがないのに，頭が子どもの状態の分析に集中してしまう。つまりいろんな教育や情報取集の結果が頭を支配していて，「体はそこに居続けながら，あたまは別のところにいる」状態になる。いわゆる「解離」の状態だ。

　この解離の状態に子どもが引っ張られると，ダブルバインドになる。つまりお母さんの指示に対して子どもは混乱した状況になり，今の行動を続けていいものかどうか，「わからない状態」になる。いわゆる「解離の連鎖」だが，これもまた日常でよく見かける光景だ。

　僕のクリニックでは，特に多く見かける光景で，例えば発達障害の子どもの診察で，お母さんは僕に対して一生懸命子どもの病状について話しているが，子どもが隣で暴れていても，いっこうに気にせず喋り続け，果ては夫婦関係，嫁姑関係まで話が及ぶ，といった状況がある。そして時々気がついたように子どもに対して「いい加減にしなさい！」といった罵声が飛ぶと，子どもはキョトンとした表情となり混乱する。

　これもまた，催眠誘導なしで解離が起こっている。繰り返すがダブルバインドの本質は解離であり，これは治療の観点からすると歓迎すべき状況で，エリクソンは自ら「混乱技法」と呼ばれるやり方で，あえて解離を起こそうとしていたよ

うだ（O'Hanlon, 1987）。

　ちなみにこの母子のようなシチュエーションだと，キョトンとして解離している子どもに対して，僕はニヤリと笑うだけだ。これで何となく子どもとのラポールが取れることも多い。母親とは話を聞くことで，これもまた何となくラポールがとれているようだ。この場での僕は，結構ぼーっとしながらそこに居続けるわけで，同じように解離の状態になっていると思う。僕はこのような感じで，解離に関しては放っておくことが大事なことで，「介入」などは，ほぼほぼやらない。意識と無意識が同時並行で動いていると考えるならば，「何もなければ」という前提で，解離はほぼ落ち着くところ（意識と無意識が折り合うところ）で落ち着くと考えられる。したがって一般にされている心理教育とは違い，ダブルバインドということを意識し患者に説明することはほぼ必要ないと思っている。

Ⅲ　暗示と催眠

　暗示というものは，通常「AがあればBとなる」という形式の文体をとり，一般的には「月が欠ければ何かの災いが起きる」といった預言の世界，「このウイルスが蔓延すれば世界が大混乱になる」といったデマゴーグの世界，はたまた，「この商談がまとまれば，俺は出世できる」「この化粧品を使えば美しくなれる」といったビジネスの世界でも，かなりありふれたものとして使われている。催眠の場合，「私が合図をすると催眠に入ります」とか，「手をじっと見ていると手がだんだん上がっていきます」とかいう形式で使われることが多い。

　こういった場合，先に挙げたAとBの関係は，Aを前提，Bを結果や指示として見たら，その関係は必然的，論理的なものではなく，恣意的非論理的に何らかの道筋をつける，「誘導」を要している。だから暗示の効果を発揮するためには，テレビやインターネットなどのメディアを見れば明らかなように（いわゆる宣伝だ），Bを強調すること，つまりBの結果を強調し，「信者」を増やすことに主眼が置かれる。これを意識，無意識で分けるとBが意識で，Aが無意識となることはお分かりだろうか。これに引っかかると，「こんなに買ったつもりはない」化粧品の山が自宅に届いてくる。

　これは催眠の世界でも同様で，前述の例で言うと「催眠に入ります」「手が上がります」といった部分が，いかに強調され，信じられるかが正否を分けるだろう。こういったところから「催眠感受性」といった言葉が生まれる。要するに，催眠や催眠現象を信じられるか否かに暗示の成否がかかってくるということで，当然信じられなければ，催眠には「かからない」し，「感受性の低い患者」となるだけ

だ。言いかえれば，「催眠に入る」ということをしっかりと「意識」できる患者が，催眠感受性の高い患者ということになる。

　エリクソンの場合の暗示はここのところが根本的に違うようだ。このあたりのことは参考文献に挙げた書物類にも山のように書いてある。まとめて考えると，エリクソンの催眠はこの暗示に関して通常と違う考えをしていて，「間接暗示」を中心とした「技法の山」となっている（O'Hanlon, 1987）。

　僕は，その流れは否定しなくとももう少しシンプルに考えている。ざっくりと言うと，エリクソンの場合，単純に前述のAとBとの力関係がひっくり返っているのではと考えられるのだ。つまり，旧来の暗示がA＜Bの力関係だとしたら，A＞Bの力関係であるということになる。

　これだけ言ってもどういうことかとわからなくなるだろうから，身近な例を出してみる。家に4歳の息子がいるのだが，毎食後歯磨きをさせるのに苦労していた。今までは「歯磨き（A）をしたら，抱っこ（B）するよ」ということを言ってきたのだが，うまくいかなかった。このメッセージは明らかにA＜Bのメッセージで，行動理論の報酬系にも合致するのだが，「乗せる」までがたいへんだ。そこで「抱っこして（A），歯磨きしなさい（B）」とひっくり返してみた。すると息子は，スルスルと僕の膝の上に乗ってきて，おもむろに歯磨きを始め，終わるとパカっと口を開け仕上げ磨きを要求してきた。そして自ら膝を降り，うがいをしに洗面所へ行った。

　僕がしたことは，明らかに「抱っこ」という息子にとって希求の強い行動を「先取り」し，しかも息子が自ら膝の上に乗るという「能動性」を加味し，Aを強化している。またAとBの関係性を「and」とし，結果的にA＞Bの形になった。これはエリクソニアンから見ると，「イエスセット」（O'Hanlon, 1987）ということになるだろう。イエスセットのイエスはAにあり，それは「自明のこと」と考えられている。ただ，イエスセットを理解している人の中でも，この自明性を観察の中から拾い出し先取りしながらアクティブにしていく，つまり強化していくという努力をしている人は，意外に少ないし，これが暗示の基本構造に依っているということを知る人は，もっと少ない。

　そして，このモデルにおいてはBは相対的に弱くなる。そして結果的にはAが意識で，Bが無意識となる。そうすると，Bの結果や行動といったものが，無意識におちる，つまりトランスの状態にもなり得るということになる。件の息子の場合，歯磨き行動は自動的で，無表情で行われており，ほぼトランスの状態にあったといえる。実際，息子は「パパに抱っこしてもらいたかっただけ」と言っていた。わかりやすいように子どもの例を出したが，これは，僕が実際の診察でも

数多くやっている手法だ。先に挙げたＡ＜Ｂのモデルよりも，こと治療という場面においてはこの方が使いやすいし，催眠感受性など気にしなくてもよくなる。大事な結果や指示の部分は，強調されずトランス，つまり無意識に置かれるわけだから，患者は自動的にそれを実行するか，全く違った選択をするかもしれない。いずれにしろそれは前半でも述べた自己決定に依る。

　エリクソンは暗示に関して，「意識レベルで人と話しているとき，私は，その人が意識レベルだけでなく，無意識レベルで私の話を聞いている」（Erickson & Rossi, 1981）という基本認識を持っていた。その上で，Ａを重くしてＢを完全に隠すこともやっていたし，アナロジーという手法（中島，2018）も盛んに使っていたように考えられる。こと，暗示的なことに関しては，Ａつまり意識をある方向に集め重くし，Ｂの無意識の負担を減らす，という原則が一貫してあるように，僕には思えるのだ。つまり，この方向を進めると「間接的な」という方向に進むと思う。

　このようにエリクソンの催眠についていろいろと紹介してみたが，僕としてはまだまだ書き足りないところも多い。今の時代，映像もたくさん出回っているし，また新たな解釈もあるかと思う。それは多分エリクソンの本望だと思うし，そのようなものに出会ってみたい気もする。まあブリーフセラピーの教科書だから，いろんなことをいろんな風に考えましょうというのがただしいところではと。では。

文　献

Bateson, B. (1972) Steps to an Ecology of Mind. New York: Ballantine Books.（佐藤良明訳（1990）精神の生態学．思索社．）

Ellenberger, H. F. (1970) The Discovery of the Unconscious: The History and Evolution of Dynamic Psychiatry. New York: Basic Books Inc.（木村敏・中井久夫監訳（1980）無意識の発見―力動精神医学発達史．弘文堂．）

Erickson, M. H., Rossi, E. L., & Rossi, S. I. (1976) The Induction of Clinical Hypnosis and Forms of Indirect Suggestion. Halsted Press.（横井勝美訳（2016）ミルトンエリクソンの催眠の現実―臨床催眠と間接暗示の手引き．金剛出版．）

Erickson, M. H., & Rossi, E. L. (1981) Experiencing Hypnosis: Therapeutic Approaches to Altered States. Irvington Pub.（横井勝美訳（2017）ミルトンエリクソンの催眠の経験―変性状態への治療的アプローチ．金剛出版．）

Haley, J. (1985) Conversations with Milton H. Erickson, M. D., Volume I: Changing Individuals. Norton.（門前進訳（1997）ミルトンエリクソンの催眠療法―個人療法の実際．誠信書房．）

中島央（2008）Erickson の催眠に関するひとつの推理．臨床心理学，8; 22-28.

中島央（2018）やさしいトランス療法．遠見書房．

O'Hanlon, W. H. (1987) Taproots: Underlying Principles of Milton Erickson's Therapy and

Hypnosis. New York: Norton.（森俊夫・菊池安希子訳（1995）ミルトン・エリクソン入門．金剛出版．）

O'Hanlon, W. H., & Hexum, A. L. (1990) An Uncommon Casebook. New York: Norton.（尾川丈一・羽白誠監訳（2001）アンコモンケースブック．二瓶社．）

O'Hanlon, W. H., & Martin, M. (1992) Solution-oriented Hypnosis: An Ericksonian Approach. New York: Norton.（宮田敬一監訳，津川秀夫訳（2001）ミルトン・エリクソンの催眠療法入門．金剛出版．）

吉川悟（2004）セラピーをスリムにする！─ブリーフセラピー入門．金剛出版．

Zeig, J. K., & Munion, W. M. (1999) Milton H. Erickson. London: Sage.（中野善行・虫明修訳（2003）ミルトン・エリクソン─その生涯と治療技法．金剛出版．）

第 10 章
NLP（神経言語プログラミング）

上地明彦

I　NLP とは？

　NLP（Neuro-Linguistic Programming）とは，さまざまなフィールドで卓越した実績を残している人たちが用いている手法を，神経心理学や言語学（一般意味論や変形生成文法）を使って解明し，そのエッセンスを，モデリング可能なプロトコールにすることを試みた行動（科学）モデルである。1976 年に，カリフォルニア大学サンタクルーズ校の教員であった言語学者のグリンダー Grinder, J. と，学部生で数学を専攻していた，バンドラー Bandler, R. によって創始された。

II　NLP の歴史と変遷

　NLP の歴史的変遷は，2020 年現在の段階においては，4 つの世代に分類される。

1．第一世代（個人の行動・認知の変容の探究）

　1970 年代，バンドラーとグリンダーは，アメリカで活躍していた治療家 パールズ Perls, F.（ゲシュタルト療法の創始者），サティア Satir, V.（ソーシャルワーカーで家族療法家），ミルトン・エリクソン Erickson, M.（精神科医であり心理療法家）らのセラピーをモデリングして，そこで用いられていた手法のエッセンスを抽出，プロトコール化し，それらをパターンと呼んで提示した。
　当時提案されたパターンには，主に以下のようなものがあった。

知覚のシフトに関わるもの
・アイアクセッシングキュー：眼球の動きと，視覚を通した想像／想起，聴覚

を通した想像／想起，体感覚，内的対話との関係
・ 知覚ポジション：一人称〈第1ポジション〉，二人称〈第2ポジション〉，三人称〈第3ポジション〉から事態を体験する
・ サブモダリティ：視覚，聴覚，体感覚の下位範疇の確認と調整
　　視覚の例：明るさ，場所，距離，動き，色
　　聴覚の例：場所，リズム，ピッチ，速さ，言語／非言語
　　体感覚（体性感覚，内臓感覚）の例：場所，サイズ，形，動き，重さ
・ アンカリング：トリガーを使った反応の条件付け

上記の組み合わせとしては，以下のものがある。
・ 不安／恐怖症への対応：二重分離〈三人称から事態を見ている自己を観察している状態〉して，対象からの影響を受けないありようで，対象のサブモダリティをシフトさせる[注1]

言語のシフトに関わるもの
・ 述語：発話される言語から用いられている感覚（視覚，聴覚，体感覚，内的対話モード）を特定する
・ メタモデル：省略，一般化，歪曲された言語要素を復元する
・ ミルトンモデル：ミルトン・エリクソンのセッションの模様を観察し，クライエントが自身の無意識にアクセスし，リソースを手に入れる過程をモデリングして，その手法の形式化を試みたもの（逆メタモデルと呼ばれる）

事象や対象の構成要素（パート）のシフトに関わるもの
・ 6段階リフレーミング：問題と捉えているパートにコンタクトし，その肯定的な意図を特定，創造的なパートにアクセスして，新たな行動パターンを獲得する

この頃は，セラピーがモデリングの対象であったこともあり，個人の行動や認知の変容をいかに引き起こすかということに焦点がおかれていた。また，抽出されたパターンは，その対象に関わらず，適用可能なステップとして活用できる（コ

注1）刺激に対して，直接体験／分離体験の区別を活用したものには，他に，Andreas & Andreas（1989a）によるアレルギー反応への対応法がある。

ンテンツフリーな）レベルにまで抽象化されていた。

2．第二世代（メタレベルでの認知，身体的知性の探究）

　第一世代の NLP では，「なぜ」という質問は，事態の原因を追求するものとして，好ましくないものとされていたが，1980 年代になると，信念や価値観などメタレベルで機能している認知が扱われるようになった。

　この世代の代表的なパターンとしては，主に以下のものが挙げられる。

・タイムライン：時間軸をどのように構成するか
・ビリーフチェンジ：サブモダリティや言語パターンを使ったフレーム変更や例外の提示
・価値観の階層：価値観を引き出し，重要度に応じて並べ替える
・葛藤の処理：葛藤状態にある行動が持つ肯定的意図を引き出し，双方の価値観が合致をみたら，問題を見直す[注2]
・メタプログラム：外界からの情報を取り入れる／切り捨てるときに使われている認識フィルターを確認，シフトする

　第二世代では，自己と他者の関係性に焦点が当てられるようになり，ビジネス，健康，教育，能力開発などの分野でのモデリングが盛んに行われるようになった。その結果，NLP は企業研修やリーダーの育成にも取り入れられるようになる。

　また，この頃，グリンダーは，NLP のトレーニングを受けた者たちが，クライエントに対しては，プロトコール化されたパターンを唱えることで，強力な変化をもたらせるにも関わらず，自身の人生においては，NLP を適用することができていないことに気づき，修正すべきは，問題自体でなく，問題の抱き方であると主張した。グリンダーは，まず，自分自身が身体的にリソースフルなステイト（心身のありよう）にあることの重要性を説き，ニューコード NLP を提唱した[注3]。

　ニューコード NLP では，過去の経験や事態の内容とは関係なく，（アルファベットゲーム，NASA ゲームといった）課題によってコンテンツフリーの無知の知

注2）葛藤処理のパターンを発展させ，個人の価値観に基づいた行動や自己一貫性を確認するパターンとしては，6 段階リフレーミングを発展させた，Andreas, C. による「コアトランスフォーメーション」（Andreas & Andreas, 1989b）や，階層ごとに異なるラベリングを使って，自己一貫性を整える，ロバート・ディルツによる「ニューロロジカルレベル」などがある。ちなみに，ロバート・ディルツが唱えるロジカルレベルは，グリンダーが唱えるロジカルレベルとはまったく異なるものである。

のありよう（Know Nothing State）を創造し，体感覚的なシグナルを通して，無意識との対話を通して，行動の選択と変化の検証が行われる。

3．第三世代（場の創造）

1990年代以降，NLPの黎明期から，創始者の二人と共に活動してきた，ロバート・ディルツ Dilts, R. とディロージャー Delozier, J. を中心に，システミックで，相互の関係性を活かした場の共創と発展に焦点を当てた，第三世代のNLPが提唱される。

適切な関係性の文脈（コンテクスト）を創造することで，システムが本来持っている，変化に必要な知恵を発見できるという想定に基づき，場という視点から，アイデンティティ，ビジョン，ミッションなどを観ることで，個人やチームだけでなく，組織，文化のレベルで，システミックな変化をもたらすことを試みている。

この世代に提案されたパターンとしては，主に下記のものが挙げられる。

・メタミラー：一人称〈第1ポジション〉，二人称〈第2ポジション〉，三人称〈第3ポジション〉のやりとりをシステム全体〈第4ポジション〉から観る
・ホールネスプロセス：「私」の背景で機能している，別の「私」のサブモダリティにシフトを引き起こすことで，前景の「私」に変化をもたらす

場からの後見や，それがもたらす多重的な視点を活用することで，アラインメント（自己一貫性）を保ちながら，変化する環境との関係性に適応していく方法を提示している。

注3）1980年代に入り，バンドラーと袂を分かったグリンダーは，ディルツと共同でセミナーを行っていた。グリンダーは，分析理論の整合性を重視し，モデリングの対象は，直接模倣が可能であることを強調した（例えば，語学のモデリングを行う場合，対象はネイティブスピーカーで，同じことが再現できるまで，可能な限り，フィードバックをもらうことができる者である）のに対し，ディルツは，効果的な変化を生み出すために役立つもの，新たな選択肢を生み出す可能性があるものは，分析理論の整合性にこだわらず，まず取り入れてみるといった姿勢を採った。その後，両者のスタンスの違いは解消されることなく，ディルツのモデリング対象は，やがて，モーツアルト，ディズニーといった故人にまで及んだ。結果として，ディルツの提唱するNLPは，彼自身が形容するように，「そこを訪れれば，何かが欲しいものが見つかるキャンディショップ」のように，目的に応じて使うことができるツールの集合体といった様相を呈することになる。

4．第四世代（生命の源泉）

　第四世代の NLP は，2020 年の時点で，ディルツ，デボラー・ディルツ Dilts, D，ディロージャーを中心に牽引されている。

　場の共創を可能にする，根元的レベルでのつながりの創造に関心が向けられ，違いを生み出す違いを創造すること（ジェネラティブチェンジ；生成的変化）を目指している。

　「地図は，土地そのものにあらず」ということ，すなわち，今，体験している現実世界は，私たちの主観的な選択によってつくられたものであることを理解した上で，「場」を生み出す「（生命の）源泉」を「無知の知のありよう」で体現することが重要であると主張している。

　現在，ネオエリクソニアンのギリガン Gilligan, S. とのパートナーシップを組んで展開されている「ジェネラティブチェンジ」の枠組みの中で，ジャネラティブコーチング，ジェネラティブコンサルテーションの部門が第四世代の NLP にあたる。

Ⅲ　使用上の注意

　NLP はセラピストや精神科医が治療に用いた卓越したコミュニケーションのパターンを Neuro（神経：五感）と Linguistic（言語）からモデリングしようとして始まったものであるため，セラピーと誤解されることがあるが，それ自体はセラピーではない。

　これまで，交渉，セールス，教育，学習，スポーツをはじめ，霊能者やシャーマンにいたるまで，さまざまな分野において，卓越性のモデリングが行われてきた。特に，セルフヘルプの分野で活用され，後にビジネス分野で活用されたことにより，短期間でモデリングの結果が求められた。

　しかし，言語分析に用いられた理論（チョムスキー Chomsky, N. によって提唱された変形文法，後に生成文法として発展）が，意味や語用の分析に適していなかったこと，途中，創案者や実践者の間で，モデリングの根底となる分析理論やツールの擦り合わせが行われなかったこともあり，NLP のパターンは，ベースとなる理論の設定と更新や相互の整合性の検証が充分に行われないまま，結果として，100 以上に及ぶこととなった。[注4)]

　また，解決志向アプローチやシステムズアプローチと異なり，NLP はアプローチではなく，特定の分野で秀でた実績を持つ人の行動や認識のエッセンスをモデ

リングし，望む結果を再現することを目指してプロトコール化されたツールの集合体であるため，NLP をセラピーやコンサルテーションで用いる場合には，それぞれの分野で基礎となる訓練を受けた上で，目的に応じて，必要なツールを選別しながら活用できる能力が必要となる[注5]。

Ⅳ　NLP の実践例

1. コンテクスト

本章の執筆中（2020 年春），世界は，新型コロナウイルスの襲来によって，私たちは，未曾有の事態と直面することとなった。

本節では，こうしたかつて経験したことがない事態において，成長マインドセットを持って，いかに効果的にストレスに対応していくことができるか，NLP の2つの手法を活用した例を示す。以下の例では，まず，第四世代の NLP を使って，刺激を受け容れるありようの器を用意した後，メタプログラムを使って，認識フィルターの組み合わせ（事態の捉え方）を明確化し，価値観を充足する最適なフィルターへとシフトを行っている。

2. COACH ステイトを体現して，意識をフィールドへと開く

ギリガン（2012）は，私たちが体験している現実世界は，自らの認知（cognitive）・身体（somatic）・場／関係性（field）のフィルターを通して形づくられていると主張している。

日常生活で，何ら支障がない場合には，それまでにセットされていたフィルターのまま行動すれば良いが，予期せぬ障害に遭遇した場合には，あらかじめセットしておいた認識フィルターがもたらす行動や考え方では，効果的に対処するこ

注4）1980 年代に入り，バンドラーは NLP の使用権をめぐって，彼以外のセミナー提供者たちに対して訴訟を起こしたこともあり，NLP の勢いは衰退する。1986 年，グリンダーのコースに参加していたロビンズ Robbins, A. が，書籍 *Unlimited Power: The New Science Of Personal Achievement* を執筆，その後，テレビのショッピングチャンネルで，「Personal Power」という 30 日自己変容プログラムとして発売され，全米で大ベストセラーとなる。*"Unlimited Power"* の内容は，グリンダーが教えていた NLP を平易な言葉でまとめたものであったが，引用文献は 1 件も明示されていなかった。ロビンズは，バンドラーによる訴訟後，自らのプログラムを NAC（Neuro Associative Conditioning）と改称している。

注5）セラピーやコンサルテーションの基礎訓練なしに，NLP を学習すると，いつどのタイミングでどんなツールを使ったら良いか理解できず，実践的な活用にまで至らないことが懸念される。

とができなくなる。

　困難に直面したとき，私たちがマインドレスな状態にあると，障害と感じている対象や出来事に圧倒されたり，飲み込まれやすくなる。そして，ノーマルな生体反応として，4F（Fight：闘争，Flight：逃走，Freeze：フリーズ，Fold：破綻／虚脱）状態が生じることになる。

　一方，対象や出来事と同一化したり，飲み込まれたりせず，最適な対応をするためには，マインドフルな状態を維持し，それまで使っていた認知・身体・場／関係性のフィルターを一旦解き，採用していなかったリソースとつながり，新たなフィルターを通して現実世界を創造する必要がある。

　つまり，同じ刺激／ストレッサーに対して，マインドレスネスに反応するか，マインドフルネスに対応するかによって，私たちが体験する現実が変わってくるが，その分かれ目は，私たち人間が選択することができるステイト（心身のありよう）の選択にかかっている。

　ディルツら（2010）は，私たちが創造力を発揮するためには，まず，心身がCOACH ステイトにあることが大切であると主張し，そのありようを満たすステップを以下のようにまとめている。

　COACH ステイト（創造力を発揮できるマインドフルなありよう）
　・Centered（重力に沿って身体軸が調っている）：身体とつながり，静まりを感じる（地に足がついていて，肚がすわって，リラックスしている）
　・Open（開いている）：新たな可能性や別の世界の見方をもたらす時空を超えたスペース（フィールド）へ意識を開放していく
　・Attending with awareness（気づいている）：気づきのフィールドに問題を迎え容れる（茶室やゲストハウスに客人を招き容れるように）
　・Connected（つながっている）：呼吸と動きを通して，リソース（経験，仲間，先人の智慧，大自然）とつながる
　・Holding（抱いている）：気づきがもたらすフィールドの中で，生まれる体験を，敬意と思いやりを持って抱く

　日々の生活で，COACH ステイトを修練し，体現していくことで，創造的なフロー状態が生み出され，それまで気づいていなかった問題解決の選択肢や新たな可能性が生まれてくる。また，問題を自らの成長の糧として変容し，活用することが可能になっていく[注6]。

3．メタプログラム（認識フィルター）を最適化する

　刺激と同一化したり，飲み込まれない器を確保できたら，そのスペースの中で，認知や知覚を望むゴールの実現に最適なものへとシフトしていく。

　メタプログラムとは，外界からの情報をプロセスする際のフィルターであり，どの情報を処理し，どの情報をカットするかを決定するもので，その選択は，使われている言語に表れる。同時に，必要な認識体験をもたらすフィルターの選択は，言語を通して行うことができ，このとき使われる言語は，影響言語と呼ばれる。

　したがって，私たちは，使われている言語に気づくことにより，自らが使っている認識フィルターに気づくことができ，それが，望むゴールの達成に最適でない場合には，影響言語によってフィルターの選択を変更することで，認識を変換することができる。

　そのために大切なことは，前節で見たように，私たちが無意識下で使っている認識フィルターの組み合わせに気づけるありようを用意できることである。

　以下，簡単に，シャーベイ（Charvet, 1997）をもとに，後述の例で使われているメタプログラムのカテゴリー（**太字**）とフィルター（網掛け）を簡潔にまとめておく。

〈**主体性**〉

　　主体行動型：考えるより先に行動することでモチベーションが高まる（影響言語の例：今すぐ，行動する，向かう）

注6）ディルツら（2010）は，COACH ステイトの対極にあたるありようを，CRASH ステイト（マインドレスなありよう）と呼び，私たちが，以下のありようにあるとき，4F（Fight：闘争，Flight：逃走，Freeze：フリーズ，Fold：破綻／虚脱）の反応が引き起こされると述べている。CRASH とは，以下の状態を指す。
・Contracted（萎縮・緊張している）：認知や身体が固まって，刺激に対して自己防衛的になっている
・Reactive（反射的に反応している）：状況からの影響を受けやすく，不快な情動が駆り立てられている
・Action paralysis（行動が麻痺している）：状況に対して分析／思考過多になり，物事を決定したり，望むアウトカムに向けた行動ができない
・Separated（孤立している）：身体，人間関係，リソースとのつながりから孤立している
・Hostile & Hurt（敵視している）：現実を敵視し，失望感／拒絶感に苛まれ，痛みを感じている

　　反映分析型：事態や状況を観察し，考えてから行動する（影響言語の例：考
　　　える，分かる，検討する）

〈方向性〉

　　目的志向型：目標を達成することが原動力になる（影響言語の例：達成する，
　　　得る，ゲットする）

　　問題回避型：起こるかもしれない問題や問題の回避に意識を向ける（影響言
　　　語の例：避ける，逃れる，取り除く）

〈判断基準〉

　　内的基準型：自らの意向や考えを基準に物事を判断する（影響言語の例：「お
　　　分かりかと思いますが」，「ご提案としては」）

　　外的基準型：他人からの情報やフィードバックを基準に物事を判断する（影
　　　響言語の例：「～によれば」，「情報によると」，「他人から見ると」）

〈選択理由〉

　　オプション型：行動や考え方に新たな選択の幅を求める（影響言語の例：機
　　　会，可能性，選択，例外」）

　　プロセス型：一連の手順，手続きに従って行動する（影響言語の例：「まず」，
　　　「第一に，第二に，……」，「手順として」）

〈スコープ〉

　　詳細型：帰納的思考，物事の具体性，順番に意識が向けられる（影響言語の
　　　例：「具体的に」，「詳細は」，「正確には」）

　　全体型：演繹的，物事の全体像，概略に意識が向けられる（影響言語の例：
　　　「一般的に」，「大枠として」，「要するに」）

〈ストレス反応〉

　　感情型：直接体験，ストレスに感情的に反応する（影響言語の例：「すごい」，
　　　「ガ～ン（オノマトペ）」，「へんな感じ」）

　　冷静型：分離体験，物事を客観的に捉え，感情移入しない（影響言語の例：
　　　「客観的に」，「事実として」，「合理的に」）

〈連携〉

　　個人型：個人で責任を持って，単独で行動することを好む（影響言語の例：
　　　「ひとりで」，「個人で」，「誰にも邪魔されず」）

　　近接型：人と関わりながらも自分のテリトリーを求める（影響言語の例：「（こ
　　　の部分は）あなたの権限で」，「（この部分は，あなたの責任で」）

　例えば，来所したクライエントが，以下のような発話をしていたとする。

「今のように先の見えない新たな状況で,ひとりぼっちで（個人型）過ごしていたら, <u>ストレスがたまって</u>（問題回避型）, もう, <u>感情的に目一杯</u>（感情型）の状態です。四六時中いろんなところから（オプション型）送られてくる情報に（<u>全体型</u>）<u>圧倒されて</u>（外的基準型）しまって, そんな中, <u>あれもこれも</u>（オプション型）とやっているうちに, 1日が終わってしまう……さあ, どうして良いか<u>分からない</u>（反映分析型）」

　この発話から, このクライエントは, 1人で（個人型）, 問題に注意を向け（問題回避型）, 感情的に反応し（感情型）, 複数の可能性に注意が向き（オプション型）, 具体的に物事を捉えることなく（全体型）, 判断基準が自分以外になり（外的基準型）,行動するより考える（反映分析型）といった認識フィルターの組み合わせを通して, 現実世界を作り, それが心地よくないと訴えていることが理解できる。
　もしそうした体験が望ましくない場合, セラピスト（あるいは, 本人）は, クライエントが無意識に採用していた認識フィルターをペーシングしながら, 影響言語を使って, 望むありようをもたらす認識フィルターへとシフトすることができる。（以下の例では,クライエントが抱いている価値基準を「安定とルーティンの構造化」として話している）

「時間を無駄にしたり, イライラしたり, 自分のためにならないことは<u>避けたい</u>（問題回避型）ですよね。こんな状況でも, <u>一息入れて</u>（冷静型）, あなたがいつも通りの一日を過ごしているかご<u>自分で分かる</u>（内的基準型）としたら, それはどんな感じでしょうか？　大切なことは, <u>安定</u>（価値基準）, そして, <u>ルーティンの構造化</u>（価値基準）でしたね。例えば, <u>まず</u>（プロセス型）, 朝, 決めた時間に起きて散歩をして, 午前中に優先すべき課題を済ます。そして, 午後は, ランチの後に昼寝をして, 夕方は, これまでやってみたかったことを楽しむ。こんなふうにご自分にとって大切なことを<u>具体的に4つ</u>（詳細型）選ぶことで, どんなふうに1日を計画的に<u>過ごすことができて</u>（目的志向型）,落ち着きを<u>取り戻すことができる</u>（目的志向型）でしょうか……ご自身にとって, はっきりした行動プロセスがあるというのはどんな感じですか？　では, 実際に<u>やってみて</u>（主体行動型）効果的だった行動を, 是非, <u>私たちにも</u>（近接型）教えてください」

　上の発話では, まず, 問題をペーシングし（問題回避型）, 一呼吸ついて, 感情

から距離をおき（冷静型），判断基準を他者から自分にシフトし（内的基準型），クライエントの価値基準〈安定，ルーティンの構造化〉を確認，行動を具体的にステップ化し（プロセス型，詳細型），その行動を前提として（主体行動型），他者と連携する（近接型）ことで，望む世界を創造できるように認識フィルターのシフトを行なっている。

4．解　　説

　ストレスの対象が漠然としていて，それと同一化したり，飲み込まれてしまうと，私たちの不安は増す。また，その状態になると，不安を避けようとしたり，無視しようとするが，そうすればするほど，不安は益々増強し，結果として，自己効力感の低下を招き，自己肯定感も下がっていく。そして，この循環が繰り返されるたびに，自己否定感が高まっていくことになる。

　そこで，まず，忘れていた器（身体・環境，仲間・コミュニティ，価値観・ビジョン，今・人生などとのつながり）を思い出して，ストレス対象を明確化し，行動を具体化することが必要になる。

　そして，行動の結果返ってくるフィードバックを，創造的に反映させながら，行動をより効果的なものへと更新していく循環の中で，達成感や感謝の気持ち，やりがいや成長が感じられるようになっていく[注7]。

V　おわりに

　これまでNLPで行われてきたモデリングを世代ごとに振り返ると，第一世代では行動療法，第二世代では認知療法，第三世代ではシステムズアプローチ，第四世代ではマインドフルネス認知療法として活用できるものが多い。無論，世代ごとのパターンの間に優劣はなく，第四世代が第一世代より優れている訳でもない。

　また，40年以上にわたって，さまざまな分野において卓越性のモデリングが行われてきた結果，NLPには，ブリーフサイコセラピーの他のアプローチには見られないパターンが数多く存在している。

　セラピーやコンサルテーションの場で活用するには，まず，それぞれの拠り所とするプラットフォームを築いた上で，必要な場面で必要な変容に役立つパター

注7）先の見えにくい状況において，今後，自らの未来を見据えつつ，セルフケアや（セルフ）コーチングなど，一人ひとりが日々の生活で実践できる自己調整のスキルが，一層求められるようになると思われる。

ンを選んで使うツールボックス的な活用法が有用であると思われる。その意味では，むしろ，一定の経験を積んだ経験セラピストが NLP を習得することで，セラピーの引き出しを増やし，効果性を高めることが可能になるであろう。

文　　献

Andreas, C., & Andreas, S. (1989a) Heart of the Mind: Engaging Your Inner Power to Change with Neuro-Linguistic Programming. Real People Press.（酒井一夫訳（1995）心の扉をひらく―神経言語プログラミング実践事例集．東京図書.）

Andreas, C., & Andreas, T. (1989b) Core Transformation: Reaching the Wellspring Within. Real People Press.（穂積由利子訳（2004）コア・トランスフォーメーション―癒しと自己変革のための 10 のステップ．春秋社.）

Andreas, C. (2018) Coming to Wholeness: How to Awaken and Live with Ease. Real People Press.

Charvet, S. R. (1997) Words That Change Minds: Mastering the Language of Influence. Kendal Hunt Publishing.（上地明彦監訳，本山晶子訳（2010）「影響言語」で人を動かす．実務教育出版.）

Dilts, R., & DeLozier, J. (2000) Encyclopedia of Systemic Neuro-Linguistic Programming and NLP New Coding. NLP University Press.

Dilts, R., Delozier, J., & Dilts, D. B. (2010) NLP II. The Next Generation: Enriching the Study of the Structure of Subjective Experience. Meta Publications.

Gilligan, S. (2012) Generative Trance: The Experience of Creative Flow. Crown House Publishing.（上地明彦訳（2014）ジェネラティブ・トランス―創造的フローを体現する方法．春秋社.）

Grinder, J., & Bostic, C. (2001) Whispering in the Wind. J & C Enterprises.

Hall, L. M., & Charvet, S. R. (2011) Innovations in NLP for Challenging Times. Crown House Publishing.（足立桃子訳（2013）NLP イノベーション―〈変革〉を起こす 6 つのモデル＆アプリケーション．春秋社.）

Hall. L. M., & Belnap, B. P. (2004) The Sourcebook of Magic: A Comprehensive Guide to NLP Change Patterns. Crown House Publishing.（橋本敦生監訳，浅田仁子訳（2006）NLP ハンドブック―神経言語プログラミングの基本と応用．春秋社.）

Robbins, A. (1986) Unlimited Power: The New Science of Personal Achievement. Simon & Schuster.

第 **11** 章
条件反射制御法

長谷川直実・平井愼二

▋I　CRCT の基礎となる理論

　条件反射制御法（以下，CRCT; Conditioned Reflex Control Technique）は，パヴロフの条件反射理論，信号系学説を基に考えられた治療法である。CRCT について説明するにあたり，この理論的背景について，簡単に紹介する。

1．なぜ癖になるのか

　動物に備わっている本能行動は，防御，摂食，生殖に成功する方向に向かうものである。環境からの刺激に対する反応により，これらの防御，摂食，生殖のいずれかに成功した場合，この刺激に対する反応は進化を支えるものとして，神経活動として定着する。熊が山から人里に降りてきて，食べ物を得られれば，その熊の行動は摂食に成功し，定着し，繰り返される。この定着させる効果は，生理的報酬と呼ばれる。防御，摂食，生殖のいずれかに成功すると生理的報酬を獲得する。新たな環境で新たな反射の連続により，この現象が反復されると，新たな反射が定着する。

　摂食や生殖に関しては 1 回や 2 回の失敗でその行動をやめていたのでは，生命を保ち，遺伝子を残すこともできない。人間を含む動物は，進化の過程において，大移動，狩り，探索などさまざまな行動をとり，成功した行動が残り，成功した行動をした種が残ってきた。仮に 1 回や 2 回の失敗があっても，あるいはもっと多くの失敗を反復しても，最終的に摂食や生殖に成功した生物種が生き残ってきたのである。つまり，程度にもよるが，低頻度の成功率であっても行動は定着する。現代の生活の中の身近なところでは，ギャンブルがあてはまる。

　また，一見防御，摂食，生殖に成功する方向性とは無関係に我々には見えるものでも，脳内で「防御，摂食，生殖に成功した＝進化を支えた行動」として反応

が生じて，その神経活動が定着することがある。覚醒剤の薬理作用は，脳内では進化を支えた行動としての反応を生じ，覚醒剤摂取に向かう神経活動が定着する。廃人のようになって死が近づく段階になっても，脳内では「進化を支えた行動」を再現する過作動が続き，覚醒剤摂取を繰り返す。

2．信号系

　人間を含む動物の生命の営みは，全て神経活動が司っている。パヴロフは人間が2つの中枢を持つとし，この2つを第一信号系，第二信号系と呼んだ。

　第一信号系の神経活動は，環境からあるひとつの刺激が入ると，定まった反射が働いて，反応が生じる。その反応が刺激になり，次の定まった反射が働いて，反応が生じます。その反応が次の……というように反射が連鎖して，ひとつの方向に向かう。つまり，一定の行動を一本道のような反射連鎖でつかさどるシステムが第一信号系である。

　第一信号系の神経活動の基本的なものは無条件反射と条件反射の2種類がある。無条件反射は，動物が，生まれつき持っている神経活動である。例えば，私たちの心臓は生まれつき自動的に動いているし，呼吸も意識せずにできている。食べ物を口に入れると，唾液が自然と出てきて，食べたものを消化する。これらが無条件反射の例である。

　条件反射（＝後天的反射）は，生まれてからの経験によって定着した神経活動である。例えば，飼い犬に「おすわり！」と言っておすわりのポーズをとらせて飼い主がおやつを与えることをくりかえすと，「おすわり」の言葉ですぐにおすわりのポーズをとるように条件づけられる。家事，道順，楽器演奏，携帯電話操作，運転，空手の型など日常的で慣れた動作も後天的反射連鎖で操られている。そして，厄介なことに，繰り返してしまうアルコール・薬物乱用も後天的反射連鎖で操られている。ギャンブル，性犯罪，盗癖などは無条件反射が本流となり，それを現実の刺激と結びつける条件反射が加わって，繰り返される。

　人間は言葉を持ち，言葉によって展開する思考という神経活動を持っている。動物の中で人間だけが持っているこのような神経活動の系が第二信号系である。第一信号系が一本道の反射の連鎖であったのに対して，第二信号系は，言葉を刺激として反射はいろいろな方向に向かい，網のようにつながっていく。第二信号系は，評価，予測，計画，決断，実行などの思考をおこない，柔軟に動作を司る。しかし，柔軟なだけに，うつろいやすいという側面もある。

　第一信号系は，脳のより原始的な部分，生命の維持にかかわる部分になり，強い駆動性を持つ。「ダイエットしないといけないとわかっているのにポテトチップ

スの袋を開けてしまうと次々食べてしまう」「刑務所に行くのは嫌なのに，また覚醒剤に手を出してしまった」など，第一信号系と思考である第二信号系の神経活動が反対の行動を起こそうと対立し，第一信号系にひっぱられ，「わかっちゃいるけど，やめられない」状態に陥る。これは，第一信号系の反射連鎖が作動して，ある行動を司り，生理的報酬を獲得することを数多く反復した場合は，その行動に関して第二信号系より第一信号系が優勢に作動する状態に至るからである。

　CRCT は，この第一信号系に働きかけ，嗜癖に向かう神経活動を弱め，対抗するブレーキを作り上げていく作業を行う治療法である。

Ⅱ　第 1 ステージ：制御刺激設定ステージ

1．制御刺激設定

　CRCT の基本法では，制御刺激設定ステージ，疑似ステージ，想像ステージ，維持ステージの 4 つの治療ステージを進む。薬物・アルコール乱用などの物質使用障害の場合，原則，この 4 つのステージを順番に進む。第 1 ステージは，CRCT 全ステージの中で最も大事なステージである。簡単な言葉と動作を組み合わせて制御刺激とし，将来ブレーキになるようなその人だけの特別な信号を作っていく作業に取り組む。また，この取り組みは，生活環境の中の嗜癖行動に向かわせる刺激を無効化していく効果もある。

　制御刺激は，「キーワード・アクション（KWA）」，「おまじない」，「サイン」，「呪文」などと呼ばれる。どのように呼ぶかどうかは，クライエントと話し合って決める（ここでは，キーワード・アクション（KWA）と呼ぶことにする）。KWA の設定にあたり，まず，やめたい嗜癖，問題行動，症状を表す言葉と，今それができないことを表す言葉を組み合わせて短い文を作る。例えば，

　俺は　今　覚醒剤は　やれない
　私は　今　パチンコが　できない

といった文になる。「覚醒剤」「お酒」という言葉は，はじめのうちはその人の脳にとって刺激になり，覚醒剤を打ったりお酒を飲んだりしていたことを想い出し，欲求が出ることもあるかもしれない。しかし，そのあとに続く言葉は「やれない」「飲めない」であり，「今」この時点で「私」「俺」は問題の物質を乱用できないのだということを確認する文になっている。

　文の最後に自分を安心させる，リラックスさせるような言葉をつける。これは

「大丈夫」が効果的であることが多い。なぜならクライエントのことを大切に思う家族などが，クライエントが逆境に陥ったときに「大丈夫」と声をかけることが多いからである。その他，「OK」，「よしよし」などクライエントが周囲の者により支えられたときによくかけられた言葉，クライエントが落ち着く言葉であれば何でもよい。

　完成したキーワードは，例えば「私は　今　ドラッグは　できない　大丈夫」，「俺は　今　パチンコに　行けない　オッケー」，「自分は　今　万引き　食べ吐きできない　リラックス」といったものになる。

　キーワードができたら，キーワードに合わせて，2つ，3つの動作を組み合わせた簡単な動作をつける。

　これは例えば，「拳を作って胸を1回軽くたたき，その手を開いてもう一度胸を軽くたたく」，「手で首の後ろをつかみ，そのあと胸をおさえる」などである。思わずやってしまうすでに癖になっている動作は含めないようにする。

2．KWA のルール

① KWA は，いろいろな場所でまわりをしっかり見て行う。

　例えば，覚醒剤の売人の顔，お酒のコマーシャルなどは，はっきりと薬物やアルコールの方向に自分を押しやる刺激として意識することができる。しかし，意識していなくても，薬物やアルコールを乱用していたときに見えたもの，聞こえたもの，匂いなど五感にはいったものは全てが薬物乱用や飲酒の方向に進める反射連鎖の刺激として働いており，それらが今も脳内に刺激として残っている可能性がある。

　KWA をいろいろなところでおこなうことにより，まわりの環境にそのように潜む刺激を「○○はできない」時間がはじまる刺激に変えていくことを目指す。この効果を作るために，KWA をおこなうときにはそのとき見えるものや雰囲気をしっかり感覚にいれながら行う。

② KWA を1回やったら，次の KWA まで20分以上間隔をあける

　20分ごとにやるのではない。20分以上であれば，1時間あいてもかまわない。

　KWA は，CRCT のターゲットになっている嗜癖行動がない時間をもたらす特別な信号に育てていかなければならない。そのために，1回の KWA のあと，ターゲットの嗜癖行動がない20分を確保することが重要だ。KWA と20分間の「○○がない時間」，これをセットにして脳に定着させていく狙いがある。

③ KWA のあと 20 分間は，止めたい・癖になった行動はできない

やめようという取り組みをはじめたばかりで，まだ止まっていない人でも，KWA をしてから 20 分間はがんばってやめるよう勇気づける。自信がなければ，まず「絶対やらない時間帯や場所（たばこであれば，禁煙空間）」から KWA を積みかさね，のちにリスクがある時間帯や場所でも KWA をする。

④ KWA は，できれば 1 日 20 回を目標に続ける

入院病棟や矯正施設でこのプログラムに取り組んでいる人は，20 回はやりやすいかもしれない。地域生活を続けながら CRCT を始めた人にとって，社会生活のなかで 1 日 20 回に到達することは入院病棟より難しくなるが，20 回は無理でも，できれば 10 回切らないように指導する。疑似・想像作業（第 2・3 ステージ）が始まったら，1 日の KWA の回数はこれより少なくなる。

⑤もし KWA をやった直後（20 分以内）に欲求が出現したら？

KWA を行なった後の 20 分間は再度 KWA をしてはいけない。しかし，やめたい癖を司る神経活動を止めなければならないので，アクションをせずにキーワードだけ言うか，頭の中で思う。20 分たったら，アクションをつける。

⑥人前でおこなう場合

電車の中などの人前では，キーワードは声に出さずに口の中で言うか，頭の中で思うだけでもよい。アクションはつける。

⑦記録をつける

CRCT の作業回数記録票に 1 日の KWA の回数を記録する。作業回数記録票には，スリップしてしまったことや気になることなども記入する。

性的逸脱行動の場合は，この作業表に「性的逸脱に関わる空想もしくは画像による自慰行為」，「それ以外の性的活動」をチェックする欄があるものに記録してもらう。

⑧その他のルール

そのほか，その人の問題や状況によって，個別ルールが加わる。

アルコールの問題で CRCT に取り組む人は，たとえ目標が「節酒」であってもこのステージでは，まだノンアルコールビール，ノンアルコール飲料も飲まないようにする。

　大麻の吸引が問題の場合は，たばこを吸うことを「疑似行為」とみなし，KWAのあと 20 分間は禁煙にする。

　ギャンブルが問題の場合，「パチンコなどを模したゲームアプリ」は疑似行為とみなし，第１ステージでは禁止とする。

３．書き出し作業１：よかったことの書き出し

　このステージでは，今まで経験した「よかったこと」，「楽しかった思い出」について思い出して書き出していく作業がある。後の作業のために，いつのどの出来事かを明確にする書き方がよい。癖になった行動は，ストレスが加わると再発しやすくなる。この「よかったこと」の書き出し作業は，ストレスが加わっても嗜癖行動が戻らないようにストレス耐性を高める準備作業になる。この作業を行うことで，のちにストレス状況の書き出し作業に取り組みやすくなる。また，「よかったこと」の書き出し作業を通して，嗜癖にかわる夢中になれること，取り組みたいことを探すヒントが見つかるかもしれない。

　「よかったこと」の書き出しは，まずは簡単なものを 100 文書き出す。「よかったこと」は「第一志望の高校に合格した」，「30 才のとき，子どもが生まれた。元気な女の子だった」などという大きなできごとでももちろんよいが，「就職してから，弟と家の近くのラーメン店に行った。味噌ラーメンがおいしかった」といった日常のささやかなことでもよい。簡単な書き出しが 100 文完成した後は，できあがった 100 文それぞれを，情景が思い浮かぶような詳細な文にしていく。

　入院治療では，これが完成し，かつ KWA の累計が 200 回以上になってから第２ステージに進む。しかし，外来や心理オフィスなど地域での治療では，問題となる嗜癖が止まって１カ月以上，KWA が 200 回以上を最低限の第１ステージでの到達目標とし，書き出し作業の第１ステージでの到達は事例による。抑うつ状態やトラウマなどを抱えている場合は，書き出し作業がある程度進んでから（少なくとも簡単な書き出し 100 文は完成している），第２ステージに進む場合が多い。

４．書き出し作業２：「ある典型的な日」「はまっていたあの頃」

　第２ステージ・疑似ステージに入る前後で，「アルコールの飲み方が一番ひどかった頃のある一日」，「最もパチンコにはまっていた頃のある一日」など，典型的な嗜癖の一日を思い出して詳しく作文にしておく。映像が頭の中によみがえるように，なるべくリアルにくわしく状況を書き出す。飲酒したり，パチンコしたりしている場面だけでなくその場面につながる，一日のことを朝起きた時からなる

べく詳しく書き出す。作文を書くのが難しい人は，支援者など周りの人に手伝ってもらってもよい。

▐ Ⅲ　第2ステージ：疑似ステージ

1．疑似作業の概要

第1ステージに続く第2ステージは，「疑似ステージ」と呼ばれる。乱用していた薬物やアルコールを摂取する動作に似た動作（疑似摂取）を繰り返す。似た動作であるが，癖になる実物が摂取されることはないので，生理的報酬がなく，いわば「空振り」が続き，いったんできあがってしまっていた困った後天的反射連鎖の作動性が弱くなる。

疑似作業にあたり，疑似作業前後や疑似作業中断時の身体症状や欲求などを確認，記録する。

疑似作業は連続して何回行ってもよいが，KWAのあと20分間は疑似作業ができない。KWAのあとの20分は，問題行動や嗜癖行動と無縁の時間にならなければならないからである。KWAは，第2ステージに入っても毎日続けるが，疑似作業が優先されるので，1日20回の目標ではなく，5回くらいに減らしてもよい。

2．疑似作業の設定

疑似作業を始める前後に作成した「典型的な嗜癖の1日」の作文を参考に疑似作業で用いるものを準備する。以下に例を挙げる。

嗜癖物質が覚醒剤……ニプロキット®（疑似注射針セット）

嗜癖物質がワイン……ぶどうジュースなどを飲むか飲む真似

盗癖……店を模したコーナーを作り，かつてやっていたようなやり方で品物をポケットやエコバッグに入れるが，最終的にはスタッフが介入して持ち帰れない。また，最初は誰かがついて，実際の店で観察票をつけながら買い物をする

盗撮など……マネキン人形や撮影できないスマートフォンなどを用いる。疑似作業の後の自慰行為を回避する

地下鉄での痴漢……できれば第1ステージでは地下鉄を使わずに出勤するよう指導。第2ステージでは観察票をつけながら，電車に乗る

パチンコ……換金できないパチンコ台（中古で1台1万円くらい）。賭けることができない，パチンコのアプリ

3．書き出し作業：辛かったこと

　また，このステージでは，過去の「辛かったこと」，「怒りを感じたこと」，「ストレス状況」の書き出し作業を行う。これは，今後ストレスが加わっても再びアルコール・薬物乱用に戻らないために行うのである。

Ⅳ　第3ステージ：想像ステージ・　第4ステージ：維持ステージ

　想像作業では，目を閉じて，嗜癖がひどかった典型的な一日について，時間をたどって記憶をたどる。自分のいた場所，歩いた道，動作，考えたこと，他の人と話したことば，見たもの，聞こえたもの，明るさ，匂いなどを思い浮かべる。

　想像作業は，疑似作業と同じように，刺激を再現し，しかし実際には体内にアルコールや覚醒剤が入ることはないので，「反応の空振り」が続く。そして，でき上がっていた乱用につながる第一信号系の反射連鎖は弱まっていく。

　疑似作業の刺激は，アルコールや薬物を摂取する直前の刺激であるが，想像作業は，それよりも時間的にも空間的にも広く刺激を拾うことになる。

　想像作業は，どこにいてもできる。入院中でも，回復支援施設内でも，刑務所や少年院の中でもグループホームでも，自宅でも，電車の中でも，料理や雪かきをしながらでも，自分の過去の乱用のいろいろなパターンを思い出し，頭の中で再現できる。

　はじめのうちは想像の中で当時の様子が音声や映像をともなって生々しく再現されていても，繰り返すうちに，薄まっていき，なかなか再現されなくなることも少なくない。思い出せることが少なくなったら，疑似ステージ期間に入る前後で作っておいた作文を読む。

　想像作業を連続して行っても，想像と疑似作業を続けて行ってもよい。何回続けても，疑似と想像とどちらが先になっても構わない。疑似・想像作業の直後にKWAを行ってもよいが，KWAのあと，20分間は疑似・想像作業はできない。

　盗癖や性的逸脱行為，ストーカー行為などは，「問題行動をしていた頃の想像」自体が生理的報酬をもたらす可能性があるため，「過去に万引きや盗撮などを繰り返した環境にありながら，問題行動をせずに日常生活を送る」，「万引き等の実行に失敗する」といった内容の想像作業を行う。この作業に入る前に，問題となる嗜癖行動がない日常についての作文を作成しておき，初めのうちは想像が問題行動の方向にひっぱられないように作文を読んで想像する。

第 3 ステージが終了したら,「維持ステージ」に入る。

薬物・アルコールへ向かう神経活動が, CRCT の治療作業によって, いったん減衰しても, 再燃してしまうことがある。そうならないために, 維持作業が必要である。

維持ステージでは, 1 日に KWA を 5 回程度, 想像作業を 1 回か 2 回, 書き出した体験を読み返してその体験の中に出てきたものを 20 単語書き出す作業を,「よかったこと」,「辛かったこと」のそれぞれについて 1 話から 2 話行うことがよい。また, 疑似作業も 1 日 1, 2 回行うことがよいが, 外来やカウンセリングオフィス, 回復支援施設などの支援者がいるところでのみ行うこともある。

▎V　外来や心理オフィスなどの治療環境での工夫

クライエントが地域で生活しながら治療を受ける場合, 入院医療とは違った工夫が必要である。刺激から守られた環境にはなく, 途中で薬物再乱用や再飲酒もあり得るし, CRCT 作業を中断してしまうこともある。

問題飲酒の場合, 第 1 ステージでは, 1 カ月の断酒と制御刺激の累計 200 回以上が次のステージに行くまでの最低条件である。これをクリアできるように粘り強くつきあう。最初のうちは, 飲酒したことをそのまま言えたことを評価する。節酒が目標の場合, 維持ステージに入ってからの計画飲酒ということになるので, それまで飲酒できない。しかし, 本来断酒してほしいが同意しない人たちは, このような説明では取り組み自体をやめてしまう。そのため,「節酒が目標でも, 1 カ月は断酒できていないと次のステージに行けない」というとりあえずの目標を強調する。数日断酒しては飲酒することを繰り返す場合は, 数日断酒できたタイミングで抗酒剤を勧めることもある。CRCT 作業票上の断酒できた日にシールを貼るなどで視覚化を図る。また, 肝硬変になって生死がかかっていても飲み続けているような人については, 節酒になっているだけでも評価し, 次のステージに進むことに拘らない。

このようなアルコールによる重篤な身体合併症を持つ人は, 第 1 ステージをクリアするための断酒期間で, 身体の回復を体感することが多く, 当初断酒を嫌がっていた人も, この時点で節酒ではなく断酒の目標に切り替える人も出てくる。疑似作業に入るタイミングで, 断酒か節酒かの目標を再度確認する。断酒の場合, ノンアルコール飲料（ノンアルコールビール, ノンアルコールカクテルなど）は飲む断酒にするのか, ノンアルコール飲料も飲まない断酒にするのかを話し合う。節酒の場合とノンアルコール飲料は飲む断酒の場合, 疑似作業の後半でノンアル

コール飲料を用いる。

　性的逸脱行為が問題の場合は，直近で問題になった性的逸脱行為だけでなく，それ以外の違法な性的行為を含む画像などを観ることも禁止する。例えば，盗撮で逮捕された人が相談に来た場合，一度も電車内での痴漢行為をしたことがなくても，このようなテーマの動画などを観ることを禁止する。盗撮サイトや痴漢の画像などはネット上にあふれていて，観る人はたくさんいるが，実際に実行する人はその中のごく一部である。しかし，クライエントが実際に実行した人だとすると，「一線の越えやすさ」を持っていると考え，違法行為全般の刺激に自ら触れることを禁止し，自覚を促すべきである。

　痴漢行為が問題で通院を始めたばかりだが，通勤でどうしても地下鉄に乗らなければならないなど，リスクの高い状況をさけられない場合，観察票を日常生活でも用いたり，地下鉄の中で家族にメールを送ったり，第二信号系を優位にする活動をするよう指導する。

　盗癖の場合，第1ステージでは，できれば入店を避けてもらう。しかし，どうしても買い物を避けられない場合，計画して買物をし，記録をつけるようにする。これらも，リスクのある行動をするときに，第二信号系をなるべく優勢にして安全に近づけるという意図がある。この「第一信号系が優勢な時が，リスクがあるとき」という説明は，心理教育の際も，理解を得られやすい。買い物であれば，「酔っぱらっているとき」は，もちろん「何となくぼんやり見て回る，ウィンドウショッピング」もリスクが高い。

　知的・発達障害や気分障害などの併存障害がある場合，再問題行動を防止し，地域生活を定着させるためには，自助グループ，保護観察官，麻薬取締官，就労支援事業所，障害者福祉施設などと連携することが求められる。院内多職種チームアプローチまたは院外の連携機関のプログラムと併用しながら CRCT を進める。

　※ CRCT の研修の予定については条件反射制御法学会ホームページ（https://crct-mugen.jp/）に掲載されている。

文　献

長谷川直実・平井愼二（2019）条件反射制御法ワークブック―やめられない行動を断ち切るための治療プログラム［改訂版］. 遠見書房.

平井愼二（2018）体験の思い出しと書き出しによる本能行動の過作動の制御. 条件反射制御法研究, 6; 26-38.

平井愼二（2016）条件反射制御法. 遠見書房.

Pavlov, I. P. (1927) Conditioned Reflexes: An Investigation of the Physiological Activity of the Cerebral Cortex. Oxford Univ. Press.（川村浩訳（1975）大脳半球の働きについて（上・下）―条件反射学. 岩波文庫.）

第 **12** 章
EMDR

市井雅哉

┃ I　EMDR で起こること

　EMDR（Eye Movement Desensitization and Reprocessing；眼球運動による脱感作と再処理法）がこれまでの心理療法と大きく異なる点は，過去の記憶の処理を行えるところである。さて，「記憶の処理」とは何か？　まず，記憶の役割について考えてみよう。

　我々が現在目の前にある刺激を知覚し，認知するには過去の記憶が大きな役割を担っている。過去に人から大切にされた経験のある人と，裏切られた経験のある人とでは，目の前でされた親切を受け取る時に違った反応になるだろう。前者はその親切をありがたく受け取ることができ，気分がよくなるかもしれない。一方，後者は「きっと裏があるに違いない」と穿って受け取り，警戒を解かない，もしくは，猜疑心から拒否してしまい，不快な気分も一緒に味わう可能性がある。

　ということは，過去経験の記憶を変えることができれば，現在の反応を変えることができることになる。「記憶を変える」とは一体どういうことだろう。

　我々は事実の中に生きているのではない。常に主観的に出来事を知覚し，認知し，解釈している。目の前の行為を，過去にされた行為から類推してその色眼鏡で見てしまう。同じようなことがまた起こることを予測する。肯定的な過去からは肯定的な予期が働き，否定的な過去は否定的な予期へとつながる。しかし，騙された過去を微細に思い出すことで，そこには同じ目に遭わない手がかりが隠れていることに気づくかもしれない。本当に親切だった人のことを思い出すこともあるだろう。他人の行為は脅威ではなく対処可能なものに変わる可能性がある。

　このように，過去の事実を変えることはもちろんできないが，過去についての解釈を変えることで，現在の行動を変え得るのである。解釈が変われば，過去の記憶は，思い出したくないのに，時々フラッシュバックとして蘇る脅威的なもの

から，しっかりしまっておいて，必要なときに取り出せるものにできる。さらには，そこから教訓を引き出して，これからの指針にしておくこともできる。このような状態を適応的解決の状態とEMDRでは呼んでいる。これが「記憶が変わる」ことで，それを引き出すのが「記憶の処理」である。言い換えれば，記憶の中のさまざまな要素を拾い上げて，その他の関連する記憶からもさまざまな要素を集めて，記憶の結びつき・成り立ちを変えることである。

　EMDRでは「適応的情報処理」と呼んでいるモデルがある。①人は否定的な出来事・記憶を，無害なものに変える，時には有益なものを手に入れる，生まれついてのシステムがある。②しかし，トラウマ，もしくは慢性的な強いストレス状態などに晒されると，このシステムが機能せず，苦痛がそのまま鮮明に残ってしまい，想起すれば強い苦痛を伴う。③EMDRで用いる両側性の刺激（水平方向の素早い眼球運動か左右交互のリズミカルな聴覚刺激か触覚刺激）があれば，さまざまな想起や思考の結果，もともとの生まれついての適応のためのシステムが働くことで適応的解決へと至る（Leeds, 2016）。簡単に言い換えるとしたら，我々がそもそも持っている自己治癒能力を眼球運動の助けを借りて，発揮することで現在に影響を与える記憶を処理すると言ったらいいだろう。

Ⅱ　EMDRの歴史

　1987年にカリフォルニアの臨床心理士であるシャピロ Shapiro, F. が公園での散歩中に偶然この方法を発見し，1989年に統制群を用いた群比較研究の形で2本の論文として発表した。22名のトラウマサバイバーを11名ずつ2群に振り分け，イメージのみの群と，イメージ＋眼球運動群に分け，苦痛度（SUD：0-10），肯定的認知を信じられる度合い（VOC：1-7）の2つを前後で測定し，介入後において，群間に大きな有意差を見出した。眼球運動を入れた群がSUDをほとんど0のレベルまで下げ，VOCを7のレベルまで上げた。これに要した時間はわずか1セッション，90分程度である。さらには，これが1カ月後，3カ月後まで維持されたのである（Shapiro, 1989）。

　当時，この結果は大変なセンセーションを引き起こし，好意的な目と，懐疑的な目が注がれた。たくさんの追試研究がなされたが，今日ではその効果はゆるぎのないものとして認められている[注1]。2013年にはWHO（World Health Organization）が，2018年にはISTSS（International Society for Traumatic Stress Studies）がPTSD（Post Traumatic Stress Disorder；心的外傷後ストレス障害）に対して有効で，実証的な心理療法として治療ガイドラインにおいて強く推薦し，他にも数多

くの国や団体が同様の評価を下している（イスラエル，イギリス，オーストラリア，フランス，アメリカ国防総省，アメリカ心理学会，アメリカ精神医学会など）。例えば，WHO（2013）では，「EMDR は外傷焦点化認知行動療法（CBT）と同様に，児童，思春期，成人の PTSD の治療に推奨される。主観的ストレスを低減し，外傷的な出来事に関する適応的な認知を強める目的は共通している。外傷焦点化CBT とは異なり，EMDR はトラウマ体験の詳細を語る必要はなく，直接的に信念に挑戦すること，トラウマ体験に長時間曝露させることがない」と，よりストレスの少ない心理療法として高く評価されている。

　また，眼球運動が効いているのではなく，曝露の要素が効いているのだとする批判もあった。しかし，Lee & Cuijpers（2013）がメタ分析を行って，治療研究，実験室研究いずれにおいても，映像の鮮明性，情動の低下，肯定的認知の妥当性，他の臨床尺度などにおいて，眼球運動が曝露のみ条件と比べて大きな効果値を示すことを記した（治療研究：平均 ES = 0.41；実験室研究：平均 ES = 0.74）。

　PTSD 以外の疾患に関しても，研究が進んでいる。物質関連障害，統合失調症，双極性障害，うつ病性障害，不安障害，複雑性 PTSD，境界性パーソナリティ障害，非行少年などで群比較研究が行われ，有効性が示されている。詳しくは市井・大塚（2015）を参照願いたい。

　開発者のシャピロは惜しくも 2019 年 6 月 16 日に亡くなったが，世界中で，多くの臨床家がトレーニングを受け，学会活動も盛んに行われている。EMDRIA（EMDR International Association ／アメリカ）が 10,000 人，EMDR Europe は，2014 年の数字ではあるが，14,000 人を優に超える会員数を誇っている。創始者の死とともに廃れてしまうような危惧はない。日本でも，現在日本 EMDR 学会の会員は，1,200 名余を数え，トレーニングの修了者は 2,500 名を越えている。

▌Ⅲ　メカニズム

　さて，最も興味を惹かれるであろうことは両側性の刺激（視覚，聴覚，触覚）がなぜ効くのかであろう。これには，さまざまな仮説があり，どれか 1 つには収束していない（図 1：Leeds, 2016）。

　基本の手続き要素として，二重注意は外せないであろう。トラウマとなってい

注 1）シャピロは，阪神淡路大震災の起こった 1995 年夏に，環太平洋ブリーフサイコセラピー会議に招かれ，福岡に来日している。私事であるが，著者は彼女から震災サバイバーの方への EMDR 症例に対しての SV を受け，それが EMDR を本格的に勉強するきっかけとなった。シャピロ招聘にご尽力いただいた先生方に改めてお礼申し上げます。

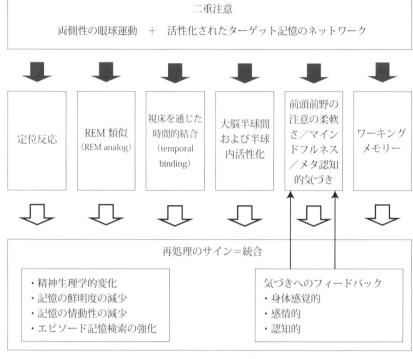

図1　EMDR のメカニズム仮説

る記憶の映像や否定的考え，身体感覚などを感じながら，左右水平方向に素早く振られ続ける指を目で追うという作業がある。我々の注意は分割され，昔と今両方を感じる。過去の危険と現在の安全を感じることとなる。

　また，外部から与えられる刺激はリズミカルに反復されることで，脳の関連部位，左右半球や視床をリズミカルに刺激するとも言われている。

　二重注意とそれを導くためのリズミカルな外部刺激がすべての仮説の元にある共通要素と考えていいのかもしれない。

　定位反射仮説は，定位反応は二相性の反応を生じ，新奇な刺激に対する最初の定位の間には覚醒がまず上がり，さらに，皮質下の評価が危険の不在を確認すると，対処行動をするための初期の準備性は，自律神経系の反応の脱活性化に代わる。脅威のない刺激が続くと，辺縁系は速やかにその刺激に慣れて，安全と安寧の感覚を増す（Leeds, 2016）と眼球運動の役割を説明している。

　REM 類似仮説では，眼球運動が睡眠の REM 期と同じような脳の記憶を処理す

るモードをもたらす。その結果，トラウマ記憶を連想的な皮質のネットワークに統合できるようにすると述べている（Stickgold, 2002）。

　視床を通じた時間的結合仮説では，「それぞれ固有の周波数を持って振動しているさまざまな神経結合を，脳の至るところで機能的なネットワークの調和のとれた無数の組み合わせへと同調する能力を視床は持つ（Bergmann, 2008; Llinás, 2001）」とし，「逆境体験は交感神経系の過剰興奮を招く，さらに背側迷走神経の副交感神経の同時覚醒によって，視床に通常でない電位変化を招くが，左右交互の両側性刺激が，この変化を回復させる」（Leeds, 2016）と説明している。

　大脳半球間，半球内活性化仮説とは，両側性刺激がもたらす，脳の左右半球の活性化，また，半球内脳波コヒーレンスの高まりが，過覚醒症状を減少させ，トラウマ記憶の適応的な統合を助けるとするものである（Yaggie et al., 2015）。

　EMDR 中の，起こることは起こるままにという姿勢や自由連想は，マインドフルネスな心の状態を導き，記憶との適切な距離を取らせる役割を果たす（Leeds, 2016）。

　ワーキングメモリー仮説は記憶の想起時に眼球運動という認知課題を行なうことで，ワーキングメモリーの容量を消費し，映像の鮮明度や感情の強度が下がると説明している（Jeffries & Davis, 2012）。

IV　EMDR 治療の流れ （Shapiro, 1995, 2001; Shapiro & Laliotis, 2017）

　EMDR は下記の 8 段階からなる心理療法である。

第 1 段階　生育歴・病歴聴取

　この段階は，主訴を聞き取り，治療目的を同定する。生育歴・病歴聴取を行い，EMDR を用いるのが適当か，適当なら，どんな記憶が現在の主訴に繋がっており，どのような順で扱うべきか（治療計画）を決める。さらには，クライエントの安定度，解離性障害の可能性，ストレスマネジメント方略，二次的疾病利得の可能性，リスクマネジメント，ソーシャルサポート，他の身体的疾患，この時点のタイミングの適切さなどの情報を得て，この先の進め方についての判断を下す。

第 2 段階　準備

　この段階では，EMDR についての情報を伝え，適切な期待を持ってもらう。裁判で証言などが必要とされる場合の記憶の変容や感情の変化といったことへの影

響，予想外の強い情動反応惹起の可能性，物質依存などの症状再燃の可能性など
についてインフォームド・コンセントを取る。二重注意状態（今ここと想起して
いる過去）を維持できるか，覚醒度合いをある程度コントロールできるか，セル
フコントロールができるかを確認し，必要であれば，こうした状態の達成，維持
のために準備段階に十分な時間をかける。セルフコントロールの方法の1つとし
て「安全な場所」を創造する。両側性刺激（水平方向の眼球運動など）を紹介す
る。

第3段階　アセスメント（評価）

　この段階は，ターゲットとして決まった記憶について，映像，否定的認知（NC），
置き換わるべき肯定的認知（PC），その認知の妥当性（VOC）の測定，情動，主
観的障害単位（＝想起しての苦痛度；SUD）の測定，それを感じる身体感覚の部
位を同定する。これは，次の脱感作以降の介入前のベースラインの測定とともに，
記憶へのアクセスをかけ，いわば再体験に近いレベルまで記憶を活性化，意識化
する。これは，記憶を不安定化することであり，新しい情報を取り入れ再固定化
しやすい状態を作っていると言えよう。

第4段階　脱感作

　その活性化された状態に対して，眼球運動を導く。1セットは素速い（1秒に
つき1〜1.2往復程度）25〜30往復程度であり，1セット終わる毎に，深呼吸
をしてもらい，「今何があるか？」と現在の体験を尋ねる。体験とは，映像でも，
声や言葉でも，考えでも，身体感覚でも構わない。「それと一緒に」と次の眼球運
動セットを行う。このような繰り返しで，連想が辿られていく。肯定的に変化が
起こって，それ以上変わらなくなった時点で，元の記憶を再想起してもらう。そ
こから，また，新たな連想を辿ることになる。新たな連想が尽きるか，肯定的に
なり新たな変化がなくなったら，元の記憶についてのSUDを聞き，それが0に至
るまで，連想を辿る作業を続ける。肯定的な変化が自発的に起こらないこともあ
る。そんなときには，的確な質問を投げかけるのだが（認知の編み込み），責任，
安全，選択をテーマにして聞くことが多い。自責・罪悪感を緩め，現在の安全を
確認し，当時できなかったが今できる選択を探すのである。

第5段階　植え付け

　SUDを下げる段階のあとは，肯定的認知の信じられる程度（VOC）を上げてい
く段階となる。最初に上げたPCの妥当性を確認し，記憶と肯定的認知を意識し

つつ先ほどと同様の眼球運動セットを行い，VOC を繰り返し聞いて信じられる程度を上げていく。

第6段階　ボディスキャン

最後は，記憶と肯定的認知を意識しながら，体全体を感じてもらい，違和感，緊張などの残余を探る。あれば，それに焦点を当てつつ，眼球運動を行う。

第7段階　終了

上記のような SUD ＝ 0，VOC ＝ 7，ボディスキャン＝クリア（何もない）という状態まで至る場合もあれば，その途中で時間が来てしまう場合もある。もし，途中であれば，落ち着いて面接後の活動に戻れるように，出てきた題材をしまうイメージ作業を行ったり，リラクセーションを行ったりする。

第8段階　再評価

この再評価段階では，前回の処理を振り返り，続きの処理をするか，次のターゲットの記憶の処理（第3〜7段階）に移る。

そして，第3〜7段階は記憶の数だけループする形になる。また，過去の記憶を処理したら，現在の引き金と呼ばれる，最近症状を引き起こしたきっかけとなるものを対象に同様に第3〜7段階で処理することとなる。さらには，未来の鋳型と呼ばれる，今後のイメージリハーサルに関しても同様に第3〜7段階で処理することとなる。これが，3分岐と呼ばれる，過去，現在，未来である。ここまで扱うとほぼ終結が見えている。この後は，現実脱感作，すなわち，実際に日常生活でチャレンジをして，結果をフィードバックしてもらう。

Ⅴ　症例 (Ichii, 2020)

初診時 20 代後半の会社員男性である。

1. **診断**：抑うつ神経症，過敏性腸症候群。
2. **家族歴**：現在母と2人暮らし。父は7年前にガンで死去。2人の兄は年が離れ（15 歳以上），家を離れている x（1人は既婚，1人は未婚）。
3. **問題歴**：3年前にうつ病を発症。上司と合わなかった。転職後，回復してきているが，身体がついてこない。楽しみは，今の会社の人とのゴルフ，飲酒である。
4. **生育歴**：小，中学校時にいじめられていた。優等生で，不良グループに目を

つけられ，「先生に媚を売っている」などと噂され，殴られる。「悲しむの親だけやから，死んでえーで」。この頃IBS（過敏性腸症候群）的症状が始まる。相談した教師は「いじめられてる方が悪い」という対応だった。大学院時代に，研究結果がうまく出ず，焦った。教授に責められ，頭がぼーとなる状態があった。IBS傾向が悪化したが，研究の好転により，改善した。

　就職に際し，教授の勧めを断り，地元の合同説明会で就職したが，職場では，研究をさせてもらえなかった。学歴をやっかまれたり，揚げ足を取られた。

5．面接経過（全7セッション）

#1インテーク。

#2小学校時代のいじめ場面の処理を行った。映像：ほうきや雑巾で頭を殴られる。NC: 私は弱い。PC：私は強い。VOC：1で，感情：怒り，怖さ，情けなさ。SUD：7，身体感覚の部位（B/S）：頭，胸，だった。

　12セットで，SUDは2に下がり，#3では，14セットで，SUDは0.5に下がり，VOCは7に上昇した。

#4仕事を数日休んでいるとのことで，元職場の上司の記憶の処理を行った。映像：工事現場で指示が出せないで怒られる。NC：私は無価値だ。PC：私は価値がある。VOC：1。感情：寂しさ，SUD：6。B/S：胸，頭，とアセスメントし，16セットで，相手の責任に気づき，反撃するイメージが出現するなどして，SUDが0に低下，VOCは5へ上昇した。

#5仕事は行けていると報告があった。上司とのことを続けて扱い，映像：意味のない説教を受ける。NC：私は期待はずれの人間だ。PC：私は私のままでいい。VOC：3。感情：悲しい。罪悪感。SUD：6。B/S：おなかキリキリ，重い，とアセスメントがあり，16セットで，相手の非がわかり，自分には非はないなどの認識を持て，SUDは0に，VOCは7となった。

#6これまで，語られなかった母親の問題を扱うことを本人が希望した。これは，言わば対人関係の土台を作った根本的な記憶と考えられ，この記憶を扱うことがより包括的な治療へとつながると思われたので，母親からの叱責の記憶（包丁を持ち出しての威嚇）をターゲットとした。NC：私はバカだ。PC：私は私のままでいい。VOC：2。感情：怖い。SUD：6.5，B/S：頭，とアセスメントした。10セットで，SUDは5までしか下がらなかった。

#7では，29セットで，母親のやり方がおかしい，逃げてもいいと思えたと報告し，SUDは0.5に下がり，VOCは7に上昇した。職場での適応に支障がなくなったということで，終結となった。

　2 年後に電話で，発表の許可を頂くために，フォローアップを行った。

　終結後，無事仕事は続けられていて，今は今，昔は昔と割り切れている。IBS の症状も楽になって，ゴルフは楽しんでいる。母親との関係は，自己主張をするよう心がけているとのことだった。

6. 考　　察

　復職支援ではあるが，前の職場での不適応のみを扱うのでは十分と思えなかった。理不尽な状況に甘んじて耐えてしまう傾向があり，その下地はより早期に作られていると考えられた。小，中学校でのいじめられた記憶を扱い，さらには，本人の希望が出て，母親との関係を扱った。幼少期から少年期の記憶を扱うことがクライエントの土台を築き直すことになる。それが，より深いレベルからの自己肯定感の向上につながったと考える。

Ⅵ　おわりに

　以上，EMDR の記憶の捉え方，歴史，メカニズム，治療段階について，症例を紹介した。これを契機に EMDR に興味を持つ人が増えることを願っている。なお，単純に見えても，本章を読んだだけで EMDR ができるとは思わないでいただきたい。EMDR の習得のためには実習やコンサルテーションが含まれた公式なトレーニングが用意されている。詳細は日本 EMDR 学会の HP（https://www.emdr.jp/）を参照されたい。

文　　献

Bergmann, U. (2008) The neurobiology of EMDR: Exploring the thalamus and neural integration. Journal of EMDR Practice and Research, 2(4); 300-314.

Ichii, M. (2020) Support Returning to Work after Reprocessing of Power Harassment Memory by EMDR. Paper presented at EMDR Asia 4th conference in Bangkok.

市井雅哉・大塚美菜子（2015）EMDR—PTSD 以外の精神疾患への適用の有効性．精神科治療学，30(1); 129-133.

ISTSS（2019）New ISTSS Prevention and Treatment Guidelines. https://istss.org/clinical-resources/treating-trauma/new-istss-prevention-and-treatment-guidelines（2020 年 2 月 1 日閲覧）

Jeffries, F. W., & Davis, P. (2012) What is the role of eye movements in eye movement desensitization and reprocessing (EMDR) for post-traumatic stress disorder (PTSD) ? A review. Behavioural and Cognitive Psychotherapy, 41(3); 1-11.

Lee, C. W., & Cuijpers, P. (2013) A meta-analysis of the contribution of eye movements in processing emotional memories. Journal of Behavior Therapy and Experimental Psychiatry, 44(2); 231-239.

Leeds, A. M. (2016) A Guide to the Standard EMDR Therapy Protocols for Clinicians, Supervisors, and Consultants, 2nd editon. Springer Publishing.（太田茂行・市井雅哉監訳（2019）EMDR標準プロトコル実践ガイドブック―臨床家，スーパーバイザー，コンサルタントのために．誠信書房.）

Llinás, R., & Ribary, U. (2001) Consciousness and the brain. The thalamocortical dialogue in health and disease. Annals of the New York Academy of Sciences, 929, 166-175.

Shapiro, F. (1989) Eye movement desensitization: A new treatment for post-traumatic stress disorder. Journal of Behavior Therapy and Experimental Psychiatry, 20; 211-217.

Shapiro, F. (1995, 2001) Eye Movement Desensitization and Reprocessing, Basic Principles, Protocols and Procedures. 1st & 2nd Ed. New York: The Guilford Press.（市井雅哉監訳（2004）EMDR―外傷記憶を処理する心理療法．二瓶社.）

Shapiro, F., & Laliotis, D. (2017) EMDR Institute Basic Training Course Manual: Weekend 1 Training of Two-part EMDR Therapy Basic Training. EMDR Institute.

Stickgold, R. (2002) EMDR: A putative neurobiological mechanism of action. Journal of Clinical Psychology, 58(1); 61-75.

World Health Organization (2013) Guidelines for the management of conditions specifically related to stress. Geneva, Switzerland: World Health Organization.

Yaggie, M., Stevens, L., Miller, S., Abbott, A., Woodruff, C., Getchis, M., & Daiss, S. (2015) Electroencephalography coherence, memory vividness, and emotional valence effects of bilateral eye movements during unpleasant memory recall and subsequent free association: Implications for eye movement desensitization and reprocessing. Journal of EMDR Practice and Research, 9(2); 78-97.

第 13 章
動作療法

大多和二郎

I　はじめに

　動作療法はこころとからだの一体的な調和を目指し，からだを動かすことを通してこころの不調を変化させようとする心理療法である。動作療法の歴史は，肢体不自由児の動作訓練をスタートとしている。そして動作訓練を実施することで動作が改善されるだけではなく，精神症状改善などこころの健康のためにも有効であることが明らかになり，「動作療法」として心理療法の分野でも使われるようになった。動作療法がどのような考えに基づき，セラピーとしてどのように進められるかについて事例を交えながら紹介していくことにする。

II　「こころ」と「からだ」の働きは「動作」に表れる

　動物は動かなければ生きることができない。人間も生まれるときの産声から始まって，母乳を吸う，便や尿の排泄，寝返り，つかまり立ち，発語から対話，歩行，遊び，日常生活の作業など，成長とともに複雑化する動作を日々こなしながら生きている。そしてそれらの動作は生きることそのものであるから，こころの活動も伴っている。不安や心配事がある時には，からだも身構えていて緊張が強くなることが多い。それは姿勢にも現れていて，肩が上がったり，表情が硬くなったり，動きがぎこちなくなったり，声が出にくくなったり，息苦しく感じたり，力みすぎて疲れやすくなることもある。不安で足元がふわふわして文字通り「地に足がつかない」感じになる人もいる。こころが落ち着いて安定していると，表情も柔らかくからだの動きもなめらかになり，関節の動きも良くなるので，動作も自然で疲れにくくなる。呼吸もしやすくなり，声もよく出るようになる。ストレスによる慢性緊張は肩こりや腰痛を引き起こし，自然な動作を妨げるので，そ

図1　ふたつのこころ

れがさらなるストレスを引き起こすという悪循環になることもある。このように
こころの不調があるときにはからだの不調も起こっているので，その「動作」を
整えることでこころの不調を改善することができる。

Ⅲ　「動作のこころ」と「動作感」 そして「自己のこころ」と「主動感」（図1）

　動作療法では，「動作のこころ」と「自己のこころ」という2つのこころがある
と捉えている。生きていく上でのベースになる人の生命活動としてのこころの働
きを「動作のこころ」と呼び，社会的，対人的な状況に対応するために自分の役
割，立場を保つこころの働きを「自己のこころ」と呼んでいる。自己のこころが
動作のこころとうまく協調できなくなることで，動作が停滞し，からだに違和感
や痛みが生じて，気分もわるくなり，意欲も低下して生活全体に停滞が生じると
考えている。動作をするときにその起動の力として働くのが「主動」であり，意
識されたときに「主動感」となる。そしてからだが動いていく感じ，動いている
感じを「動作感」という。日常の多くの動作では動作感は意識されにくく，主動
感の影に隠れてわかりにくいことが多い。自己のこころを常に優先していると，
からだが疲れていても，姿勢がよくなくても，役割や対人関係での評価を優先し
た動作の生活になり，生きている存在としての基本である動作のこころとのバラ
ンスが崩れてくる。自分のからだの疲れや気持ちの流れよりも，やらなければな
らないこと，対人関係での評価が優先されるからである。そのアンバランスは慢
性緊張となって痛みやこりとなり，なめらかな動作を妨げるようにもなって，動

作の不調として現れてくる。動作療法では課題を通してクライエントに動作のこころと自己のこころの調和を回復してもらう場を提供する。クライエントは動作課題を通して「動かそうとしている感じ（主動感）」と「動いている感じ（動作感）」を区別して動作することや，軸を保つことなどを身につけていく。

Ⅳ　動作課題とは何か

「動作」は実際に目に見えるものなので，セラピスト，クライエント相互に確認できる。その「動作」に着目して，「課題」をセラピストが提示してクライエントが実行するというのが「動作課題」である。具体的には，「このように腕を動かしてください」「このような姿勢をとってください」というように，言葉とともに実際にやってみせるなどして課題をクライエントに伝える。クライエントはその動作課題を実行する。動作課題に取り組む過程では，自分を知ることや，努力の仕方の工夫も含まれる。自分に働きかけながら，同時にこころやからだに起こっていることを感じ取るということが行われるので，自己存在感，自己効力感なども意識されやすくなる。セラピーでは課題を通して自分で自分を治すという自己治療の過程になる。動作課題には力を入れる課題，弛める課題，動かす課題，軸を作る課題などがある。

Ⅴ　動作援助するときの留意点

動作援助は，声かけ，手での援助，やってみせるなどの方法をとるが，手での援助については，クライエントに不快感や不安を与えないように特に注意する。基本的には，そっと手を添えて相手の動きに沿っていき，方向がずれそうになったり，慢性緊張にあたって動きにくくなったときに，支えたり，方向を示すように手での援助を行うようにする。課題の動きと反対の方向から抵抗する力をセラピストが加えて動作感を自覚しやすくすることもある。クライエントを応援し，達成感を共有するような声かけで，課題へのモチベーションを維持できるような援助も重要である。動作課題の選択については，アセスメントで解決したい悩みや不調の性質と姿勢や動作の様子に応じて選択する。そして「動作のこころ」「自己のこころ」の調和に注意しながら，自己治療の過程を援助していく。

Ⅵ　事　　例

　35歳会社員の女性が「半年ほど前から家具の匂いや空気の淀みなどがひどく気になり吐き気がしたり頭痛がしたりして困っている」と，友人の紹介で来談した。最初は気のせいかと思ったけれども，だんだんそれがひどくなってきて，どうしても気になる家具の匂いに耐えられなくなり，その家具を捨ててしまったという。

　日常的にも不眠や肩こりもひどくなってきて，化学物質過敏症ではないかと思うに至ったが，医師の診断では治療が必要な身体疾患はみあたらず，ストレスで疲れているのではないかと言われたということだった。

1．動作療法への導入

　〈　〉…セラピストの発言　※…クライエントの動作や様子
　〈感覚が以前より敏感な感じですか？〉そうですね。特に嫌な感じに敏感になっています。最近では疲れ切って体調もよくなくって。〈それは大変ですね。カウンセリングでお話していくのもいいかと思いますが，からだに反応がかなりでているようですので，からだとこころのバランスを取っていく練習を少し試してみますか〉はい。やってみたいです。

2．アセスメント

　※表情はにこやかにしているが，立位姿勢では少し左肩が上がっていて腰も反っていて，肩が巻き込み肩になって顎が前に出ている。腕や脚もピッタリとつけていて，からだを固めているような姿勢である。立位前屈では指先は膝より少し下くらいまでで，坐位腕挙げ（座って上体を真っ直ぐにした姿勢で，片方の腕を真っ直ぐに伸ばし，からだの前面から真上までゆっくりと挙げていく課題）でも70度くらいまでしか挙がらなかった。

　〈腕を挙げてみてどんな感じですか？〉腕が挙がるにつれてきつくなってきて，気分も嫌な感じになります。普段でもずっと座っていると腰や肩が痛くなって，最近はすぐに横になりたくなります。〈では，からだを動かして今きついところをどれくらい動かせるようになるか練習してみましょうか〉はい。

　ここから動作課題に入った。「椅子坐位肩上げ」「椅子坐位軸づくり」「立位軸づくり」「椅子坐位腕挙げ」を課題として，動かし方や姿勢などについてそのコツや

注意点について言葉をかけながら，手を添えて動作を援助していった。

3．動作課題「椅子坐位肩上げ」

〈では，椅子に座った姿勢で肩を上げる練習をしてみましょう〉
はい。〈まず，私がやってみますね。こういうふうに，ゆっくりと肩を上げていきます。十分上げたら少しそこで肩の上がっている感じを味わって，それからゆっくりおろしていきます。ではやってみましょう〉はい。

※肩が上がる途中から前の方に出てくる。下ろすときもぎこちなく下りる。

〈では，後ろから私が手を添えて肩を上げるのをお手伝いしますね〉はい。〈では，どうぞ上げてみてください〉はい。

※肩が前に出そうになるところで，そっと方向修正するように援助の手で案内しながら，止まったところで支えるようにする。

〈では，何回か練習してみましょう。肩を上げるときに肘に力が入りやすいので注意してみてください〉はい。（そして数回肩上げを行うと次第にまっすぐに上がるようになる）〈だいぶなめらかになってきたようですね〉はい。上げやすくなってきたし，引っかかりもなくなってきました。〈では，慣れて来たところで，上げ方のコツの話をしますね〉はい。〈なめらかな動きのためにはある程度からだに任せるのがコツです。最初ちょっと「上げよう」と動かして，その後はからだの動きに任せるようにしてみるとなめらかになります〉はい。〈そうそう，最初だけ自分で上げて途中からからだに任せてみて〉ええっ。あれ？　不思議な感じです。〈どんな感じですか？〉勝手に上がっていく感じがします。これでいいんですか？〈はい。では次に，私は触れませんので自分でやってみましょう〉はい。なんだか不思議です。エレベーターみたいにすっと上がります。面白い（笑）。〈誰も触れていないのですから，自分で上げているのですよね〉そうですよね。いままで，力を入れすぎていたんだ。〈はい。力を足していってしまうと，かえって動きがじゃまされて上げにくくなるし，必要以上の力で疲れることにもなります〉わかります。私，頑張りすぎていたのかも。きっとそうだ。もう一度やってみます。〈はいどうぞ〉ああ，わかりました。あげるぞと最初の力だけでも肩はすっと上がるんですね。からだを信じるとスムーズだし，気持ちがとてもいいです。

4．動作課題「椅子坐位の軸づくり」

〈では，次の課題に移りましょう。今椅子に座っていてどんな感じですか？〉肩を動かす練習していたので，肩周りとか首が動きやすくなってスッキリしています。ちょっとあったかい感じもします。〈他のところはどうでしょう〉腰のあたり

は少し痛いというか，力が入っている感じがします。姿勢は良いと言われるのですが。〈では，楽に自然に座る練習をしましょう。いま腰に力が入っている感じがするといいましたね。その力を抜くことはできますか？〉はい。（上体が少し丸くなって骨盤が後傾した姿勢になる）〈腰の力を抜くと背中も丸まる感じですね。背中を真っ直ぐにしたまま腰の力だけを抜くことはできそうですか〉はい。（首を傾げながら）ちょっと変（笑）。〈どうしました？〉なんだか変です。腰のあたりがふわっとした感じで，慣れない感じです。〈ということは普段はもう少し力を入れているのですね。〉はい。〈普段の方が楽ですか？〉今の姿勢のほうが腰は楽です。……でも変です。〈慣れないから変な感じだけれども，楽な座り方だということですね〉はい。

　〈では，背中の少し下の腰のあたりに手を当てますからその手を押し返すようにしてみてください〉はい。こんな感じですか？〈もっと押せますか？〉はい。〈そうですね。いいですよ。今度は引っ込めてみてください。そうそう〉ちょっと難しいけど，これでいいのですか。〈はい。では少し上でもやってみましょう（腰に力を入れたり抜いたりして動かせるように練習してもらう）〉何だか，腰が楽になってきました。スッキリします。〈動かしやすくなりましたか？〉はい。〈腰の反りがなくなっているように見えますが，どんな感じですか？〉はい。腰がふわっとして，力が抜けていますが，これでいいのですか？〈はい。多くの人が少し腰を反らせた姿勢がいい姿勢だと感じています。でも今のような姿勢がからだに最も負担がないバランスのとれた座る姿勢です〉そうなんですね。なんだかずっとこうしていられる感じがする。〈はい。体軸が真っ直ぐになっていないと，あちこちによけいな力が入りすぎてそれが慢性緊張となっていて，肩や首がこることがあります〉自分で良い姿勢だと思っていたのが，からだに負担をかける姿勢だったなんて，私，何やっていたのだろう……。今まで頑張りすぎていたのかもしれない。これからこの座り方を心がけます。この座り方だと穏やかな気持ちでいられます。

　5．動作課題「立位軸づくり」

　〈では，立ってみてください〉はい。〈自分なりに真っ直ぐに立ってみて，感じを聞かせてください〉はい。楽です。さっき椅子に座る時，腰を反らせないように練習したので，立つときもそうしてみました。そうしたらとっても楽です。〈いいですね。肩や腕の力が抜けて楽に立っているように見えます〉はい。気持ちも落ち着いています。〈では，少しお腹を引き締めてお尻をキュッとしめてからだを真っ直ぐにしたまま前傾してきましょう〉こうですか。〈はい，そうです。どんな

感じですか？〉ちょっと不安定でこれ以上いけない感じです。

　〈では，肩と腰に私が手を添えて支えますので，やってみましょう〉はい。〈倒れそうでちょっと力が入っているようですね〉はい。〈では，このまま少し前傾したところで足の裏の感じ味わってみましょう。ぺたんと踏んでいますか？〉なんとなくかかとが浮きそうで足の裏もふわふわします。〈そうですよね。一旦戻って何度かやってみましょう〉はい。（数回繰り返すと足の裏でしっかり踏めた感じが出てくる）〈今度は斜め右前にからだを傾けてまっすぐ立ってみましょう（左についても練習する）〉なんだか，左のほうが怖いというか，やりにくい感じです。〈肩が上がったり，肘に力が入ったりしているみたいですが〉あっ，そうですね。（数回やっていると左前傾でもしっかり踏めた感じがでる）

　〈ではあらためてまっすぐ立って少し前傾してしっかり踏みしめてみましょう〉はい。ああ，最初よりずっと楽に前に体重を載せられます。〈いいですね。安定してまっすぐ立っているようですね。では，戻って自分なりにまっすぐ立ってみてください（援助の手を離して自分で立ってもらう）〉はい。〈では，確認してみましょう。ちょっと上から軽く力を加えますね。（両肩を上から軽く押さえて小さな円を描くように動かす）あっ，なんだか芯棒みたいな感じが……棒がある感じがします。〈そうですね。私の手にも伝わってきます。軸が感じられますね。〉はい。〈では足の裏でからだ全体を受け止めて立っている感じを味わってみてください〉はい。ああ，地面が感じられる。匂いが気になりだしてから，歩いていてもなんだかふわふわして足元が頼りない感じだったのですが，今は久しぶりに地面にしっかり立ってシャンとしている感じがします。

6．動作課題　「椅子坐位腕挙げ」

　〈では，最後にどの程度動作が変わったか確認してみましょう〉はい。〈もう一度椅子に座ってください。最初にやった腕挙げをもう一度やってみましょう〉はい。まっすぐ座るんですよね。〈腰を立てて，肩の力を抜いて脇を楽にして，そうです〉やってみます。（ゆっくり右腕を挙げていく。80度くらいのところで）まっすぐ挙がっていますか？〈はい。だいたい挙がっていますが，もう少しいけますか〉はい。よいしょっと（笑）（最後にキュッと伸び上がるように上に向けて力を加える）〈そうですね。上まで挙がりましたね。〉はい。さっきみたいなきつい感じはありません。〈では，何回かやってみてスムーズにいけるようにしてみましょう。腰の反りに気をつけてくださいね〉はい。あっそうですね。ちょっと反っていましたね。（数回丁寧に腕を挙げる）〈はい。腰が反ることもなく，まっすぐ上に挙がるようになりました〉ありがとうございます。ちょっと信じられな

い。いままでの感じと全然違っていて，楽に挙がりますし，さっきより上まで挙がります。

7．面接の終わりに

〈今日の動作の練習全体を通して感想とか，質問とかありますか？〉カウンセリングに来てこういうことするというのは想像していなかったのですが，気持ちもスッキリしましたし，自分の存在が確認できたというか，しっかりしたように感じます。それと，この数カ月続いたドヨンとした重たい気持ちや，肩こりまでとれました。匂いについてもなんとかやっていけそうな感じがします。〈よかったですね。悩まされていた気持ちやからだの違和感もとれたみたいですね〉はい。どうもありがとうございました。〈さて，これで様子を見てみますか？〉……そうですね。多分大丈夫だと思いますし，今日教えてもらった姿勢の練習を自分でもやってみたいです。〈わかりました。では，1カ月後に一度その後の様子を確認しましょうか〉はい。

8．フォローアップ面接（1カ月後）

〈その後いかがでしょうか？〉おかげさまで調子いいです。匂いは気にならなくなったし，仕事中も姿勢に気をつけて，時々肩の練習を自分でやっています。〈肩こりとか疲れはどうですか？〉肩こりはなくなりました。コツさえ掴んで毎日動かすようにしていると肩こりもなくなりますね。仕事中も姿勢に注意して座るようにしていたら疲れにくくなりました。〈わかりました。では，この調子でこころとからだのいい関係を保っていってください〉ありがとうございました。

9．この事例から動作療法を考える

このケースでは，シングルセッションで動作の改善とともに心身の症状が改善している。動作療法では初回の動作課題のセッション後に「症状が軽減した」「気持ちやからだの感じがスッキリした」という感想が聞かれることはめずらしくない。数セッションで症状の解消が見られることも多い。このクライアントの場合，最初の「坐位肩上げ」のときに，「上げるぞ」という初動時の主動（動かそうとすること）のあとにからだに任せる（動作感にゆだねる）ように説明すると，すぐにそれを実行できていて，「上げるぞと最初の力だけでも肩はすっと上がるんですね。そしてからだを信じるとスムーズだし，気持ちがとてもいいです」と感想を述べ，「エレベーターみたい」という動作感を報告している。主動感と動作感を区別してそれぞれのバランスを取っていくことは，難しく感じるクライエン

トも多く，数セッションを要することもあるが，このクライエントはすぐにそれ
ができている。そして「今まで頑張りすぎていたのかもしれない。これからこの
座り方を心がけます」と，自己のこころつまり主動の強すぎる日常の自分の修正
を，フォローアップ時まで実行していた。「立位軸づくり」でも「匂いが気になり
だしてから，歩いていてもなんだかふわふわして足元が頼りない感じだったのです
が，今は久しぶりに地面にしっかり立ってシャンとしている感じがします」と
いうように，「匂いが気になっていたとき」の自分とは違う「シャンとしている」
自分を確認できていて，１カ月後においても心身の不調の改善された状態が保た
れている。

Ⅶ　動作療法の特徴と今後の展望

　動作という目に見えるからだの動きを課題として行うセラピーでは，課題が明
確であり，課題がうまく実行できているかどうかについて，セラピストもクライ
エントも共有しやすい。そして，課題を実行してからだの動きがなめらかになり，
慢性緊張も少なくなるということなどの実感の持てる変化が起こるので，セラピ
ーへのモチベーションの維持もしやすい。多くの心理療法が対話という手段でク
ライエントに関わるのに対して，動作を手段として関わるということにより，言
語的なコミュニケーションが難しいクライエントや，言語化が難しい心理体験を
も動作を通して扱うことができるのが特徴である。例えば，トラウマ体験を言語
化させないでもトラウマセラピーが行えることや，強い不安やうつなどで対話に
困難を感じる人，外国人でも動作課題を中心としてセラピーをすすめることがで
きる。このような特徴をもった心理療法であり，多くの発展の可能性をもったア
プローチである。

　　文　　献

はかた動作法研究会（2013）目で見る動作法［初級編］. 金剛出版.
成瀬悟策（2000）動作療法―まったく新しい心理治療の理論と方法. 誠信書房.
成瀬悟策（2014）動作療法の展開―こころとからだの調和と活かし方. 誠信書房.
成瀬悟策（2016）臨床動作法―心理療法，動作訓練，教育，健康，スポーツ，高齢者，災害に
　　　活かす動作法. 誠信書房.
成瀬悟策編著（2019）動作療法の治療過程. 金剛出版.

第 14 章
TFT と EFT

富田敏也

▌ I　はじめに

　筆者は普段，都心のビル内にある精神科診療所で公認心理師として籍を置き，そのデイケアで週に数コマの定期的な EFT のプログラムの講師を担当している。その傍ら，同じビル内の自らのオフィスの面談室で，週6で朝から晩まで心理面談に追われる日々である。

　主なクライエントは，診療所から紹介される患者が多いが，その多くが診療所の医師が関わるには時間的，労力的に限界があって，1セッション45分から1時間を要するようなケースがほとんどである。診断的には，本章でとりあげるパニック発作を主訴とするような比較的 "軽度" のケースから，司法機関からの要請で再犯防止のためのフォローアップ目的に定期的に受診している医療行為の一環としてのサイコセラピーという，社会的に重要な使命を負った面談にも携わっている。このほか，病状が慢性化したうつ病，パーソナリティ障害のケースも少なくなく，薬物療法を併用しているケースが実に多い。

　こうした多様なクライエントを対象として，筆者のセラピストとしてのバックグラウンドは，症状や不安をそのまま受容する森田療法と，クライエントの持つリソースや可能性に着眼して，それを伸ばしてゆく解決志向アプローチ（ソリューション・フォーカスト・アプローチ）の双方を骨格とした面接法である。

　したがって，クライエントの病理を緩和したり問題を扱うようなアプローチは基本的にメインでなかったのだが，それでも一定以上症状が増悪していたり，強迫的な「とらわれ」が一定以上強い場合，クライエントの視点を肯定的な方向に転換するのは容易でなく，ドロップアウトに至ってしまうケースも時々はあるというのが実際だった。このような事情の中で，森田療法やソリューションだけでなく，症状や問題点にもフォーカスを当てたアプローチとしての TFT や EFT を面

接の中で併せて用いている現状なのである。

　パワーセラピーというカテゴリーにも分類される TFT および EFT は,元来はアメリカのキャラハン Callahan, R. J.（2001）のアイデアにより開発されたものである。キャラハンは,伝統的なサイコセラピーを実践していたが,長期にわたって症状が改善されないクライエントを前に有効な治療法がないか模索を重ねていた。そんなある日,メアリーという水恐怖症のクライエントに対して,中国医学の知識から,ツボの刺激を利用したところ大きな改善が見られた。これが,TFT 開発のきっかけになった有名なエピソードである。その後,キャラハンは試行錯誤を重ねた末に自らの手法について「キャラハンテクニック」として一般公開し,その後,TFT（Thought Field Therapy；思考場療法）と名称を改めて,現在では世界中の人に利用されるまでになっている。

　一方,EFT（Emotional Freedom Techniques；感情解放テクニック）は,同じくアメリカのゲアリー・クレイグ Craig, G.（2008, 2010）が,キャラハンの研究を元に開発した技法体系である。クレイグは,キャラハンの技法に他のアイデアを付け加えて,より簡便に洗練させていった。そのスタイルは,専門家のみならず,一般の人にとってもさまざまな問題に適応できるメソッドとしてマニュアル化された。

　経絡上のツボのタッピングは TFT と共通する部分だが,両者の一番の違いは,TFT ではそれぞれの症状に,キャラハンが導き出したアルゴリズムを用いる点である。これに加えて,TFT の上級テクニックとよばれるものでは「原因診断」という特殊な治療手順があって,これは治療に有効なツボのタッピングの順番などを特定させながら進めてゆく,複雑な一連の手続きである。

　これに対し EFT は,どの問題に対しても特定の箇所のタッピングを対応させている。さらに追加された技法として,イメージや言語的アプローチを組み合わせ,より問題の核になる具体的な出来事に焦点を合わせていく。これらは,行動療法でいうところの系統的脱感作や曝露を伴うが,EFT でもこの点について安全にアプローチを進めることができるよう,手順が具体的にマニュアル化されている。さらに,より単純化された手順においては,専門教育を受けている心理療法家はもとより,さまざまな職種の援助技術としても採用されるなど次第に汎用性を高めている。また,当事者自身が生活の中でセルフケアとして簡単に使用できるようにマニュアル化されているところも EFT の重要な特徴といってよいだろう。

　これらの TFT または EFT,タッピングを用いたアプローチについて,本章では初学者が臨床ツールやセルフケアとして実際に試せるように EFT を中心に事例を用いて解説する。解説にあたっては,できるだけ専門用語は避け,平易な言葉で

具体的なイメージがわきそうな形での紹介を心掛けたが，興味を持たれた方はぜひ文末の参考図書・論文をご参照頂きたい。

Ⅱ　EFT の理論

クレイグ（2008, 2010）によれば，EFT には「あらゆるネガティブな感情は身体のエネルギーシステムの混乱によって引き起こされる」という基本的な前提がある，としている。これは，経絡を流れているエネルギーの流れが正常な時は，何ら問題なく良好な毎日を過ごせている。その一方，エネルギーが停滞する，あるいは混乱を起こしている時に，心身にダメージを与えるさまざまな問題が生じている，ということである。

この治療法の原則とは，乱れたエネルギーを回復させるところにあって，その方法として言語やイメージで問題に焦点を合わせ，タッピングを行うのである。その結果として，不快な感情や感情に起因する肉体的問題が改善されていく，という。

Ⅲ　EFT の実際

EFT では，ベーシックレシピといわれ基本的な手順が示されている。現在は，このベーシックレシピをより簡便にさせた「ショートカット Ver.」が主に利用されている。本章はこのショートカット Ver.（図 2 ）で解説する。図 1 はタッピングで使用するポイントである。

Ⅳ　事例と活用方法

EFT（タッピング）は，援助技術の一つとして利用できるほかに，セルフケアとしても使用できる側面も大きく，クライエントは自分の生活のなかで気軽に利用することが大切である。

以下の事例は，恐怖症全般の臨床ケースであるが，実際の事例をもとに本人が特定できないよう，また事例としての特性が失われぬよう配慮しつつ改変を加えている。

事　　例
A 氏（40 代，男性，既婚，公務員），主訴：乗り物恐怖

● 感情によって起こるエネルギーの
　ブロックを解放するためのポイント

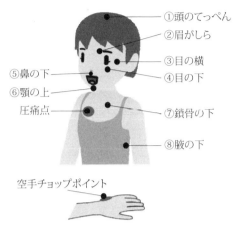

① 頭のてっぺん
② 眉がしら
③ 目の横
④ 目の下
⑤ 鼻の下
⑥ 顎の上
圧痛点
⑦ 鎖骨の下
⑧ 腋の下
空手チョップポイント

図1　タッピングに使用するポイント

● テーマに対して図2の手順を数回反復
　しながら感情的負荷を軽減させていく

EFTの手順（ショートカットVer.）

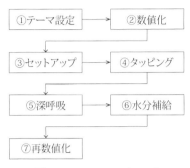

図2　EFTのフローチャート

概　要

　A氏は，仕事のかたわら，歌を唄うことが好きで，毎年開催されるカラオケのコンクールにチャレンジしていた。来談時，その年に開催された地区予選で優勝し選抜の対象になった。本選に臨むには，数回東京へ行く必要があったが，飛行機に過度の恐怖感があり，当初は陸路での移動を検討していた。また，翌年，職場での配置異動が予定され，その部署では高い頻度で海外出張が見込まれていた。将来的なことを考え，今回を機会に飛行機に対する恐怖を克服したいという訴えだった。

1.〈ステップ1〉　※導入・テーマの設定

　EFTについて，説明し同意を得たのち，クライエントの訴える問題の状況，それに伴う考えや感情などを具体的に聴いていく。感情が動いている場合はできるだけ早めに，今起きている感情に焦点をあてタッピングを始める。

　A：ほかの乗り物は大丈夫なんです。普段，飛行機を利用することもほとんどなくて，気にもしていなかったんですけど，今回は必要に迫られて，どうしようかと困っていました。こうして話していてもドキドキしてくるんです。こんな状態で話をしても大丈夫ですか？

T：しんどいんですね？　もちろん大丈夫です。逆に今のような状態の方がタッピングは効果があるんですよ。一緒にやって楽になっていきましょう。

A：タッピングは先生がして下さるんですか？

T：私がしても良いですが，Aさんに使えるようになってもらいたいんです。なので，私のまねをして一緒にやってみてくださいますか？

A：自分でできるようになるんですか？

T：そうなんです，それがEFTのよいところです。いつでも簡単に使える。今，話そうとするだけで怖い？　ドキドキしている。そこから始めてみましょうか？

A：はい，よろしくお願いします。

2．〈ステップ2〉　※数値化

クライエントの問題に対するSUD（Subjective Unit of Distress；主観的感情指標）を10段階のスケールで評価する。

T：飛行機の話をしようとしても怖い，ドキドキするとおっしゃってましたけど，今まで経験した恐怖感で一番強いものを10，何もないが0としてどのくらいの数字をつけますか？

A：そうですね，なんだか身体に力が入ってきて緊張してくるんです。7くらいです。

3．〈ステップ3〉　※セットアップ（自分への言葉かけ）

セットアップの目的は，自分のエネルギーの方向を一貫したベクトルに合わせる。例えると電池のプラスマイナスが逆になっているのを修正し，タッピングの効果を高める方法である。

また，問題が他の側面で役に立っているような場合，こころの中で綱引きが起き変化が起きにくい。この綱引きをなくする方法である。圧痛点もしくは空手チョップポイント（図1参照）と呼ばれる場所を刺激しながら自分への言葉かけをする。

＊補　足：圧痛点は，指で円を描くように軽く刺激する，空手チョップポイントは，指先でトントンと叩くように軽く刺激する

（セットアップの作り方）

（「現在の問題」）けれど（でも）＋「そのつらさ受容する言葉」＋「こうなりた

いという内容や方向」
　　＊補　足：つらい気持ちがあっても，起きている感情を否定せず認める。その
　　　　上で自分の望む方向にベクトルを向ける。

　T：話そうとするだけでも怖い，緊張感が強くなる，力が入ってくるんですね。
　　今の緊張感を少し楽にするところから始めてみましょうか？
　T：これから，今の気持ちを言葉にしながら言い聞かせをしていきます。
　A：自分で？
　T：はい，一人でもできるように，私が先導しながら一緒に行いますので，私
　　の言葉に続いて一緒にまねをしてみてください。
（セットアップ）
　T：「飛行機の話をしようとするだけで怖い，緊張して力が入ってくるけど今
　　は仕方ないよな，でも，きっと少しずつ楽になるから大丈夫だ」どうでしょ
　　う？　違和感ないですか？
　A：はい，その通りなのでよいです。
　T：それでは，私が言葉を区切りながら言ってみますので，後に続いて言って
　　みて下さい。
　T：飛行機の話をしようとすると，続いて言ってください……
　A：飛行機の話をしようとすると……
　＊補　足：セラピストが先導しながらセットアップを言ってみる。もし，クラ
　　イエントが自分で言えるようであれば，本人に任せ３回程度繰り返し言葉に
　　出してもらう。言葉がピンとこなければ，必要に応じて違和感のある言葉を
　　修正しながら繰り返す。

4.〈ステップ４〉　※タッピング

　ショートカット Ver.（簡単に使える手順，図２）でのタッピングは，頭のてっぺ
んから腋の下までのタッピングポイント（図１参照）を，今感じている感情（こ
れをリマインダーという）を言葉にして，それを声に出して唱えながら上から順
番に①から⑧までを軽くタッピングしてゆく。
　ネガティブな言葉から優先的にタップし次第にポジティブな言葉に変えてい
く。①から⑧まで何度もタッピングを繰り返すことをラウンドするいう。
　タッピングは１カ所ごとにそれぞれ５～７回程度，利き手の中指と人差し指の
２本の指先で軽くトントンと刺激する程度でよいといわれている。

T：頭頂から順番にタッピングしていきます，一緒にやってみましょう，怖い，この緊張，この嫌な感じ，飛行機の話……まあ仕方ないか，話すのは大丈夫……。

＊補　足：タッピングに使う言葉は，主にセットアップで使った前半のネガティブな部分を使う。変化を確認しながら数回ラウンドする。
　　ラウンドを繰り返してゆくにしたがって，後半のポジティブな言葉へと徐々に変えてゆく。リマインダーの目的は問題に焦点を合わせるためである。自然に出てくる言葉，出てくる範囲でよい。また，感情が優勢になっていたり，言葉が出てこない場合は無理に言葉に出さず，そのまま，その時の感情に注意を向けてタッピングする。考えてしまわないようにするのがポイントである。

5．〈ステップ5〉　※深呼吸と水分補給

適度に深呼吸と水分補給を行い，こころやからだのリラックスを促進させる。

T：深呼吸をしましょう，はじめに，口からゆっくり，ふーっと細く長く息を吐き出してしまってください。それから，自然に鼻から息を吸って，一旦止まって，力を抜きながら口からゆっくりと息を吐いていきましょう（3回程度繰り返す）。お水を少し飲んで下さい。

6．〈ステップ6〉　※数値の再確認

　手順が1ラウンド終わった時点で，最初につけたSUDがどう変化したかを確認する。できる限り0に近くなるのを目標とする。数字に変化がないようであれば，焦点が定まっていない可能性や，さらに深い問題が絡んでいる場合がある。セットアップを見直し再度実施する。

　T：先ほど数字が7でしたが，今どのくらいですか？
　A：はい，今話すことには，2くらいになったと思います。

7．変化のない場合の対応

第一の修正：アスペクト
　苦痛が生じている問題は，多くの要素から構成されている。例えば，全体をジグソーパズルの絵と考えていただきたい。そのパズルのピース1つひとつをアス

ペクトという。どのピースが影響を与えているかを検討する。飛行機恐怖のなかには，逃げられない，墜落，人が密集，高所，閉所など，この苦痛の引き金になるさまざまな要素がある。1 つひとつの要素をアスペクトといい，これらを再検討し修正したアファーメーションを試す。

　＊補　足：アファーメーション affirmation とは，肯定的宣言と訳され，ここでは肯定的な言葉を自分へ語り掛けネガティブな思考を中和させる目的として，セットアップで使用される言葉である。

第二の修正：核となる問題

　現時点でタッピングしても効果が表れない場合，その状況に関する核となる問題を見つけだすことがポイントとなる場合がある。過去の体験で何かしら感情の混乱を伴った経験が未処理の場合，それが，現在の反応として現れる可能性がある。

（効果的な質問の例）

「この問題はいつ始まったのか？」

「その時に自分はどうしたのだろう？」

「その時にどんなことが起きていた？」

　T：飛行機はいつ頃から怖いと思ったのですか？

　A：若いころは，怖くなかったんです。海外にもたびたび行ってました。そういえば，ヨーロッパ旅行に行った時，フランスの国内線で飛行機が揺れて，その時は落ちるんじゃないかと怖くて怖くて，このまま死ぬんじゃないかと思いました。考えてみたら，その時以来，飛行機が怖くなったのかもしれません。今でもそのことを思い出すと心臓がドキドキしてくる。

　T：それでは，その体験を短編映画でも観るように想像しながら気持ちを楽にしていきましょう。イメージの中で映画を見るような感覚でお話をしてください。まず，この映画の題名はどうしますか？

　A：怖い飛行機。

　T：怖い飛行機ですね，今この題名に数字をつけるとするとどのくらいになりますか？

　A：1 くらいです。

　T：進めて大丈夫ですね。

　＊補　足：もし題名に対する SUD が高い場合は，題名で EFT を行い，0 ～ 2 程度に下がってから次に進んでいく。

T：次に怖いと思った出来事の数分前から見たままお話を聴かせてください。
　　ネガティブな感情が上がってきたら，そこで止まって教えてください。
A：飛行機が離陸して安定飛行に入りました。中央席を挟んで横2列の客席で，
　　私は左座席，窓側に座って外を見ています。（経過を見ているまま話してもら
　　う）客室乗務員が気流が不安定になり機体が揺れますのでシートベルトを着
　　用してくださいと，数分後急にガタガタと揺れ始め……ドキドキしてきまし
　　た。
T：はい，そこで止まってください，今何が起きていますか？
A：落ちるんじゃないかと急に怖くなってきました。全身に力が入って歯を食
　　いしばっている感じです。
T：では，ここでタッピングしましょう（EFTを実施）。
＊補　足：タッピング前は必ずSUDを確認する。1ラウンド終了後，水分補給
　　と深呼吸を行いSUDを再度確認する。

（セットアップ）
「飛行機が揺れて落ちるんじゃないかと怖くて仕方ない。でも大丈夫！」
（リマインダー）
「ああ怖い，落ちる，死んじゃう，力が入る，どうしよう，でも大丈夫！」

T：もう一度，その時の様子を話してください。ほかに気になることは？
A：揺れたのは怖かったのだけれど，そうだ，それよりも，丁度その時の客室
　　乗務員の表情をみて大丈夫なのか？と急に心配になってきたんだ。
＊補　足：この場合新しいアスペクトが発見され，飛行機の揺れではなく，客
　　室乗務員の表情がターゲットになる。

修正EFTを実施（アスペクト変更の例）
　飛行機が揺れた時，恐怖の引き金となった客室乗務員の表情をターゲットに再
度タッピングする。
（セットアップ）
「客室乗務員の顔色が変わり，飛行機が落ちるんじゃないかと怖くなった。あの
状況だもの，仕方ないよ。でも，もう大丈夫だ」
（タッピング）
「飛行機危ないの，怖い，あの顔，落ちるの？……仕方ない，大丈夫だ，落ち着

こう」

　SUD が下がり次のシチュエーションに入る場合は，映画の最初に戻り再度説明してもらい，SUD が上がらないか確認しながら進む。

　最終的に数字が 0 になった時点で，飛行機に対する恐怖度を再度数値化する。

8．未来巡行／メンタルリハーサル

　EFT は将来に対するイメージトレーニングとして利用できる。これから予定されることを，イメージ体験し，ネガティブな感情が起きる状況でタッピングし心理的負荷を軽減する。

9．セルフケア

　EFT は気軽に自分の生活の中でストレスコーピングの一つとして使える。
①専門家と行ったプロセスの補強
　セッションで扱った内容を，自宅でも繰り返し定着させる。
②日ごろのストレスケアとして
　日常の中で起きるネガティブな感情，身体症状，また，夢や目標の実現などを妨げる抵抗などに対して使う。

　＊補　　足：セットアップやリマインダーで使用する言葉は，無理に作ろうとせず，例えば，○○が不安であれば，「不安だけれど大丈夫」。リマインダーは，「この嫌な感じ」などと単純化してもよい。ポイントは，感情にフォーカスしタッピングすることである。
　　また，手順に意識が向きすぎると効果が半減してしまうため，感情が優勢になっている場合，タッピング，圧痛点を刺激しながら呼吸を整えるだけでも効果的である。
　　また，セルフケアでの使用は，状況に応じ簡単に使えるレベルから本格的に使えるレベルまで工夫が必要である（松浦，2017）。例えば，①咄嗟の時，圧痛点を刺激しながらゆっくり呼吸を整える，タッピングのみする，②少し余裕のある時，手順通り試してみる。③複雑な問題は，専門家と相談しながら進めるなど柔軟な利用が望まれる。

V　おわりに

　東洋思想を背景とした治療法は，心身の健康増進のために古くから医療や民間

の代替療法として広く流布している。しかし，これらを，サイコセラピーに応用したTFTやEFTはまだまだ浅い歴史しか持っていない。我が国では，それぞれを扱ういくつかの団体がワークショップ等で普及に努め，また，これらに関する書籍も数多く出版され始めているが，日本における認知度は決して高いとはいえない。

　昨今，TFTやEFTはエネルギー療法として国内外で実証的な研究が行われるようになり，学術的な知見が徐々に積み上げられている。確かに科学的検証の裏付けは重要であろうが，その結果を待っているよりも，セルフケアとして気軽に使えて効果の発現も早くて大きいTFTとEFTはブリーフセラピーのメリットを多く持っている。

　したがって，医療機関を受診しているクライエントの場合には必ず主治医の同意を得ておくことは必要であろうが，対人援助の場面で働く1人でも多くのセラピストがTFTやEFTについて広く実践してゆくことで，その恩恵を受ける人が増えていくことを期待したい。

文　献

Callahan, R. J. (2001) Tapping the Healer Within: Use Thought Field Therapy to Conquer Your Fears, Anxieties and Emotional Distress. Piatkus Books. (穂積由利子訳 (2001) TFT〈思考場〉療法入門. 春秋社.)

Craig, G. (2008) The EFT Manual. Energy Psychology Press.

Craig, G. (2010) The EFT Manual. Energy Psychology Press [2nd edition]. (ブレンダ監訳, 山崎直仁訳 (2011) 1分間ですべての悩みを開放する！公式EFTマニュアル. 春秋社.)

Flint, G. A. (2001) Emotinal Freedom Techniques for Dealing with Emotional and Physical Distress. (橋本敦生監訳, 浅田仁子訳 (2002) EFTマニュアル―誰でも出来るタッピング・セラピー. 春秋社.)

梶原隆之・山村豊・井出正和 (2010) EFTで用いるタッピングの不安に対する拮抗作用. 教育催眠学研究, 7; 5-9.

松浦真澄 (2014) 産業心理臨床におけるTFT（思考場療法）の活用. 東京理科大学紀要（教養篇）, 46; 21-35.

松浦真澄 (2017) Thought Field TherapyおよびEmotional Freedom Techniquesに関する一考察. 東京理科大学紀要（教養篇）, 49; 105-121.

宮田照子・免田賢 (2009) 新行動療法入門. ナカニシヤ出版.

中口智博・梶原隆之・山村豊・井出正和 (2010) EFTで用いるタッピングの不安に対する拮抗作用. 教育催眠学研究, 7; 5-9.

中村昌広 (2012) Emotional Freedom Techniques（EFT）の効果および技法の特徴に関する研究―非臨床群の心理的苦痛に対するEFTの評価研究. 心理臨床学研究, 30; 490-501.

Ortner, N. (2013) The Tapping Solution: A Revolutionary System for Stress-Free Living. (ブレンダ監訳, 山崎直仁訳 (2014) タッピング・ソリューション―ストレスフリー1分間の奇跡. 春秋社.)

山上敏子 (2011) 方法としての行動療法. 金剛出版.

第3部

臨床現場における
ブリーフサイコセラピーの
使い方

第 **15** 章

病院におけるブリーフセラピーの使い方

植村太郎

▎I　はじめに

　私は総合病院の精神科外来で臨床をしている精神科医である。今の職場に赴任してきて，15 年以上が経った。以前は精神科病院に勤務していたが，その時代から，家族療法・ブリーフサイコセラピーについて学び，可能な範囲でそれを自分の臨床に取り入れてきた。

　正確に言えば，臨床研修の 2 年目に家族療法に出会っている。大学病院の消化器内科で摂食障害の治療に取り組む先生がいて，彼は精神科の行動療法系のチームとコラボしていたわけだが，くじ引きの結果，私はその外来で先生の仕事をサポートすることになったのである。

　それで慌てて家族療法の勉強を始めた。入り口は下坂幸三先生の著作であった。私は過去にこの時期のことを文章にした。以下はその引用である。

　　「摂食障害臨床における，家族面接（ここではあえて家族療法とは言いません）の重要性を教えてもらったのも，下坂先生の著作からでした。特に，『心理療法の常識』（金剛出版，1998）に収載されている諸論文，中でも「常識的家族療法」と「個人面接と家族面接の接点」はくり返し読みました。今でもこの本を書棚から取り出して，読み返すことがあります」（植村，2015）

　　「下坂先生に教えていただいたことの中核にあるのは，家族療法の理論・技法以前の，臨床家としての基本的マナーだったように思います。家族への労い，特に仕事を休んで来院している父親への気遣いの重要性は，先生の著作から学びました。また，先生の著作に出会う以前は，初診時は医学的データ（症状に関する情報）を収集するのに急で，患者さんとの関係を作る意識に乏しかった気がします。それではまずいと気付いてからは，初診時にいきなり過食の内容や自己誘発性嘔吐の頻度等を訊

くことは控え，それらは食行動の記録を取ってきてもらえるようになってから，おいおい確認するようになりました」（植村，2015）

Ⅱ　家族面接からシステム論的家族療法へ

　その後私は，幸か不幸か（笑），システム論的家族療法の方に進むことになる。きっかけになったのは，上記の摂食障害の外来で診ていた一人の患者さんからもらった1枚のチラシであった。彼女は当時流行っていた，AC（アダルトチルドレン）や機能不全家族の考え方にハマり，東京まで斎藤学先生の講演を聞きに行ったりしていたのであるが，家族機能研究所（IFF）に置いてあったチラシを持って帰って来た。そこに東豊先生のワークショップの案内が混じっていたわけである。当時，「医学モデル」によるアプローチに行き詰まりを感じていた私は，藁にもすがる思いでIFFに赴いた。そこでシステムズアプローチと解決志向的な考え方に出会い衝撃を受け，現在の私を形作る旅が始まる。

　話を進める前に，「医学モデル」という言葉が私にとって何を意味しているかを説明する必要があろう。簡単に言えば，それは疾患の原因を探索して，原因が判明すればそれを除去する（少なくとも無害化する）ことを目標にするような思考法である。感染症の治療はその分かりやすい例になると思う。感染症の原因菌を特定し，それに効果のある抗生剤を選んで投与して，治癒を目指す。

　精神科の領域であれば，心的外傷後ストレス障害（PTSD）の発症メカニズムやEMDRのような治療法は，正にそれに基づいている。臨床研修1年目の終わりに阪神・淡路大震災に遭遇した私は，指導医の安克昌先生の影響もあり，外傷性精神障害とその治療法に関心を寄せるようになった。同時に，アディクション・アプローチにも興味を持ち始めていた。

　そんな中で2年目が始まり，上記の内科外来で拒食症や過食症の患者さんと，また可能であればその家族に会い始めたため，初期の私の意識や視点は，どうしても病状把握や診断確定のための情報収集に偏りがちであった。早く問題（症状）を把握して，それが形成された経緯を知り，原因（らしきもの）にたどり着きたいと焦っていたと言っていいと思う。

　その焦りは，下坂先生の著作を通して患者さんへの言葉のかけ方や，家族同席面接の進め方を学んでいくうちに，徐々に薄れていったが，簡単には「医学モデル」と手を切れなかったし，代わりとなるモデル無しには，前に進むのは難しいと感じるようになった。

　そのタイミングで私は東豊先生に出会い，システム論的なものの見方や円環論

的認識論を教えてもらい，それらを新たなモデルとして手に入れたのである。

　家族メンバー間のやり取りを家族システムの構成要素の相互作用と見なす立場に立てば，面接中に起きることの多くは，普段のやり取りの反復ないしは再現になる。そういう見方をすることで，目の前で起きていることに対して距離を取りやすくなり（巻き込まれにくくなり），その結果，仮説を複数立てたり，適切な介入法を考えたりする余裕を持てるようになっていった。

　技法的には，ジョイニングの大切さを学んだ。患者や家族の「枠」を探り，そこに合わせること，それをいわゆる「共感」の代わりに用いることであり，私は以前より家族面接をすることが楽になっていった。

Ⅲ　ブリーフサイコセラピーとの出会い

　やっとここまでたどり着いた（苦笑）。私にとってブリーフサイコセラピーとは，解決志向アプローチ（Solution focused approach，以下 SFA と略す）を意味する。

　家族療法の勉強を進める中で出会った。確か『飲酒問題とその解決』（1995）が最初の本だったと思う。問題ではなく，解決に焦点を合わせるという基本スタンスに衝撃を受け，強く惹かれるものを感じた。

　そして，SFA 関連の本を次々に読み，創始者のインスー・キム・バーグ Berg, I. K. やスティーブ・ド・シェイザー de Shazer, S. が来日して開催したワークショップに何度も参加することで，私のオリエンテーションは急速に SFA 寄りになって行った。

　ここで少し，簡単な整理を行いたいと思う。家族療法(システムズアプローチ)，ブリーフサイコセラピーとの出会いは，その後の私の臨床活動を大いに助けてくれた。そのポイントは，おおむね以下のようになる。

　①円環論的認識論：「犯人探し」を止める。
　②解決に焦点を当てる（未来志向）。
　③クライエントのリソース，レジリエンスに注目する。
　④「クライエントこそが専門家」という発想。

　SFA のようなブリーフサイコセラピーの登場の背景には，家族療法が依拠する理論が，ファースト・オーダー・サイバネティクスからセカンド・オーダー・サイバネティクスへのシフトが反映していることが挙げられる。

　前者がセラピスト（観察者）とクライエント・システム（観察対象）とを分離されたものと考えるのに対して，後者は2つが1つのシステムを構成していると考える。セカンド・オーダーな見方とは，セラピストが変化を必要としているもののうちに自分自身も含んでいるということを意味しており，彼らはその外部には立てない。セラピストは，自身がシステムを構成する一要素である以上，クライエント・システムとの間にさまざまな相互作用が生じていて，セラピーにおいてはそれを考慮に入れなければならないのである。

　やや話が複雑になったかもしれない。大雑把に言い換えれば，第一世代の家族療法では家族「を」治していたとすれば，第二世代では家族「と」治す，つまり協働的にセラピーを進めることがスタンダードになるのである。

　私は自身のスタンスがSFA寄りになって行くとき，「これで楽になれる……」と心のどこかで感じていた。理論的には，ファースト・オーダーなアプローチでは意識的コントロールを過度に強調することになる恐れがあるわけだが，そこから離れていくことが私に安堵感を与えたのかもしれない。

　SFAを意識した臨床を始めた頃のケースで，今でもよく覚えているものを紹介したい。初診を担当したのは，60代後半の女性。主訴は「"コン"がいろいろ言ってくるのがうるさい」だった。"コン"は恐らくお狐様のような存在で，昔から彼女にはお告げのようなものが聞こえていたと思われる。数ヶ月前からそれが頻繁になって，彼女の精神状態は不安定に。イライラしやすくなったり，不眠がちになったりして，精神科の門をくぐることにした。

　精神科医として普通に考えれば，"コン"のお告げは幻聴だろう。統合失調症の症状であれば，それは患者についての噂や悪口だったり，患者を脅かしたりするような内容を含む。実際，最近のお告げは彼女を責めるようなものになっていた。「それは辛いですね……。ところで，そういう声が増える前は，どんな内容が普通だったのですか？」と訊ねたところ，彼女は"コン"には生活上のさまざまな困り事で助言を受け，助けられていたように答えた。

　2回目の診察では，最近の"コン"のアドバイスは何かないかと彼女に訊いてみた。すると彼女は「この病院で一番偉い先生に診てもらえって，言っています」と即答した。私がすぐさま院長への紹介状を書いたのは，言うまでもない（当時は精神科病院勤務）。その後彼女は院長の患者となり，投薬を受けて状態は安定し，入院には至らずに済んだ。

Ⅳ　精神疾患は実在するか？
──システム論から社会構成主義へ

　システム論的に言えば，世界にはいろんなコミュニケーション・パターンを持った人がいるだけであり，その中にたまたま精神医学の診断基準を満たす人がいて，患者と見做される。その時，身体疾患と同じレベルで精神疾患は存在しているのであろうか？　特にそれが，外在化の技法，例えば「虫退治」や「鳴門の渦潮」などを使ったアプローチで良くなったときにはどうであろうか？

　1990年代の後半，スティーブ・ド・シェイザーがインスー・キム・バーグと共に福岡でワークショップを開催した時のことである。質疑応答の時間に，私はDID（解離性同一性障害）について質問した。それに対してスティーブは何と答えたか？　「刻一刻と姿形を変える雲に一つひとつ名前を付けるようなことを，お前はまだやっているのか？」

　その時，私は正直ムッとした。対応に苦慮しているケースに関して，何かヒントや助言をもらえないかと期待していたところ，見事にすかされてしまったのである。今ならそれを次のように理解する。「症状」はそれを持つ人の，例えば生きづらさの表現であり，ある時は過食嘔吐，ある時はリストカット，またある時は薬物乱用といった形で現れる。セラピストに求められるのは，その生きづらさに対するサポートであり，適切なケアの提供であって，精神医学的診断の確定ではないのだ，と。

　社会構成主義になると，「現実は言語（活動）によって構成される」と考えるので，現実は絶え間なく変化する動的な過程ということになる。別の言い方をすれば，客観的かつ不変の真理などというものは存在しない。この時，精神医学的な診断にどんな意味があろうか？　我々は精神疾患の実在をどのように信じればいいのだろうか？

　ナラティヴ・セラピーやコラボレイティブ・アプローチは，この社会構成主義の影響を強く受けており，通常の精神医学からすれば，とてもラディカルなセラピーということになるであろう。

Ⅴ　オープンダイアローグの登場後，精神科医は
生き残れるのか？

　ミラノ派家族療法，リフレクティング・プロセス，社会構成主義，ナラティヴ・

セラピーなどの影響の下，オープンダイアローグは生まれてきた。簡単に解説すると，以下のようになる。

①フィンランドの西ラップランドで実践されている，急性期の精神病に対する新しい支援，介入法。
②依頼から24時間以内に専門家チームが出向き，状態が改善するまで毎日，患者と家族や関係する重要人物を交えて対話する。
③抗精神病薬をほとんど使うことなく，2年間の予後調査で初発患者の82%の症状を，再発がないか，ごく軽微なものに抑えるなど，目覚ましい成果が得られている。

次に，オープンダイアローグの基本原則を紹介する。

①対話を生み出し，展開させること自体を目的とする。それが治療の最も重要な側面と考える。
②ミーティングの目的が解決（策）に至ることだとは考えない，意図しない。
③全員が自分の声（ヴォイス）で話し・語り，それに耳を傾けることが重要だと考える（セラピストはそのための，工夫，サポートに努める）。
④そういったプロセスから，対話の成り行きとして，（結果的に）解決（策）が出てくる，変化が起こり始めると考える。

　もし，日本の精神保健福祉の世界で，オープンダイアローグやアンティシペーション・ダイアローグのような対話主義的実践がスタンダードになれば，多くの薬物療法に依存した精神科医は失業してしまうと私は思う。
　生き残るためには何が必要なのであろうか？　精神科医という肩書以外に，対話の専門性を身につけ，それを磨いて行くことが求められると私は考える。が，そのためのトレーニングを受けるため，フィンランドやイギリス，アメリカに行くことのできる精神科医の数は限られる。
　日本国内で代わりにできることがあるとすれば，それは自分の臨床に Feedback Informed Treatment を取り入れることである。元々は SFA の世界でインスー達と活動していたセラピストのスコット・ミラー Miller, S. が開発した治療法であるが，SRS（Session Rating Scale）と ORS（post-Outcome Rating Scale）という2つのスケールを使って，クライエントに毎回診察／面接の評価をしてもらう方法をとる。

その結果に基づいて治療を進めていくのが，最も効率的で効果的であるというのが，ミラーの主張である。実際，それをノルウェーで実践した臨床心理士の Birgit Valla は，かの国の精神保健システムを変えてしまった。

　もう一つ，最近の経験をシェアしたい。これは京都で ACT を実践しているクリニックでのこと。オープンダイアローグのベーシックトレーニングコースで仲間になった，そのクリニックの看護師から，ある中年男性（慢性期の統合失調症）のケースについて相談を受け，我々（名古屋の白木先生，福井の石橋さん，私）はアンティシペーションダイアローグによるミーティングを行うことにした。クリニックの会議室で数カ月に 1 回，彼の支援者に可能な限り集まってもらい，彼と支援者から存分に話を聴いたのだが，彼はそこに普段伸ばし放題の髭を剃り，正装して現れた。そしてミーティングでは，真摯に生活状況や病的体験（彼は霊的な存在と交信している）などについて語ってくれた。最も私の印象に残っているのは，彼が今望むことを訊かれた時に，「社会貢献をしたい」と答えたことだ。外来の限られた診察時間の中で，薬物療法を主として行う精神科医として彼に出会っていたら，そのような発言を聞く機会は得られなかったに違いない。

Where there is a will, there is a way.

　彼女の著書 Beyond Best Practice（2019）は名古屋の白木先生を中心にしたチーム (私も末席に加えていただいている) により翻訳される予定であり，2021 年 3 月には日本に彼女を迎えてワークショップを開催することになっている。

文　献

Berg, I. S. & Miller, S. D (1992) Working with the Problem Drinker: A Solution-Focused Approach. W W Norton. (斎藤学監訳, 白木孝二・信田さよ子・田中ひな子訳 (1995) 飲酒問題とその解決―ソリューション・フォーカスト・アプローチ. 金剛出版.)
下坂幸三 (1998) 心理療法の常識. 金剛出版.
植村太郎 (2015) 家族療法家への質問「家族研究・家族療法必読文献を 5 本教えて下さい」. 家族療法研究, 32 (3); 303-305.

第 **16** 章

クリニックにおける
ブリーフセラピーの使い方

山田秀世

I　はじめに

　精神科や心療内科のクリニックでの治療行為は多くの場合，保険診療で成り立っているが，そこでは当然ながら時間的，労力的な治療効率が要求される。患者1人の診察は初診で40分から1時間程度がせいぜいで，日常診療の9割以上を占める再来診療は約10分，たかだか15分から20分というのが実情であり，効果と効率というブリーフセラピーにおけるテーマが常に課されている。

　これほど短時間の診療が問われるクリニックにおいて，本書の前半で懇切丁寧に紹介されたブリーフサイコセラピーの理論や手法の数々を実際にはどう運用すればよいのだろうか。

　これまで筆者が従事してきた臨床現場は単科の公立精神病院，総合病院での病棟と外来およびリエゾン（身体科一般病棟への往診），そして市中のメンタルクリニックでの外来診療とリワーク（復職支援デイケア）であり，昨今ではガンの心身両面からのケアと生活指導を手掛けている。

　これらのフィールドでの日常的な臨床活動の中でブリーフセラピーというものを学び実践してきた成果（「成れの果て」とも読める）を総括し再構成したのが本章である。以下で，その基礎的な考え方から，日々使える具体的ツールまでいくつかを紹介したい。

II　Common と Uncommon の二本立て

サイコセラピーの効果判定は主観的な要因が大きく関与するため，数値化され

たデータが臨床的な実像をどれだけ正確に反映しているかを見極めるには注意が必要であろう。それに，生身の人間として患者に直接関わるセラピストが純粋に客観的な立場や態度を一貫させねばならないとすると，治療のクオリティ自体が著しく低下するおそれがあるかもしれない。

　また，サイコセラピーで展開される現象には原因と結果が単純に相関しないことが少なくない。例えば，ある困りごとの原因が不明だったり除去されないままで残っていても，それまでとは少し違った新しい状況が展開する中で，気がつけば元の困りごとは何ら問題ではなくなっている……こんなふうに，理屈上では少し不思議な問題解決のプロセスが現実では頻繁に生じているのだが，世の中のこういった一見意外な実相を深く読み込んで臨床的に巧みに反映させたからこそソリューションやナラティヴなどのブリーフセラピーが，画期的な治療成果をもたらしてきたのではないだろうか。

　一方，東洋思想においては，不安や症状は除去すべき対象として扱うよりも，逆にそれらを受容し共存する姿勢をよしとするが，臨床的にもその治療方針をとった方が不安や症状の軽減や克服に寄与することが森田療法やマインドフルネス認知療法を通して明らかになっている。

　これに対して，不安や緊張の強さを定量化して，その数値の客観的な低減を図る“科学的”な態度だけでは，悪循環に加担して症状の遷延や悪化を助長しかねない。この辺りに，疾病か否かのレベルを問わず，人間の苦悩やさまざまな社会現象の何ともシニカルな様相が透けてみえるようでもある。

　こうした事実に鑑み，ブリーフセラピーを医療機関で実践する場合には，もちろんある程度までは常識的 common な規範 standard に由来する考えや技法が不可欠な一方で，悪循環から脱却して，膠着した状況を打開するためには，アンコモン uncommon な個別 tailor-made のアプローチを併用させてゆくことが，しばしば必要になってくる。

　そこで，ブリーフセラピーを臨床で用いる，というより現場に即した効果と効率を考慮すると自ずとブリーフセラピーのスタンスに近づくというのが本当のところなのだろうが，少し逆説めくが「Common と Uncommon の二本立て」という一本の原則を念頭に置く必要がある。

　ときに少々 radical なブリーフセラピーに対する我々の内なる保守性をほぐしてゆくためのスローガンとして "Come on! the Uncommon on Common sense." をここに掲げておこう。

Ⅲ　ブリーフの二相性の応じた二刀流の作法——“期間的”ブリーフでの「駆逐」と“時間的”ブリーフでの「養生」

　前項で述べた「Common と Uncommon の二本立て」を踏まえて，ここで，精神と身体の疾患のそれぞれの代表選手であるうつ病とガンの治療を例にあげて考えてみよう。

　多くのクリニックが薬物療法を治療の主軸としているのが現状であろうが，次の2つの命題における真偽について読者の方々はどうお考えだろうか？

①「うつ病は抗うつ剤を服薬することによりおおむね治癒が可能である」
②「ガンは抗ガン剤の投与が治療と再発予防に必要不可欠の存在である」

　治療や治癒の本質的な意味を考えてみるとき，2つの命題とも一部例外を除いて正しくない。なぜなら，問題となっている病態としての○○を，いかに抗○○剤で一時的に駆逐して病状が改善したかに見えても，その○○を生じさせた生活習慣や行動特性が改善されてない限り，再び○○が装いを新たにして襲ってくるのは時間の問題である可能性が高いからである。

　筆者らが，復職デイケア（リワーク）で生活面での指導に重きを置く理由もそこにあるわけで，うつ病の再発例が頻繁に認められる我が国の現状を踏まえてのことなのである。

　その一方，手術でガン病巣を完璧に取り除いたとしても，その多くのガン患者が再発に至ってしまうことに愕然とした一部の良識と見識に富む外科医たちが，適切な食事指導によって標準治療（手術，抗がん剤，放射線）では治らないと判断されていた患者さんの多くを“劇的寛解”（ガンが消退せずとも増殖もせぬ状態）に導くことに次々と成功している臨床成果が最近，俄然注目されている。

　復職支援（リワーク）での目的は，休息とクスリである程度まで改善したうつ病を一段と元気にするという攻めの戦略だけではない。むしろ，個人の強みや持ち味を見出し育んでゆくためにライフスタイルを微調整し，従来まではガチンコ対決してはダウンしていたストレスについて，今後はどうやって上手に身をかわし横に流せるかという「受け」の力の養生に重きが置かれる。

　このように，ガンでもうつ病でも抗○○剤という病状駆逐の手段は，養生によって生活スタイルを是正してその人の持つ治癒力や回復力が涵養されてくるまでの，ある意味で“経過措置”，または“時間稼ぎ”に過ぎないのだということをセ

ラピストが明確に心得ておく必要があるだろう。

　というのも，抗うつ剤が建設的な充足感や本質的な生きがいを直接もたらすことはあり得ず，抗ガン剤は多くの場合いずれ耐性ができて効果がなくなって副作用ばかりが前景に立ち，患者の QOL は大幅に低下して肺炎などの感染症で命を落とすことも多いのが実態だからである。

　ただ，民間の悪徳業者や一部の過激な疾病放置論者など，標準治療を全面否定する偏った意見には要注意だ。彼らのせいで，どれだけのガンやうつ病の患者が改善と回復の可能性と機会を奪われてしまったことだろうか。こういう連中の存在が多数の専門家をエビデンス過信主義に走らせて，硬直して非臨床的なガイドライン信奉者を多く産み出した要因であることを忘れてはならない。

　適切な治療指針としては，うつ病やガンの治療でクスリを用いるにしても，期間限定（期間的ブリーフ）の「駆逐」の手段としてひとまず病状の軽減や緩和に活用して，次の段階での地道な「養生」の側面としての，生活改善（睡眠，食事，軽い運動，ストレス対処などでの工夫），およびセルフケアの実践という簡易で短時間（時間的ブリーフ）のワークを日々，地道に続けることを指導するようなものが望ましいと思われる。

Ⅳ　ブリーフセラピーと薬物療法
——薬物は "厄仏"（リスクとクスリ）である

1．期間限定（ブリーフな）薬物療法

　前項でうつ病とガンという疾患についての薬物療法に触れたが，ここではもう少し軽度の病態である不安障害や心身症レベルの患者さんについての薬物療法について考えてみたい。

　まず，ヘビースモーカーで咳や息苦しさを訴えている患者に対して，禁煙指導をせずして咳止めや去痰剤の処方だけをする治療というのは不十分な治療であることは誰にも明らかだろう。

　一方で，不安や対人緊張を主訴とする患者に対して，ストレスや生き方全般についてのさまざまな指針を提示することなく，抗不安薬を処方するだけという治療方針も本質的にはこれと同じなのだが，これ以上に踏み込んだアプローチが医療現場で実施されていることは少ないのはどうしたことか。

　多くの患者は，精神科のクスリについて服薬期間への不安を抱いている。何年も服薬を続けたいという人はまれで，不整脈や糖尿病など身体疾患の服薬は必須と考えているのに，精神科のクスリはなぜか "優先順位" が低く，忌み嫌われ軽

んじられている実情である。

　そこで，逆にこの“低地位”を活かして，精神科での服薬をできるだけ短期間（ブリーフ）にするために，処方される数週間〜数カ月の期間中に生活習慣の改善やセルフケアの課題（後述）を習得して，クスリがなくても不安や症状に上手に対応できる心身を養生することを指示してゆく。

　何事も期間限定（ブリーフ）だと我慢する気にもなるもので，こうすることで，服薬への抵抗感を低下させ服薬遵守の効果が得られやすい。同時に，生活習慣改善とセルフケアの課題を遂行する動機づけを促進するので一石二鳥だといえよう。

　ただ，生活習慣改善とセルフケア課題の遂行は，最初から律儀に実行する人は意外に少数派で，かなり多くの患者は薬物療法の効果に甘んじてしまうのが現実なので，服薬を短期間に卒業するか少しでも低用量にしたければ，生活習慣の改善とセルフケアの実践への取り組み次第なのだということを繰り返し告げる必要がある。

　2．期間限定でない薬物療法
──「クスリはブリーフにというビリーフにもリスク」

　上記の「期間限定（ブリーフな）薬物療法」というルールは原則的に正しいものであり，誰の耳にも心地よく響くものだが，この原則が一人歩きしてセラピストの信念（ビリーフ）になってしまうと，これがときに患者や家族に大きな不利益や不都合をもたらすことがあるので要注意である。

　世に多くの人間がいるなか，幼少期，思春期から脳神経系に過敏さと鈍麻が混在して長期経過を辿りながら脳神経系の脆さが表面化して家庭，学校，社会で不適応になるケースが一定の割合で存在することは，現場で汗を流してきた臨床家にとっては冷厳な事実であろう。

　このような脳神経系の特性は，現代の精神医学の診断基準では統合失調症，うつ病，不安障害，発達障害……などと分類されるが，未解明な部分も多く残されている。

　ただこうした病態が，生活状況や社会環境のいかんによらず，また，それらの影響を微妙〜明瞭に反映しながら顕在発症化してしまうのは本人や家族にとって，ある程度やむを得ない面もあるのが現実だろう。

　こうした患者を前にセラピストが「クスリもブリーフに」というビリーフに拘泥してしまっては本末転倒である。そんな場合には，原点に戻って，個々の事例の状態像や経過に応じて脳神経系の過敏性を鎮め良質の睡眠を確保することが，合理的で実践的な治療戦略であることを銘記すべきであろう。

　やはり，統計的データは当然踏まえつつも，薬物療法の期間や内容はケース次第であるという個別対処の方針は優先すべきであり，何らかのルールを機械的に適用する姿勢はテイラリングというブリーフセラピーの姿勢にも悖るものだろう。ここで，「原則は基本より出でて既存となり，やがて棄損される」というこれも1つの原則を確認しておきたい。

Ⅴ　生活習慣の改善とセルフケア

　急性期の心身の症状を速やかに軽減緩和して，喫緊の問題に適切に介入し状況打開を施すのが「期間限定」のブリーフセラピーであった。

　ついで，中〜長期的には同様の問題や病状が再燃しないようにするために，日常的な生活習慣を改善してストレス耐性の高い心身を陶冶（地道に鍛錬して作り上げること）することと並んで，短時間に一人で簡単にやれるセルフケアとしてのワークを実践する習慣づけが不可欠である。このセルフケアこそ，自前で簡易かつ手近に，つまり短時間で実践できる「時間限定」のブリーフセラピーである。

1．生活習慣の改善

　筆者らが展開している，主にうつ病のリワーク（復職支援デイケア）では通所者の状態が安定化した次の段階の課題として，睡眠リズム，食習慣，軽い運動などの日常生活習慣を見直したり，不安への対処法を学習して，病状の再発に備えている。

　ここでは，各項目について文字通りブリーフに説明しておく。まず，睡眠リズムについては，薬物療法（既述）の適切な活用，軽い運動（下記），夜9時以降のスマホやタブレット等の禁止，遅くとも23時までの入床を必須としている。これらは早起きして良いリズムを作り心身の自然回復力の発動を促すためである。

　食習慣については，身体の慢性炎症を抑えるため質の悪い油脂の摂取を控えるべくマーガリンやショートニング，植物油脂のほかコンビニ製品をできるだけ減らすことや，長期的なガン予防のために乳製品，精製された米とパン，塩，砂糖などを極力減らすよう説明する。医食同源とは昔から言われているが，今日ほど食事内容が荒廃を極めていることはなく，カロリー摂取過剰やジャンクフードの中長期的影響は深刻で，こうした一見ラディカルに見える情報提供によって，健康意識を高めてゆくことも大切なセルフケアの一環である。

　軽い運動については，うつ病やガンその他多くの生活習慣病と運動不足の相関は明らかなので，脈拍が毎分110を超えない程度の決して苦しくない適当な運動

を1日20～30分，これを週3回以上は実践するよう勧めている。

２．セルフケアのワーク

①メンキョロ（EMDRの変法）

　心身の不調を抱えた患者は，睡眠障害を伴いやすく，熟眠障害や悪夢を訴えていることが多い。この「メンキョロ」は就寝前に行なうと悪夢の予防法として，あるいは日中に突然現れる不安や緊張への咄嗟のコーピングスキルとしても有用である。

　実施の手順は以下の通りである。

　１）両目を左右にリズミカルに16回往復する（首は振らないように）
　２）きれいな（お気に入りの）景色を頭に思い浮かべて2回深呼吸する
　３）１）と２）を3セット繰り返す（余裕のある場合などは5セット）

　メンキョロ（左右の眼球運動）は開眼したままでも，閉眼したままでもかまわない。なお，この「目の筋トレ」ともいうべきメンキョロに費やす所要時間は1セットわずか30秒程度である。

　うつ病や不眠症の患者は悪夢を伴うことが大変多いが，抗うつ剤でも睡眠導入剤でも悪夢に特化したクスリというのは存在しないので，この「メンキョロ」は大変に重宝しており，7，8割以上の"打率"を誇っている。

②2分間の深呼吸法

　誰にとっても呼吸とは，ごくごく日常的で身近な感覚を伴った機能であり動作だといえよう。

　意志とは無関係なところで人間の心身を自動制御している自律神経系は，大きく2つに分類され，攻撃的な活動モードの交感神経系，ゆったりした休息モードの副交感神経系から構成されている。

　呼吸が浅く早いときには交感神経系が優位に働いており，ゆっくりで深いときは副交感神経系が優位になっており，この両者のバランスが安定しなくなって，さまざまな心身の不調として現れる。

　そして，自律神経系の不調を頻繁に訴える患者が極めて多いにも関わらず，医療の現場で呼吸法，その他のリラックス手技などが指導される機会はほとんどないのが現状である。

　そこで，この盲点を補うためにも，ごく簡易（ブリーフ）な深呼吸というセル

フケアを習慣化することによって，心身の状態改善や病状の再燃予防の効果は測り知れないほど大きい。

　ここで，筆者が外来や復職デイケアで教えているブリーフな「2分間・深呼吸法」を紹介する。

　1）鼻から3秒かけて大きく息を吸う
　2）2秒間だけ息を溜める（止める）
　3）風船を膨らますように腹から 10 秒かけて息を吐く

　目を閉じたままで，上記の1）から3）を8回繰り返す（合計で約2分となる）

　これを外来の診察で，セラピストは秒針を見ながら「1，2，3，1，2，1，2，3，4……」と声を出して唱えながら合計2分間かけて患者に実際にやってもらう。

　なお，復職デイケアに通所してこのツールを極めた 30 代の入院歴のある男性は肺活量が倍増して，精神状態も著明に改善していることに大学病院の主治医は驚愕していたという。

③クンバハカ法

　インド・ヨガでの秘法を哲人中村天風が，以下のようにシンプルな手技へと“ブリーフ”化したもので，この3つのブリーフな動作をいつも実践し，それが常態化した状態が構築されてくると，心身の“腰が座った”状態となって，いざストレスが加わった際にも大きく動揺しにくくなる，とされているものである。

　その2つのブリーフな動作とは，肛門を「キュッ」と閉じて，肩の力を「スッ」と抜いて，下腹部（ヘソの下部分）に「クッ」と力をこめる，たったこれだけである。

　ふだん，いすに座っていたり，電車に乗っていたりするとき，あるいは，何か，ことあるごと，思い出すたびに，いつでもどこでも一人静かに「キュッ，スッ，クッ」とやっていればよい。そのうちに習慣化して，その人なりの流儀が身についてゆくと思われる。所要時間は，ほんの数秒間であるから，忙しくて時間が取れないから実践できないという言い訳は成立しない。

　その意味では，このクムバハカ法に取り組んでいるか否かで，その人のセルフ・ケアに対する姿勢，さらには病気の克服への動機づけを見極めることができるという効用もあって便利である。

▍Ⅵ　ブリーフセラピーの基本の「き」

　クリニックでの 10 分前後の診察の中であっても，治療者と患者との間のコミュニケーションのツールの主役は，やはり「ことば」である。その「ことば」のブリーフな一言によって，人間は生かされもし，“殺され”もするということを知っておくべきだろう。Common が整ってこそ Uncommon も活きるのである。

　そこで，このブリーフな一言に関連して本章の最後に，筆者が学生時代から研修医時代に遭遇した 3 つのエピソードをブリーフに紹介しておきたいと思う。

　大学の教養部時代に華やかな雰囲気の文系学部のクラスへ一人で聴講に出向いていたとき，翌週からグループワークをやるといわれて筆者がどうしてよいか分からず，担当の心理学の T 教授に相談を持ちかけたときのことである。T 先生は親切に助言して下さった後，「誰も知り合いがいなくて心配だったんですね」と付け加えた。ロジャーズや共感的な聴き返しのことなど，当時はまだ全く知らない筆者はそのとき歓喜というほどの安心感を得たことを今も思い出すのである。

　それから 2，3 年経った頃，当時の学友の一人が，天衣無縫で（彼にとっては）悪魔性を持った一人の女子学生に散々振り回されて酒浸りになり疲弊していたある日のこと，筆者が運転するクルマの助手席でショゲきってほとんどベソをかきながら愚痴をこぼし続けていた。

　当時，少し心理関係の書籍を読みかじっていた筆者が会話の流れのなかで「もう，ええ加減にしてくれっていうことやね」と一言呟いた，その瞬間のこと。仰天したように目を見開いた彼は運転していた筆者に視線を向け「そうなんやて」とポツリと物静かに返答した。その表情と口調の豹変ぶりに逆にこちらが，共感ならぬ驚嘆をしてしまうほどだった。

　それから数カ月経って元気を取り戻した彼は，あのときに筆者とハナシをしたことがきっかけで自分は立ち直れたのだと意外にも珍しく素直に本音を打ち明けたのである。いつも人前を憚らず互いに揶揄，からかい，屁理屈の応酬ばかりという間柄で，相手に敬意を表するようなそんな類のセリフなど皆無だったので，なお一層のこと強く印象に残ったのかもしれない。

　そして，筆者が都立松沢病院の研修医のときに御指導下さった H 先生（専門はサイコセラピーとは縁遠い神経病理学）の診察場面でのある一幕について記しておきたい。病棟での入院治療が長引き，うつ病か認知症かの鑑別が困難なほど病態がこじれた老人女性との会話であった。ほとんど言語的疎通が不可能なまで退行が進み，数々の薬物療法も電気療法も効果が乏しく，ましてや精神療法的な関

与などおよそ無縁と思われる状態にあった。

　そんなある日の手短かな診察のなか，H先生が「Aさんも，若い頃は随分と苦労されたんだろうねえ……」としみじみとした口調で語りかけたそのとき，同じ診察室内でその一言を耳にした筆者の胸に暖かい何やら波動めいたものが伝わり来るのを確かに感じたのだ。老婆は沈黙したままだった。

　クスリの処方内容その他何も変わってないのに，その翌日から老婆の状態が劇的に改善し，その表情は後光が差したかのような輝きを放っていることに筆者は本当に驚いたのだが，あの変化はあの一言による治療効果だと信じないわけにはいかなかった。

　筆者の"サイコセラピー事始め"に関与してくれた上記の3人の誰もが，すでにこの世にいないのは寂しい限りであるが，これらのエピソードで筆者が何を訴えたいかお分かりいただけるだろうか。

　その真意を納得いただけたならば，安心してどんどんブリーフサイコセラピーを学んで頂きたいと思う。もしも「？？？」という感じであれば，ブリーフセラピーと並んで動機づけ面接法 Motivational Interviewing（MI）を是非ざっと学んでみてほしい。何事もそうだが，最初は分厚い教本は避けて，概要がコンパクトにまとまった優れたテキストを使って，それこそブリーフに学ぶことをお勧めしたい。

　ロジャーズを基本に，それに＋αのエッセンスとセラピーの"絶対"必要条件がコンパクトにパッケージ化されたMIは，入り口こそシンプルだが奥は深くて，経験者にも教訓が満載である。

　本書をしっかりと読み込んでブリーフセラピーを習得する上でも，学習効果の阻害因子の除去と促進因子の賦活に大いに役立つものと信じて疑わない。

　　文　　献
伊丹仁朗・山田秀世（2021）再発・転移・手術不能ガンも根治をめざす―事療法から最先端治療まで．海鳥社．
北田雅子・磯村毅（2016）医療スタッフのための動機づけ面接法―逆引きMI学習帳．医歯薬出版．
山田秀世（2018）Ｊ－マインドフルネス入門―瞑想不問のシンプル・メソッド．星和書店．

第 17 章

教育におけるブリーフセラピーの使い方

相模健人

I　はじめに

　日本でスクールカウンセラー事業（文部省「スクールカウンセラー活用調査研究」委託事業，現在は文部科学省「スクールカウンセラー活用事業補助」）が始まったのが1995年（平成7年度）であった。ちょうどその年の7月，福岡で第1回環太平洋ブリーフサイコセラピー会議（日本ブリーフサイコセラピー学会，1996）が開かれ，ブリーフサイコセラピーの理解が日本で拡がる大きなきっかけになったように思う。個人的にもお手伝いに行かせていただき，オハンロンO'Hanlon先生やインスーInsoo Kim Berg先生の講演を初めて聞いた覚えがある。日本ではスクールカウンセラーの歩みとブリーフセラピーの拡がりは時を同じくして進んできていると考えている。

　私個人の話を続けると，その年にスクールカウンセラーの仕事を始めることになった。初めは家族療法を学んでいたのだが，学校での相談で家族が揃うことは少なかったり，学校の先生方が子どもに対してどうしたらいいか悩んでいる姿を見ているうちに，そういえば夏にあんな話を聞いたな，と思い出し，徐々にブリーフセラピーを勉強し始め，活用するようになった。

　実際に活用し始めると手応えを感じ，その名の通り短期に解決したり，クライエントさんが自分で進み始める姿を多く見るようになった。私が主に学んだのは解決志向ブリーフセラピー（Solution-Focused Brief Therapy; de Jong & Berg, 2012）であるが，ブリーフセラピーは教育の分野ではさまざまに活用できるように考える。本章ではその活用方法や事例について紹介する。

┃ II　相談場面にて

　先に述べたスクールカウンセリングでブリーフセラピーを活用し始めた頃の事例を 1 つ紹介する（相模・田中, 2000）。

A子さんの事例

　いじめの相談に来られたのは中学 1 年生の A 子さんである。相談に来るまで A 子さんは同じ運動部にいる B 子さんから言葉によるいじめを受けていた。そのため，A 子さんは部活をやめようとする。しかし，部活の顧問の先生がいじめを知らずに A 子さんを引きとめようとして，B 子さんを含む他の部員に A 子さんが部活をやめたがっていることを伝える。B 子さんは A 子さんの家に電話をする。その場面を見ていたお母さんが気づいて，A 子さんから電話を取り，A 子さんによると「ガガーッ」と言ったという。

　それから少しの間いじめは止んだ。しかし，A 子さんはいじめを思い悩み，ついには夏休み直前に 1 日休んでしまう。1 日不登校になったと話す A 子さんだったが，その日に学級担任の先生が A 子さんの家を家庭訪問したことで次の日から学校に登校した。運動部はやめて文化系の部活に移った。

　しかし，9 月の運動会のとき，B 子さんが他の子をいじめている場面を A 子さんは見てしまう。A 子さんはそれを他の先生に伝えているところを B 子さんのグループの子に見られてしまう。A 子は報復を恐れ，「明日からどうしよう」とまたもや不安になってしまう。

　A 子さんは自分の卒業した小学校の養護教諭に何度か相談をもちかけている。養護教諭は運動会の次の日（振替休日）に小学校にやってきた A 子をスクールカウンセラーである私（以下，SC）に紹介し，相談が始まった。

　以下，養護教諭が隣にいて，保健室で話した内容になる。

　A 子さんは SC に開口一番「いじめる人の気持ちが分からない」と重い口調で話した。SC が「何かそう思うようなことがあったの？」と尋ねると，上記の内容を一通り話してくれる。A 子さんの話を聞いているといじめに対する不安な気持ちが伝わってくる。SC は「学校に行くの, 大変だよね」とコンプリメント（ほめる，ねぎらう）する。

　しかし，A 子さんの話によると「お母さんが B 子さんに電話で『ガガーッ』と言ったときは B 子のいじめがやんだ」ことが分かった。SC はこれを例外ととらえ

て，このエピソードを取り上げる。

「このとき，お母さんはどうやって上手くやったんだろう」とSCが尋ねると，A子は「お母さんは『強い』のと『大人』だから」という答えが返ってくる。以後この2つをキーワードにして面接を進める。

SCは「あなたのまわりで他に『強い』人いる？」と尋ねると，「担任の先生」と答える。雑用紙に話の内容をいろいろ書きながら進めたが，ふと見ると学級担任の先生がA子さんのイラストで書かれていて，A子さんに学級担任の先生が大きな存在であることが分かる。

SCは「じゃあ，お母さんとか担任の先生ぐらい『強い』のを10として，メチャメチャ弱いときを1（A子さんは即座に「1日休んだとき」が1だと答えてくれた）とすると今いくつくらいだろう？」というスケーリング・クエスチョンを行った（これも雑用紙に書きながら）。A子さんは「4」と答える。A子さんは1から4まで上がってきて，強くなっていることが分かる。

SCが「1から4の間には何があったから今4まで来たんだろう？」と尋ねると，A子さんは「今の部活の友達，母親，担任の先生，養護教諭の支え」と次々とリソースを話す。ここで挙げられた人たちは「今の部活の友達」を除くとみんな『大人』である。なおかつこれがいじめの相談であることを考えると『大人』に相談できていることはA子さんのリソースだと考えた。

そこでSCが話を整理し，「あなたにはたくさん『大人』の味方がいるんだね」と再びコンプリメントする。A子さんはそれを聞いて少し黙りこんだ。

しばらくして，A子さんが「でも最近お母さんに言い返している」と話し始める。確かにA子さんも中学生で反抗期なので，そういったこともあるかと思い，それはどうなるのか尋ねると，A子さんは「ずっと言い返している」「互角」と答える。SCは驚いて，「あなた，4の強さなのに10のお母さんと互角にやりあっているの！」と話し，隣にいた養護教諭も「もう8か9になっているかもしれないね」とA子さんに伝える。A子さんは少しの沈黙の後，ポツンと「B子に言い返してみようかなあ」とつぶやく。

SCはこの発言にさらに驚いたが，A子本人の気持ちを尊重して「じゃあ，言い返してみようか。でも上手くいかなかったらすぐ言うんだよ」と伝える。A子は「はい」と元気に答え，面接を終えた。50分ほどの会話であった。

その後，数週間ほどして他の子の付き添いで中学校の相談室に来たA子さんは「B子さんを無視するようになった」と答える。SCが「無視できるようになったんだ」とリフレーミングすると，A子さんは笑って相談室を出ていった。

　このようにちょっとした会話でA子さんのお母さんの例外からキーワードを引き出し，スケーリング・クエスチョンを行い，リソースを探り，さらなる例外をみつけることで，A子さんの決意を引き出すことができた。このようにスクールカウンセリングや教育相談でブリーフセラピーを活用していくことが可能である。

Ⅲ　学校教育への活用事例

1．WOWW アプローチ

　その後も解決志向ブリーフセラピーについて勉強していく中で，WOWW アプローチをインスー先生のワークショップで知ることになる。

　WOWW（Working On What Works）アプローチ（Berg & Shilts, 2005）ではクラスの教育の質に働きかけ，教員と児童生徒の他にコーチが授業に参加する。コーチは児童生徒の授業態度を観察しコンプリメントを中心としたフィードバックを行う。その後，児童生徒が自ら授業態度に関する目標を作成し，コーチが主となり児童生徒間で授業態度を振り返り，改善を目指す。

　授業参観をして子どもをコンプリメントするという形のため行いやすく，始めはスクールカウンセラーでクラスに給食を食べに行ったときに，準備を見ながらコンプリメントをすることから始め，給食時のあいさつの最後にも続けてちょっと言ってみた。コンプリメントされると子どもたちは喜び，その行動を続けたり，他の子どもも「あれでいいのなら……」と真似し始める。クラス内に問題行動をする子どもがいるのであれば，そうでない，例外の行動をしているお子さんを取り上げてコンプリメントしていくと，自然と問題行動をしている子どもさんも「僕は？　私は？」となり始め，子どもたちが段々と良い授業態度になる。

　WOWW アプローチは日本や海外で実践され（Kelly et al., 2012 など），日本版の短いもの（黒沢・渡辺，2017）も作成されている。よかったらご活用していただきたい。

2．サポートグループ・アプローチ

　いじめや不登校などの介入法としてサポートグループ・アプローチ（八幡・黒沢，2015）が挙げられる。これはイギリスで実践が始まり（Young, 2009），いじめ問題を取り上げず，いじめ相談を行った子どもが学校でもっと楽しくなることに焦点を合わせた子どもたちによるグループ討議を行う。

　日本では八幡ら（2015）がピアサポートと解決志向アプローチのハイブリッド

モデルとしてサポートグループ・アプローチを作成し，実践している。教員だけでなく，子どもさんの力を借りて活用していくサポートグループ・アプローチは子どもたちの人間関係を再構築し，サポートすることにより子どもたち自身の成長を促し，それを教員がサポートしていくと考えられる。サポートグループ・アプローチはいじめ以外にも不登校にも活用され（八幡，2013），効果を上げている。他にも転校してきた子への実践も行われており（淺原，2016），こういった支援の可能性は多いにあると言える。

　この他にも普段の授業で使えるようなワークシート（黒沢，2012）も作成されており，ブリーフセラピーを学校教育に活用する取り組みは拡がり続けている。

Ⅳ　おわりに

　近年の教育現場は「チーム学校」（中央教育審議会，2015）に象徴されるような，一人で抱えていくのではなく，さまざまに連携しながら，子どもや学校自体を支えていく体制が整い始めている。そのような実践にブリーフセラピーが果たす役割は，これまで述べてきたように大きいと言える。教育相談から学級経営までさまざまな活用ができるので，できそうなところから試してみていただきたい。

　　文　　　献

淺原雅恵（2016）学級経営に生かす解決志向アプローチ．ブリーフサイコセラピー研究，25(1-2); 12-18.

Berg, I. K., & Shilts, L. (2005) Classroom solutions: WOWW coaching. Milwaukee, WI: BFTC Press.（ソリューション・ワーカーズ訳（2006）教室での解決―うまくいっていることを見つけよう！　コーチング編．BFTC Press.）

中央教育審議会（2015）チームとしての学校の在り方と今後の改善方策について（答申）https://www.mext.go.jp/b_menu/shingi/chukyo/chukyo0/toushin/1365657.htm（2020年1月31日閲覧）

de Jong, P., & Berg, I. K. (2012) Interviewing for Solutions, 4th Edition. Cengage Learning.（桐田弘江・玉真慎子・住吉祐子監（2016）解決のための面接技法［第4版］―ソリューション・フォーカストアプローチの手引き．金剛出版．）

Kelly, M. S., Liscio, M., Bluestone-Miller, R., & Shilts, L. (2012) Making classrooms more solution-focused for teachers and students: The WOWW teacher coaching intervention. In: Cynthia, F., Terry, S. T., Eric, E. M., & Wallace, J. G.: Solution-focused Brief Therapy a Handbook of Evidence-based Practice. New York: Oxford University Press.（長谷川啓三・生田倫子・日本ブリーフセラピー協会編訳（2013）解決志向ブリーフセラピーハンドブック―エビデンスに基づく研究と実践．金剛出版，pp.315-331.）

黒沢幸子（2012）ワークシートでブリーフセラピー（CD-ROM付き）―学校ですぐ使える解決志向&外在化の発想と技法．ほんの森出版．

黒沢幸子・渡辺友香（2017）解決志向のクラスづくり 完全マニュアル―チーム学校，みんな

で目指す最高のクラス！　ほんの森出版.

日本ブリーフサイコセラピー学会編（1996）ブリーフサイコセラピーの発展. 金剛出版.

相模健人・田中雄三（2000）スクールカウンセリングにおいて解決志向アプローチを用いた 2 事例. 九州神経精神医学, 46; 133-142.

八幡睦実（2013）サポートグループ・アプローチによる不登校事例への支援（月刊学校教育相談 2013 年 10 月号）. ほんの森出版.

八幡睦実・黒沢幸子（2015）サポートグループ・アプローチ完全マニュアル（月刊学校教育相談 2015 年 7 月増刊）. ほんの森出版.

Young, S. (2009) Solution-Focused Schools. Radala & Associates, Kings Langey.（黒沢幸子監訳（2012）学校で活かすいじめへの解決志向プログラム　個と集団の力を引き出す実践方法. 金子書房.）

第 **18** 章

産業メンタルヘルスにおける
ブリーフセラピーの使い方

松浦真澄

▌ I　はじめに

　我が国における職場のメンタルヘルス対策は，労働安全衛生法などによって法的・社会的に規定されており，産業保健活動の一環としておこなわれる[注1]。ブリーフセラピーは，この領域においても有効に実践されることが示唆されている（松浦・前場，2019；松浦・坊，2020）。本章では，産業メンタルヘルス対策の一般的な事例やブリーフセラピーの活用について述べることとする。なお，事例にある事業所や個人は複数のケースを合わせた創作であり，特定の企業や個人を述べるものではない。

▌ II　事例：保健師に泣いて相談した新入社員A美さん

1．職場のメンタルヘルス体制

　中堅製造業X社のY事業所は大都市圏にあり，約400名が勤務している。X社には社員の健康・安全や福利厚生を重んじる風土があり，Y事業所は特にその傾向が強い。

　Y事業所の産業保健専門スタッフは人事グループに所属する保健師が週5日間勤務しているほか，産業医が月に4回，心理職のMが月に2回訪問している。産業医が全体を統括しながら，保健師が全般的な業務をおこない，Mがメンタルへ

注1）その位置づけは，事業所の方針によって異なる。また，個々の事例によっても異なる場合がある。

ルスに関連する面談を担当している。なお，保健師はＸ社での勤続年数が長く，人事グループ以外の部門とも円滑なコミュニケーションが可能である。

2．初回面談までの経緯

①経緯

　２週間後に初回カウンセリングの予約が入っている経理部門のＡ美さん（20代・女性，地方国立大学卒，新卒入社１年目）について，保健師からＭに申し送りがあった。先日，「仕事ができずに周りに迷惑をかけている。申し訳ない」と涙ながらに相談があり，不眠・食欲不振のほか，不安・緊張がみられたためＭの面談が設定された。もともとは，体調不良を理由に休みがちとなったＡ美を心配したチームマネージャーから，健康管理室の利用を促されたのが相談のきっかけであった。

　Ｍは「そこの部署って，どんな状況のところなんですか？」と保健師に質問し，以下のとおり確認することができた。

- 部署内で中心的な役割を担っていた社員が今期から他部署に異動している
- 先月，Ａ美の指導担当であった社員が急に退職となり，その後の人員補充がなされていない
- 人員不足は明らかであり，部署全体の時間外労働は例年の同時期と比べ増加している
- Ａ美の他にも不調者が発生する可能性が危惧される部署である
- ただし，チームマネージャーらは堅実で穏やかな方たちであり，連携や協働は期待できる

　Ｍはさらに保健師に相談・質問をおこなった。その結果，保健師はこの状況を産業医に報告・相談し，人員不足への対処について人事グループ内で検討を提起するとともに，職場のチームマネージャーらからＡ美の様子を確認しておくこととなった。

　そして２週間後，Ａ美との初回面談の前に，保健師との打ち合わせにて以下のことが新たに確認された。Ｍは保健師の対応に労いと感謝の意を伝えた。

- Ａ美は新入社員としては十分に働くことができている
- Ａ美は素直で真面目過ぎるところがあるため，思い詰めていないか周囲は心配している

・指導担当者が退職して以降，Ａ美への指導が不十分であることが気になっているものの，具体的には何もできていないままである
・当該部署への人員補充について具体的な検討がなされることになった

②補　　説
　一見すると新入社員の職場不適応（適応障害）と見立てられる状況である。しかしMは，アセスメントの対象を周囲まで広げるため，保健師から職場の状況を教わった。そして職場との協働や人事上の対応（人員補充）について検討を開始している。限定的な勤務時間で活動するMにとって，保健師と協働できることは大きなメリットである。

3．Ａ美とMの初回面談

①初回面談の流れ
　Mは物静かに語るＡ美の話を，非言語レベルでも同調しながら落ち着いて静かに聞き始めた。そして徐々に身振りや声を大きくしたり冗談を絡めたりし，Ａ美の表情も少しずつほころんできていることを認識しながら，一通りの経過を確認した。以下はその直後のやりとりである。

　M：そうかぁ。社会人としての通過儀礼といいますか（Ａ美：微笑む）……，大人の世界の洗礼を受けながら……日々鍛錬……みたいな感じですかね。
　Ａ美：（微笑）はい，ほんとそんな感じです。
　M：頑張ってますねぇ。すごいなぁ。あれですよねぇ。新卒１年目は仕事がわからないのが当たり前だから，仕事を教わるのが仕事であって，言ってみれば迷惑かけることで将来につながっていくみたいなものですよね。会社も，むしろ「もうちょっと気楽にやってていいよ〜」ってところでしょう。とはいえ，急に先輩は辞めちゃったし，周りのお兄さん・お姉さん方は忙しくしてるし。
　Ａ美：そうなんです，みなさんすごく忙しそうで。
　M：そうですね。Ａ美さんの責任じゃないんだけれどね。気にはなりますよね。他の部署や事業所にいる同期の人たちは，もうちょっとのんびりしてるんじゃないかなぁ？
　Ａ美：あの，でも退職した先輩からは「少しずつ慣れてくれれば大丈夫」と言われていました。そういえば。
　M：あー，やっぱりそうですよね。Ｙ事業所は全体的にそんな雰囲気があるし。

　その後，Mは解決志向アプローチ（以下，SFA）に基づいた質問を重ねながら，業務について「新人の成長は組織が責任を負う課題である」という視点を説明した。そして組織的な対策を保健師やA美の上司らと一緒になって考えたいことをA美に伝え，同意を得た。

　A美との面談終了後，保健師とMの2名で職場との協働について打ち合わせをおこなった。近日中に保健師とA美の上司にあたるチームマネージャーのB夫とで協議することとした。

②補　　説

　初回面談では，A美の様子を注視しながら「仕事ができずに周りに迷惑をかけている」ことについて，「社会人としての通過儀礼」などの新たな意味づけをやや冗談交じりに提示している。そして「新人の成長は組織の課題」という観点を伝えることで，自責感のさらなる軽減を図ると同時に，職場との協働について同意を得ている。

4．A美の上司B夫と保健師との合同面談およびその後の経過

①B夫と保健師との合同面談

　A美との初回面談から2週間後に，B夫・保健師・Mの合同面談がおこなわれた。B夫からは，A美の肯定的な変化のほか，保健師からの連絡をうけて以降，A美の始業時・終業時に声かけをして1日の予定や振り返りをおこなっていること，他のスタッフからも積極的に声をかけるようにしていることが報告された。しかし，B夫の表情は硬く，話し方もどこかよそよそしい様子であった。Mと保健師は多忙な状況で対応に工夫をしていることに敬意と労いの気持ちを伝えた後，以下のようにコメントした。

　M：こんなことを私たちが言うのはおかしなことかもしれないですけど，A美さんへの対応が，ただでさえ多忙な状況にある皆さんに過剰な負担とならないようなご相談もできればと思っています。「コスト適正化」といいますか。
　保健師：そうそう，そうですよね。
　B夫：（パッと表情が明るくなって）いや，そう言っていただけるとこちらも助かります。ご存知の通り1名欠員のままですので，正直なところ，かなり参ってまして。実際，他の社員のことも心配で。
　保健師：本当，そうですよ。B夫さんのところはみんな真面目だから黙々と仕

　　事しているけどね。みなさんの健康も大事ですから。
　　B夫：人員補充の目途も（保健師：笑顔で頷く）たちましたから，なんとか次
　　　の繁忙期までに体制を立て直そうと。

　そして，A美への関わりでうまくいっている部分を中心に再確認し，職場の状
況に応じた工夫のアイデアを話し合った。B夫は，この内容を持ち帰って職場に
展開したいと話した。終了後，保健師は「B夫さんは穏やかな方なんですけど，
とっても固いというか融通がきかない印象があって，実をいうと私は苦手だった
んです。でも今日はスムーズに話ができてよかったです」と笑顔で話していた。

②その後の経過

　さらに2週間後，A美を交えての合同面接がおこなわれ，A美の体調も職場の
状況も共に改善傾向にあることが確認された。その後，A美とMの個別面談は2
回目で一旦の終了となり，必要に応じて保健師が適時フォローすることとなった。
部署全体の時間外労働時間も減少傾向に転じ，その後の繁忙期も無事に経過した
ことが確認された。

③補　　説

　多くのマネージャー職は，限られた予算・人員のなかで高い成果を上げること
を求められながら，自身もプレイヤーとして業務にあたっている。その人柄も重
なって，B夫にも相当なストレスがあったと思慮される。そのような状況で，A
美への対応を打診することが，総合的な職場の状況を悪化させることや，「健康管
理」の観点を一方的に押し付けるかのように伝わってしまうことは避けたい。
　Mは，B夫の様子からA美への支援と部署全体の管理との調整に苦心している
可能性を想定し，B夫の心情に配慮した。コメントを伝えている。そうすること
で，より納得感を持って，部署がおこなうべき対応を適正化することにつなげる
ことができたと考えられる。

　本事例では，「問題」となったA美個人への関わりだけでなく，保健師と協働す
ることによりB夫とのコンサルテーションを通した当該部署への関わり，さらに
は人員不足の解消についての人事的な対応にも早期に対処するなど，多面的・多
層的な介入を通して解決に至ったと捉えることができる。なお，当然ながらこの
間の経緯は産業医にも報告をし，適時助言を受けて進められている。

Ⅲ　産業メンタルヘルスの特徴とブリーフセラピー

　産業メンタルヘルス対策は予防を重視しているため，疾病や不調を抱えていない健康な個人も対象となる（1次予防）。近年では健康増進や生産性向上などポジティブな側面も重視されており，SFA などブリーフセラピーの観点・関わりが一層活用されやすい状況にある[注2]。また，相談への動機づけが不十分な労働者へのアプローチや，管理職等へのコンサルテーションも必要となるため，SFA のいう治療関係のアセスメント（足立，2019）や，システム論による関わり（松浦，2019）が役に立つ。

　労働者個人の問題は職場組織と相互に影響しており，問題の認識は個々によって異なるものである。A美の事例で明らかなように，アセスメントや支援の対象を周辺にまで広げ，そのネットワークにある相互作用に着目し，有効と思われる側面への介入を試みることとなる。実際には支援の対象となる組織も一体となり，ときには当該組織が中心となって，解決に取り組むのである。組織図上にない非公式なネットワークが活用される場合もある。

　同時に，支援をおこなう側も「個」で考えるのではない。上記の事例では紙面の都合で大幅に省略しているが，支援者のネットワークを常に意識し，適切な役割分担や協働をおこなうこととなる（実際には，被支援者のネットワークと支援者のネットワークに境界線はないのかもしれない）。このような状況で効果的に活動するためには，システム論の観点やアプローチは必須であろう[注3]。

　専門性だけでなく当該組織における役割・責任・立場が異なる多職種・多部門が協働するため，コンセンサスを構築するうえでの配慮や工夫を要する場合がある。産業保健および人事労務に関連する法的・社会的な観点を前提として，その時々の状況に応じた実務レベルに落とし込むことが現実的かつ重要である。

　しかしながら，いわゆる対人援助職や医療職と呼ばれる私たちにとって，産業保健や人事労務の枠組みは必ずしも馴染み深いものではなく，ときに狭義の「臨床」とは相容れないものとして映るかもしれない。さらには具体的な産業保健の

注2）組織への SFBT の活用については，Jackson, P. Z. と Mckergow, M.（2007）などを参照のこと。

注3）我が国にける EAP の先駆者であり，集団において個と全体とが調和するように動くことが必要であると説いてきた久能徹は，目の前で起きている事象が組織全体の中でどのような意味を持つのかを想像しながら関わることの重要性を近著にて改めて述べている（久能，2019）。

体制や基本方針，背景にある文化・慣習等は，組織によってさまざまである。そのため，私たち支援者は各組織の枠組みにジョイニングし，自身の役割・位置づけを意識したうえでそれを積極的に利用（児島，2009）しつつ，個人や組織との関係で教わり・協働する姿勢が不可欠と言えよう。

Ⅳ　おわりに

　この領域の特徴としては，上記のほか「短期間で現実的な問題解決を求められる」「組織を対象とする」「さまざまな法規が関連する」なども挙げられる。これらは，心理臨床の専門家からしばしば「産業メンタルヘルスの難しさ」と評される要素である。しかし，そこにブリーフセラピーの観点が交わると，これらはむしろ，支援活動を展開するためのリソースにさえ見えてくるのではないだろうか。今後，社会の変化にともなって多様化していく産業メンタルヘルス対策に，ブリーフセラピーが一層活用されることが期待される。

文　献

足立智昭（2019）産業心理臨床における心理療法2―ブリーフセラピー．In：野島一彦・繁枡算男監修，新田泰生編：産業・組織心理学．遠見書房，pp.198-212.

Jackson, P. Z., & Mckergow, M. (2007) The Solution Focus: Making Coaching and Change SIMPLE, 2nd Edition. London and Boston: Nicholas Brealey Publishing.（青木安輝訳（2008）組織の成果に直結する問題解決法ソリューション・フォーカス．ダイヤモンド社．）

児島達美（2009）心理〈相談〉に固有のアセスメントは存在するか？　In：吉川悟編：システム論からみた援助組織の協働―組織のメタ・アセスメント．金剛出版，pp.243-250.

久能徹（2019）心理臨床覚書 第一集 心理臨床の四つの位相．国際産業心理研究所．

松浦真澄（2019）組織へのコンサルテーションと心理教育．In：野島一彦・繁枡算男監修，新田泰生編：産業・組織心理学．遠見書房，pp.134-146.

松浦真澄・前場康介（2019）産業心理臨床におけるブリーフサイコセラピーの貢献可能性―テーマ選択と治療的の会話に着目して．ブリーフサイコセラピー研究，27(2); 37-49.

松浦真澄・坊隆史（2020）産業メンタルヘルスにおけるブリーフセラピーの有用性．東京理科大学紀要，52; 121-136.

第 19 章

司法におけるブリーフセラピーの使い方

菊池安希子

I　はじめに

　司法矯正領域の入所施設におけるサイコセラピーの特徴は，その場が刑務所であれ，少年院，司法精神科であれ，セラピスト（以下，Th）が二重の役割を背負っていることにある（菊池，2018）。筆者が関わっている司法精神科でいえば，Th は「退院を目指して協働する支援者」かつ「退院基準を満たしているかどうかについて裁判所に意見を提出し，結果的に退院を妨げる（あるいは促す）影響力のある存在」である。

　司法精神科に入院させられている対象者は，自分から援助を求めてきたわけではない。人を傷つけた行為に対して，「なんてことをしてしまったんだ」と当初から思っている者もいるが，「病気じゃないのに病気扱いされている（怒）」「○○が悪いのに，どうして自分が閉じ込められるのか（怒）」という気持ちを抱えていることも多い。だからといって，変わりたい気持ちが皆無というわけでもない。司法精神科とは，二律背反的立場のセラピストが，変わりたいけど変えられたくない両価的な対象者に出会う場なのである。関係構築に苦労する場合がそれなりにあるのも不思議はない。

II　司法領域におけるブリーフサイコセラピーの活用

　非自発的な処遇をするからには，「（いわゆる）エビデンスのある介入を」というのが当節の流れであり，筆者はブリーフサイコセラピーの中でも認知行動療法（第 8 章）や EMDR（第 12 章）を活用することが多い。とはいえ，先述のように「変えられたくない」対象者たちは，そういった輪郭の明瞭な治療法の枠組みにあえて乗ってこようとしないこともままある。関係構築にじっくり時間をかける

のも一計であるが，表向き「抵抗」のように見える現象ですら，そうと思わずに
対応させてくれるのがエリクソニアンの視点（第3章）である。以下には事例寸
描と，ごく短い解説，介入のヒントを与えてくれたエリクソンの事例を引用した
い（事例寸描は当事者に公表の同意を得ているが，プライバシーの観点から一部
改変と事例の統合をした）。

事例寸描 I

　40代の男性Aさん，診断は双極性障害。
　Aさんは作業療法で使う彫刻刀を病室に持ち帰ったりして病棟内ルールを軽視
する傾向があった。女性患者Bさんとトイレにこもったりするのでスタッフが注
意すると「恋愛は自由だ！」と怒り出して耳を貸さない。恋愛の盛り上がりと共
に言動が荒れ，暴力的な病状再燃につながることが懸念された。Aさんは婚姻届
を入手しようとしていたが，過去の結婚では妻に暴力をふるっていたことがスタ
ッフを心配させた。
　心理面接中，「みんなしてうるせぇんだ！」と息まくAさんに，Thは「でも好
きな人がいるって素敵ですよね」と語りかけた。いぶかしげに見つめるAさんの
前でThは右斜め上空を遠い目で見つめながら話した。「結婚まで考えてるんです
ね。結婚……家に帰った時に誰かがいるっていいですよね。夕食，食べるかどう
か電話入れておいたりして。気遣いもね，やっぱり大事だから。何時に帰るとか。
家事は得意ですか？［Aさん：うなずく］　いいですね。ゴミ出しはどっちがする
のかしら？［Aさん：固まる］　分別の仕方も住む場所で違うんで，いちいち面
倒くさくって。ゴミ出し当番は，生活の時間帯によるかもしれませんね。二人の
時間帯が違うと調整もしなきゃならないし……。全体的には，どっちが好みです
か？　自分が全部仕切って引っ張っていくというか，全責任を背負うっていうの
と。でも尻に敷かれた方が楽っていうタイプの人もいますね。そうなるとお金の
管理はやっぱりお小遣い制でしょうか。一つひとつ決めることがいろいろあり
ますね……（延々）」。Thは我に返り，「では先週の続きをしましょう」と双極性障
害の認知行動療法へと戻っていった。
　Aさんはその後も時々，共有エリアでBさんと一緒に座っている姿が見られた
りしていたので，つきあいは続いていたのかもしれない。恋愛のことでスタッフ
と揉めることはなくなり，退院後も結婚したという話は聞かない。

解　　説

　怒りっぽいAさんであったが，怒りのマネジメントには関心がなかった。自分
の時間をこよなく愛し，人に何か言われたくない，面倒くさがり屋のAさんらし

さを利用 utilize した。

ヒント事例

　若かりしジェフリー・ザイク Zeig, J. は熱心なパイプ愛好家で，特別ブレンドの葉を高価なパイプに詰めて楽しむスマートな自分のイメージが気に入っていた。そんな彼にエリクソンはパイプ愛好家の友人の話を始めた。その友人はぎこちなかった。なぜなら，パイプを口のどの部分でくわえたらいいかもわかっていなかったからだ。口の真ん中にすべきなのか，真ん中から 1 cm ほど右がいいのか，それとも 1 cm ほど左がいいのか，わからなかった。彼はぎこちなかった。タバコの葉をどうやって詰めたらいいかもわからなかった。パイプ道具を使うべきなのか？　親指を使うべきなのか？　人差し指にすべきなのか？　彼はぎこちなかった。なぜこんな話を聞かせるんだろう？　といぶかしむザイクをよそにエリクソンはさらに話を続けた。翌日，帰宅したザイクがパイプをくゆらそうとすると，もはやその気になれないことに気づいた。その後，パイプをくわえることは二度となかった（Zeig, 2006；訳と要約は筆者）。

事例寸描 II

　30 代の男性 C さん，診断は統合失調症。

　C さんは幼少期に母親が家を出て行き，父親に殴られて育った。男性との関係で困難を抱えやすく，殺人未遂事件を起こしたこともある。父が亡くなり戻ってきた母親は，実の母親ではなく，偽物ではないかと疑っていた。具合が悪くなるとその確信が高まり，家具の中から母親の罵り声が聞こえ，C さんは母親を殴った。入院して薬をのみ，認知行動療法の中で証拠集めに励んでいるうちに，どうも母親は本物らしいことがわかってきた。そうなると母親に対して申し訳なさと，今までの分も依存したいような怒りとも甘えともつかない気持が出てきた。退院後の母親との関係をどうしたらいいのか考えようにも，何が普通かよくわからないのだった。Th はサーベイ（認知行動療法技法の 1 つ）を提案した。30 代の自立した独身男性たちに，母親とどのくらいの頻度で会っているかを調査するのである。調査項目を決め，入院中なので対象は男性看護師にして，Th はスタッフ会議で調査の予告をした。C さんは恐る恐る 10 人の看護師にインタビューを決行した。途中からは慣れてきて，決めた項目以外の質問もしてみたという。C さんが驚いたことに 1 年に 1 回くらいしか母親に会っていない人が何人もいた。親との関係の良い人も悪い人もいた。結局，退院後は母親に月に一度，会うことに決めた。依存心が暴走しないように，援助職のいるところで会うことにしたのである。C さんは男性援助職にも相談ができるようになっていた。

解　　説

　課題は認知行動療法のホームワークだったが，マルチレベルに効果がありそうなものにした。表層の目的は「何が普通かを調査する」だが，男性職員に話すことにも慣れると予想された。影響はそれ以上だった。自分の苦労を小出しにして話し，質問を追加しながら，それを複数の同世代の同性に受け入れてもらえたことが何かを癒した様子である。自信がつき，「自分だけがなぜ？」という恨みのようなものが消えていた。

　ヒント事例

　うつ状態の叔母が自殺するのではないかと心配した甥の求めに従い，エリクソンが女性を訪問した。女性は車椅子に乗り，教会に行く以外は家に引きこもっていた。家の案内をしてもらうと，陰鬱な家の中に，色とりどりのアフリカすみれが咲いていた。アフリカすみれは繊細な植物だが，ずいぶんと手入れがされているらしかった。「あなたの問題がわかりました。あなたにはキリスト教徒としての信心が欠けているようですね」とエリクソンは優しく言った。「あなたにはアフリカすみれを育てるという素晴らしい才能がある。なのに，それを自分のためだけに使っている。私があなたなら，教会の信者に赤ん坊が生まれた時や，結婚式や葬式や記念日などがあったら，そのたびに，この美しいアフリカすみれを贈り物として届けます」。エリクソンがその女性に会ったのはその時だけだった。25年後，学生にその話をしていた彼は新聞の切り抜きを取り出して読み上げた。見出しには「ミルウォーキーのアフリカすみれの女王，死す……何千人もが哀悼の意を表する」と書いてあった（Rosen, 1982；訳と要約は筆者）。

Ⅲ　司法矯正領域におけるブリーフサイコセラピーの意義

　症例の物語は多義的である。エリクソンの事例は，ひょいと心に浮かぶたびに違う部分がクローズアップされ，アプローチを選ぶ時の指針をくれる。たとえば本章で挙げたアフリカすみれの症例は，マルチレベル・コミュニケーションのアイデアだけでなく，ストレングスへの焦点化を促してくれたり，解決のためには原因の探求は必要ないことを思い出させてくれたりする。

　ブリーフサイコセラピーの源流たるエリクソンは治療モデルをつくらなかった。間接的アプローチで知られるが直接介入もしたし，現在－未来志向と言われるが過去の記憶を扱った症例も残っている。そのやり方を学ぼうとすると混乱しそうになるが，行き当たりばったりの介入というわけではない。クライエントの独自性の数だけアプローチを工夫するということだ。多様性の利点は，柔軟性か

もしれない。おかげでブリーフサイコセラピーの多くは，治療モデルの明確なアプローチと組み合わせても相性が良い。

　司法矯正領域では，非自発的入所という時点で，プロクラスティスの寝台に対象者をはめこんでいる。その自覚のもと，せめて，対象者の独自性に合わせて寝台の長さや幅を変えられるようでありたい。ブリーフサイコセラピーはそのための手がかりを与えてくれる。

文　献

菊池安希子（2018）触法精神障がい者のリカバリー（特集 リカバリーを考える―危機を乗り越え，自己実現する当事者をどう支援するか）．精神保健研究，64; 21-26.

Rosen, S. (1982) My Voice Will Go with You: The Teaching Tales of Milton H. Erickson. New York: Norton.（中野善行・青木省三訳（1993）私の声はあなたとともに―ミルトン・エリクソンの癒やしのストーリー．二弊社.）

Zeig, J. K. (2006) Confluence: Selected Papers of Jeffery K. Zeig. Zeig, Tucker & Theisen, Phoenix.

第 **20** 章

福祉（行政サービス）における
ブリーフセラピーの使い方

野坂達志

I　はじめに

　筆者は精神科病院で長く精神保健福祉士として働いた後で，行政の産業保健担当監（公認心理師）に転職した。もともと精神分析や集団療法，生活臨床を学んでいたことや，約 25 年前より東豊先生からシステムズアプローチを教わっていたこともあり，福祉職から心理職に転向することに全く躊躇はなかった。

II　福祉の仕事と申請主義

　最初に福祉の仕事を簡単に説明しよう。人は生きるなかで，さまざまな困難に直面する。例えば，失業・障害・疾病・要介護・子育て・虐待，近年だと災害被災もある。そしてこれらの困難は 1 つだけでも苦しいが，ときに「親の介護＋自分の失業＋子どもの難病」のように重複することもある。そうなれば経済的にも精神的にも身体的にも「もう，やっていけない」状況になる。そうなった時には，すぐに最寄りの役所の「福祉窓口」や「社会福祉協議会」，あるいは民生委員に相談して欲しい。抱えている困難のすべてを解決することはできないかもしれないが，「生活保護（日本国憲法第 25 条に基づく生存権保障）」，「高齢者福祉（介護保険）」，「障害者福祉（身体・知的・精神）」，「児童福祉」などの社会福祉制度や年金や手当，貸付制度のいずれかが対象となるかもしれない。

　そして最も重要なことは，我が国の社会保障・社会福祉諸制度上の諸給付は，多くの場合で受給資格者からの受給申請を待ち，受給資格の有無を審査し，資格があれば給付するという「申請主義」であるということだ。つまり受給要件に該当

していても，自分で申請しない限りは受給に至らないのである。その方法は「①自分で気づき，申請する」，または「②身近な人が情報提供をし，本人が申請する」のどちらかである。

Ⅲ　職種ごとの「物の見方と考え方」の違い

　能力・資質を担保するのが国家資格である。しかし身体の病気と違って「心の問題」は，血液検査や画像検査等で診断や見立てができるものではない。極端なことを言えば，セラピストごとに見立てが異なるため，おのずと助言や指導，介入方法が異なることになる。

　それは決して悪いことではない。たとえば登山ルートにしても初級者用と上級者用があるように，登頂に「この道しかない」ということはないのである。しかしながら登山者（クライエント）の力量や天候，同行者（チーム）の有無を把握したうえでルートの選択（指導・介入・治療）をしないと，重大な遭難事故となるだろう。

　医学モデルに準拠する医療系資格者（医師・保健師・公認心理師等）は，その点比較的「物の見方や考え方」は近いと思われる。しかし福祉系資格者（社会福祉士・精神保健福祉士等）は，「生活上の問題は自己責任というより，社会に解決すべき責任がある『社会問題』である」と考えるように教育されており（生活モデル），一緒に支援活動を行う場合に方向性を巡り対立が起こることもある。そこで「物の見方と考え方」はそれぞれであり，自分の見え方・価値観・支援法が必ずしも正しいとは限らないということを肝に銘じておくのがよい。それが心理職と福祉職のみならず，教育現場とのコラボレーションで役にたつ。誰が正しくて，誰が間違っているというわけではない。ただ「仕事の流儀」が違うのである。

Ⅳ　システムズアプローチの基本的な考え方

　次にシステムズアプローチについて説明する。
①「円環的思考」を採用する
　　物事はどちらか一方が悪いということよりは，相互作用（お互い様）で起こることが多い。
②「問題維持システム（悪循環）」を知る
　　問題解決を図る努力こそが，逆に問題維持に働いている可能性がある。

③「問題」の定義

まず誰かが「問題」と認識し，本人も含めて周囲がそれを共有することで生じるのである。

④社会構成主義（会話により現実は作られる）

援助者が相手の語る何に関心を持つかということが，相手にそれを多く語らせ，多く語ったものが現実として捉えられる。人は聞かれるから答え，答えるなかで気づくのである。

▎Ｖ　援助のポイント

①観察力を身につける

頷き方，視線の移動，表情，仕草，声の大きさと高低，髪型，服装，アクセサリー，香水等。さらには前回との差異も大切な情報となる。

②「誰が困っているのか」を明確にする

「息子が不登校で困っています」と，母親が来談したとする。しかし本当は，両親と子どもが全く困らないので見かねた祖母が「相談に行きなさい」と命じたのかもしれない。もちろん「困っていない」人に働きかけても効果はない。

③「事実」と「解釈（想像）」を区別する

事例検討会で「父が権威的」「母が過干渉」と記載された資料を目にする。しかしこれらは「事実」ではなく，支援者の恣意的な解釈である。だからベテランが対応すれば，全く違う解釈になることが多い。さらに「～と父が語った」の「誰が」の部分は，重要なポイントである。

④文脈で意味は変わる

文脈とは「関係や状況に規定される意味」である。例えば「（定型）うつ病の人に，頑張れと励ましてはならない」という定説がある。これは「（定型）うつ病」になる人の病前性格は真面目で几帳面であるから，すでに頑張っている。その人に対してさらに「頑張れ」と励ますことは，「頑張っていることが認めてもらえない」「これ以上は頑張れないから，死ねということか」と意味が変わるのだ。

⑤ジョイニング

効果的な援助をしたければ，家族システムへ「お仲間入り」をさせてもらうことだ。それには家族一人ひとりの「雰囲気」「動き」「言い分」「呼吸」「ルール」「価値観」「話す内容」等にこちらから合わせる必要がある。

⑥リフレーミング（違う枠組みを提示する）

　否定的な視点で物事を見ている来談者に対して，行動の中の肯定的な部分を見つけ出し，そこに焦点を当てて拡大することを言う。

Ⅵ　行政職員として心掛けていること

①行政窓口と相性が悪いからと言って……

　Ａ病院と合わないから，Ｂ病院に替えるということは時にある。しかし住所地の役所職員と相性が合わないから，あるいは福祉サービスが隣街のほうがいいから引っ越すというのは大変だ。だから他所を選択しづらい状況に胡坐をかくのではなく，「声なき声を誠実に拾う」力量と覚悟が大切だ。

②嫌な支援方法，嫌な話題は何かと訊ねる

　初期に「以前の相談でこういう援助は助かったということ，逆に嫌だったことがあれば教えてください」と訊ねてみる。これだけで相手の感じ方，価値観が分かり，支援の精度が向上する。

③伝わらない時は，言葉や説明を換える

　こちらの説明が相手に理解してもらえているか否かは，相手の視線や頷き，表情といった非言語的情報で判断する。反応が鈍ければ，「ジョイニングの失敗」，「相手のニーズの読み間違い」，「伝えるタイミングが早すぎた」，または「伝え方が悪い」などの原因が考えられる。また言葉の選択以外にも，絵・表・グラフなどの「見える化」等の工夫をするのもよい。

④説明は簡潔明瞭に

　時間をかけて説明すれば，必ず相手は理解すると信じている「勘違い」な支援者も存在する。しかし実際には，「会話を長く記憶することが苦手な人」もいる。その場合は，時間をかけた説明は相手に苦痛を与えるだけであり，簡潔明瞭が喜ばれる。筆者はポイントをメモに箇条書きし，それを示して説明している。もちろんメモはそのまま持ち帰り，再度読み返すか，あるいは家族にも読んでもらうことを勧めている。

⑤問題や欠点よりも資源や例外・工夫を探る

　問題を抱えつつも今日まで乗り切ってきたという「事実」に着目し，その「工夫」は何か，問題の起きなかった日に何があったのか（例外）を尋ねてみる。さらに知識，友人，信念，行動，勇気，ネットワーク，家族などにこちらが深く関心を示すことは，「自己効力感」に気づかせることでもある。

⑥危機管理

　ブリーフセラピーの介入は，短期で問題（行動）が解決することから，「妖しい（怪しい）」と思われている。また介入も「意外な」質問（行動処方）が用いられやすく，介入が失敗した場合には大きな非難を招きやすい。そこで危機管理の視点は重要なポイントである。

・ 支援で効果があったこと，なかったことを整理。
・ 繰り返される悪循環のパターンは何か。
・ 本人の考える解決はどういうものか。
・ 各支援者の考える解決はそれぞれ何か。
・ 介入の失敗は「　　」というリスクである。
・ 失敗を想定した failsafe を構築する。
・ 報告・連絡・相談を確実にしているか。
・ ケースを自分だけで抱えていないか（連携）。
・ 介入は法律上も倫理上も妥当なものか。

▍Ⅶ　事例1：相手の立つ瀬を考える

出会い

　ある日のこと，虐待相談窓口から筆者に救援要請があった。「子どもに殴られた」と相談に来たA女（60代）が，相談途中で「私の苦労が分かってもらえない」と激怒しているという。さっそく駆けつけた。

家族の事情

　夫婦には子どもがなく，40代を過ぎてから遠縁の男の子を養子に迎えたらしい。それがB男である。夫婦は豊かな暮らしではなかったが「我が子ができた」と大喜びで，毎日生野菜と味噌汁を欠かさず，とにかく大切に育てあげた。そうやってB男は無事に高校を卒業したのだった。

突然の暴力

　地元企業に就職をしたB男だったが，半年後に事件は起きた。A女からの普段通りの声かけにB男の表情が一変し，「うるさい。ババア！」と，3発頭部を殴ったのだ。

虐待は繰り返すという定説

　突然の暴力に，裸足で近所の家に非難したＡ女は，そこで朝まで過ごし，翌朝には行政の虐待相談に行こうと考えた。その理由は，実はＢ男の実の父親は母親とＢ男に繰り返し暴力を振るっていた。そしてＡ女は，『虐待された子どもは，我が子にも虐待する』という内容のテレビ番組を見たことがあり，Ｂ男の将来がとても不安になったのである。

被害者なのに，なぜ私が叱られるの！

　窓口職員は驚いた。ふつう虐待相談に来る人は，叩かれた恐怖を話すことが多いのに，Ａ女は「いかにＢ男に愛情を注いできたか」という内容を嬉々として語り始めたからだ。職員は１時間経過しても内容が全く変わらないのでやむなくＡ女の話を止めて，次の助言をした。

　・　Ｂ男への過干渉は，やめたほうがいい。
　・　再び暴力があれば警察に保護を求めて欲しい。

Ａ女の立つ瀬

　Ａ女の頭の中は不安が占拠しており，相談員の（一般的な）助言は入るどころか炎上した。
　①虐待されたＢ男には，他所の何十倍もの愛情を注いできた。それを今会ったばかりの相談員に「過干渉」と言われる筋合いはない。
　②警察に通報することは，Ｂ男を見捨てることである。実の親に捨てられ，育ての親にも捨てられる。そんな酷いことができるはずがない。
　　Ａ女の「立つ瀬」を考えれば，「Ｂ男への関わり方を過干渉と定義すること」，「警察に助けを求めること」の２つの指示は，Ａ女にとって到底納得できる助言ではなかったのだ。

筆者がＡ女に伝えたこと（救援）

　①Ａ女へのジョイニング・共感（その状況なら誰でもそうなる。そりゃ当たり前や）
　②相談窓口の助言を完全否定（そんな話聞かんでもよろしい。親の苦労も分らんと）
　③暴力の意味をリフレーム（子育ては完璧だった。しかし今後は「子離れ」が課題。暴力は愛情の裏返しの場合もあるが，子離れの時期のサインかも。と

にかく今は離れにゃならん）

④課題提示（他所の10倍愛情かけた以上は，子離れは20倍つらいと思います！）

⑤動機づけ（子離れは，子育ての総仕上げ。寂しく，つらいけど，これをせにゃ終わらん）

⑥関係性の維持（A女が繰り返すキーワード,「我慢」「やり過ぎ」「幸せ」を見つけ，こちらもそれを使っていく）

⑦リスク管理（再度暴力があった時の避難先と対応，夫への協力要請，状況把握の方法）

⑧具体的な行動指示（夜7時過ぎればB男を待たず食事・入浴し，用件はメールで）

結　果

　コミュニケーション方法を直接的な言語から，文字（メールまたはメモ）に変更してもらった結果，暴力はピタリとなくなった。その後の経過報告は随時別の相談員に，筆者との面談は半年に1回と決めてフォローをしていた。2年後，B男がアパート生活をするために家を出た際は，A女は再び干渉（感傷）的になったが，筆者は「どうやって子離れを続けていますか？」と工夫を尋ねてみた。すると部屋の壁に「過ぎたるは及ばざるが如し」と書いて貼っていますという。しかしA女の動揺はそれだけでは収まらないと思い，近くのパン屋で働くことを提案してみた。もちろん本人のプライドを尊重して，働く理由はあくまでも「家計を助ける」ことである。A女は今でも働いている。

まとめ

　全体を通して，以下のポイントをあげておく。

①まずは信頼関係，必ず掴んだ上で提案をする。

②良い関係は動機を高め，変化を可能にする。

③短所も文脈次第では長所となり得る。

④非論理的であっても相手の物の見方こそが現実。

⑤叱らない，怒らない。

⑥相手の立場で，相手の利益を理解する。

⑦褒める，のせる，興味を持つ，感心する。

⑧失敗は，こちらのミス。成功は相手の手柄という心意気。

文　　献

野坂達志・大西勝編（2007）孤立を防ぐ精神科援助職のためのチーム医療読本―臨床サービスのビジネスマナー．金剛出版．
野坂達志（2014）新訂統合失調症者とのつきあい方―対人援助職の仕事術．金剛出版．

第 **21** 章
子ども家庭福祉領域における
ブリーフセラピーの使い方

衣斐哲臣

▌ I　子ども家庭福祉領域に役立つ枠組み

　子ども家庭福祉に限らず子どもを対象とする臨床においては，子ども個人のみを対象とすることは少なく，子どもを取り巻く家族をはじめ，保育者・教師，関係機関など複数の人々を視野に入れて関わることが多い。その際に役立つ枠組みが，システム論的なものの見方であり，ブリーフセラピーの考え方や技法である。

　基本は，対象者とよい援助関係を作り，子どもを含む対象者相互の関係性に焦点を当てる。原因－結果の直線的思考や過去志向的な原因追及よりも，子どもを巡って起きているコミュニケーションを円環的に捉える。そして，未来および解決志向的に関わりを変えていくことに主眼を置いたアプローチである。これを援助的な対話の中で展開させる。

　筆者の臨床事始めは病院心理臨床で 15 年間続いた。そのうち 14 年間は，主に力動論的な個人療法中心の問題志向的なアプローチだった。その後，児童相談所に転職したが，転職前の１年間をシステム論とともに過ごしたと言っていいほど没入した。すると，システム論のメガネをかけたことで，これまでの病院の面接室の１対１の個人面接の景色が大きく変わることを経験した。

　それは，個人と出会ってはいるが，常にその個人の家族や関係者を含む全体の関係性の一部分として，今ここで面接を行っているという認識をもって，筆者自身がその対人関係（相互作用）に影響を与えうるポジションにいるという見方である。巨視的に俯瞰しつつ，目の前の相互作用を微視的に扱うイメージである。

　まして，児童相談所の現場は，チームで動き，複数の人や関係機関が関わるため，ますますそのメガネが手放せなくなると同時に，メガネの精度を高め続ける

必要があった。そして何よりも，自分自身が児童相談所システムの一員として溶け込むのに有用だった。面接スタイルも変わった。

　そんな個人的転機もあり，とくに児童相談所および児童福祉領域には，このシステム論的な見方がもっともフィットすると思って実践してきた。そのうえにブリーフセラピーの技法を用いることで，もちろん万能ではないが，実務的で効果的な援助が展開しやすくなった。援助は対話をとおして進む。その対話の進め方こそが，相手の関係性に影響を与え，ドミナント（優勢な）・ストーリーをオルタナティヴ（代替の）・ストーリーに変えていく。どんなストーリーになるかはわからないが，対人援助の対話の一端は援助者が担うものであり，一定のリードを果たす責任がある。

　ここで1つの事例を紹介する。本事例の現場は，児童福祉ではなく学校であるが，子どもに関わるブリーフセラピー型の事例としてお読みいただきたい。対話を中心に描写し，若干の解説を加える。なお事例は，事実に基づくが個人を特定しないために修正している。

▌Ⅱ　事　　例

1．事例の概要と母との対話（衣斐［2016］参照）

　ある震災後の緊急被災支援のスクールカウンセラー（以下，SC）として現地に赴いた小学校で小1女児（A子）の母と面接した。教師からの事前情報では，母は普段から不安が高く担任への訴えも多く，A子に対する注意叱責が過剰で，学校としても気になる保護者であった。面接は1時間。1回限りの面接である。この状況でのSCの役割は，時間内で面接し必要なことはあとに引き継ぐことだった。

　最初の数分間で，挨拶を交わしジョイニングを意図しながら，被災状況等について情報収集を行った。幸い，被害は最小限だった。母はフレンドリーだが，矢継ぎ早に話し，話しぶりには余裕の無さが窺えた。このときの筆者の基本姿勢は，教師からの事前情報も頭の片隅にはあるが，相手を否定しない，そして言動にはその人なりの事情や思いがあることを尊重する，であった。そのうえで，相手の話のなかに，支配され停滞させているドミナントな思いが見えれば静かにチャレンジするという気持ちであった。

　母のペースに合わせて面接を進めるなか，以下のようなやりとりになった。（「　」は母の言葉，〈　〉は筆者の言葉。下線部分はあとの解説で触れる）
　「最近，A子のわがままがひどくなって3歳の弟をいじめるんです」

〈ほぉ，……最近と言いますと……〉

「前からあったんですが，地震の後，とくにひどくなってきた気がします」

〈それはお困りですよねぇ。そんなとき，お母さんはどうされているんですか？〉

「やめなさいって言うんですけど，言うとまた余計にやるんです」

〈なるほど，効果がないんですね〉

「はい……，昨日は，家にままごとハウスがあるんですけど，その中に弟を閉じ込めて，『地震だぁ〜』と言って外から大きく揺らしてるんです。弟が怖かるのを喜んでるようにも見えます」

　母は，ひどいでしょ！と言わんばかりに眉をひそめて言った。筆者は少し考えた後，つないで言った。

〈なるほど……，東日本大震災のときの“津波ごっこ”のようですね〉

「津波ごっこ？……ですか」

　母は，“津波ごっこ”のことは知らないようであった。そこで続けた。

〈子どもたちが，遊びとして『津波だぁ，逃げろ〜』とかやるわけです。それは，子どもたちが，津波の怖さを遊びのなかで再現して，それをすることで心のバランスをとろうとしている。阪神淡路大震災の時も“地震ごっこ”が子どもたちの間で流行ったということがありました。だから，そんな遊びを不謹慎だとか言って，無理に止めたり叱ったりせずに，見守ることが大切だと言いますよね……〉

「……ああ，そうなんですね」

　母は素直に聞いたが，声のトーンが下がった。

〈……で，昨日はお母さん，どんなふうに対応されたのですか？〉

　これに対し，母からは意外な話が出てきた。

「そのときは，A子を弟と2人，ままごとハウスの中に一緒に入れて，私が外から揺らしたんです……」

　それを聞き，筆者は一瞬だが，母はA子にも弟と同じ怖さを味合わせようとしたのかと疑った。でも，弟も一緒にとは？……すると，筆者の危惧をよそに，続けて母が言った。

「そして，『地震だぁ，こわい，こわい〜』と言ってから，2人をギュ〜って抱きかかえて『怖かったね，でももう大丈夫よ。ほらぁ〜』と言ったんです……」

〈へぇ〜，で，子どもたちの反応はどうでした？〉と，ホッとして尋ねた。

「おもしろかったのか，2人とも笑って喜んでました。A子も『もう1回やってやって！』と言うので，4，5回ギュ〜ってくり返しました」

〈わぁ〜，お母さん，一体どうやってそんなすてきなワザを思いついたんですか！？〉

　筆者は，驚きとともに率直に尋ねた。

　「えっ？　すてき……？！　いえ……，そのときは私も夕食の用意を済ませた後で，夫が帰ってくるまで余裕があったんで……。えっ，そんなのでいいんでしょうか？」

　〈いいもなにも，お母さん。先ほど，私『津波ごっこを無理に止めたり叱ったりせず見守ることが大切』と言いましたけど，加えて『できれば，遊びのなかで大人が付き合って，安心を与えてあげられるとなおいいです』と言おうと思っていました。いやぁ，お母さんのやり方はすばらしい！　余裕さえあれば，そんな親子遊びができることに感心しました〉

　「……そんなんでいいんだと言ってもらえるとホッとします」

　〈A子ちゃんも，そんなお母さんのこと大好きなんでしょうね〉

　「ああ，……そう言われると弟が生まれてから，どうしても弟中心でした」

　〈当然そうなりますよね。……なので，無理はなさらず，ときどき余裕のあるお母さんになってみられることをお勧めしたいです。ちなみに，どんな時に余裕は作れるんですか？〉

　……と話は続いた。母の表情には笑顔と余裕が浮かんでいた。

2．ブリーフセラピー視点からの解説

　逐語の冒頭部分，「①最近，A子の②わがままがひどくなって3歳の③弟をいじめるんです」という母の言葉のどこに，援助者は反応するだろうか。①〜③の3つが考えられる。筆者は〈ほぉ，……最近と言いますと……〉と①「最近」という言葉に反応した。②や③に反応しても，母は大いに語っただろう。②や③への反応は，プロブレム・トークへの誘いとなる。心配性の母そして限られた時間を，問題志向の流れで傾聴することは意図的に避けた。

　すると，「最近」とは案の定，地震後であると母は述べた。ならば，わがままがひどくなった理由を「地震」という重大事態のせいにして外在化することができるかも……，そう思いながら話を進めると，母は「弟をいじめる」行為の延長話として，昨日の姉の行為について言及した。ここでも筆者は，この話を問題として取り上げず，ちょうど筆者の頭に浮かんだ"津波ごっこ"というメタファーとして提示した。それがうまくフィットし，母のやっていることを〈すてきなワザ〉と意味づけコンプリメントする流れが生まれた。母は素直に受け止め，いつもではなくてもときどき，〈「余裕」のあるお母さん〉になりましょう，余裕は母自身が作ることができるという話に笑顔を見せた。

　以上のように，援助的対話の中で，母が持ってきた話は，「子どもを過剰叱責す

る心配性の母」というドミナント・ストーリーから,「子どもに安心を与え,すてきな遊びができる余裕のある母」というオルタナティヴ・ストーリーへとシフトした。とくに,このすてきな遊びは,母自身のリソース(資源)を尊重するなかで出てきたものである。

Ⅲ　おわりに

　援助的対話のなかで,問題を直線的因果で見るメガネをはずし,別のメガネにかけ替えてみたら,認知の枠や他者との関係性が変わり案外と生活しやすくなった,などということが起きる。別のメガネの基本スペックは,相手を否定しない視界の拡大と確保である。これは,筆者が児童相談所で,もう少し濃厚な関わりを持ったケースにおいても同様である。たとえ虐待ケースであっても,対人援助の原則は相手との肯定的な関係の構築である。どなたの言葉か失念したが「肯定的に関わることができない限りは,肯定的であり続けなさい」を座右に置いている。子どもの安全が保障されない限りは,親子分離も辞さないが,この場合も相手を否定することとは別である。児童福祉現場には,子どもを巡る対立構造や矛盾・理不尽を感じる対人関係事象を扱うことが多く,現実の危機状況への介入も多いだけに,前面に出ている事象をとっかかりとしつつ,それとは異なるストーリーへの展開,できれば子どもと家庭双方の福祉につながる展開が短期のうちに図られることが望まれる。そんな現場に,より実践的な枠組みを提供してくれるのが,システム論的な見方とブリーフセラピーの考え方や技法であり,この2つを介在させることの有効性を感じながら実践してきた(衣斐,2008)。

　　文　献
衣斐哲臣(2008)子ども相談・資源活用のワザ―児童福祉と家族支援のための心理臨床.金剛出版.
衣斐哲臣(2016)災害後の学校における心理的ケアについて―熊本地震被災支援・派遣スクールカウンセラーの経験から.和歌山大学教職大学院紀要,1; 85-90.

第 22 章

コミュニティ支援における
ブリーフセラピーの使い方

訪問が支援になるために

田崎みどり

Ｉ　はじめに

　筆者はこれまで，保健・医療・産業等の領域で保健師あるいは心理職として地域に関わってきた（木下，2007；田崎，2009，2016；田崎・児島，2014）。コミュニティはさまざまな意味を有するが[注1]，本章ではいずれにおいても重要な支援方法である訪問に注目し，事例を用いてブリーフサイコセラピー（以下，ブリーフ）について検討していきたい。なお，以下の事例は複数のケースを組み合わせて構成した典型例であり，登場人物はすべて仮名である。

Ⅱ　事例１：介護にまつわるコミュニティ

　シカさん（80代・女性）は，軽度の知的障害を有する息子と自宅で生活している。先日，ヘルパーからケアマネージャー（以下，CM）に，息子がシカさんに声を荒げる場面が増えたこと，デイケアでは入浴時にシカさんの身体に打身のようなあざが発見されたとの報告があった。ヘルパーやデイケアスタッフがあざのことをきいても，シカさんは何も言わない。CMが息子に確認すると，自分ではないと激しく否定した。困ったCMは地区担当保健師へ連絡し，「息子さんは絶対認

注1）山本（1986）は，「コミュニティ」には，人々が共に生き，それぞれの生き方を尊重し，主体的に生活環境システムに働きかけていくという意味があるため，コミュニティ心理学ではあえて「地域」ではなく「コミュニティ」を用いているという。しかし近年，「コミュニティ」にはインターネット上のコミュニティという意味も含まれるようになっており（平野，2019），意味の多様化が促進していることが窺える。

めようとしないんです。これ以上どうしたらいいかわからないから，訪問してもらえませんか？」と訪問を依頼した[注2]。

　保健師がシカさん宅を訪問すると，息子が室内へ通してくれた。息子は少し離れた畳に正座をしてうつむき，落ち着かない様子で膝をこするように両手を前後に動かしている。

　　保健師：……急におじゃましてすみません。
　　息子：い，いえ……（うつむいたまま）
　　保健師：……実は，CMさんから，息子さんがお母さんの介護をとてもがんばっておられるとうかがって……
　　息子：（パッと顔を上げる）
　　保健師：お母さんがご自宅で生活できるのも，息子さんがいらっしゃるからだと思うんです。でも，大変なこともあるんじゃないかと。……何か，困っていることなどありませんか？
　　息子：いえ，大丈夫です！（満面の笑顔）

　そして，自分ががんばっていること，工夫していること，母親といっしょに見るのを楽しみにしているテレビ番組など，笑顔で身ぶり手ぶりを交えながら話してくれた。保健師は「へぇー！」「それはすごい！」と反応を返しながら話をきいた。

　すると息子は「お母さんこっちです」とシカさんの居室へ案内してくれた。ベッドに横になっているシカさんの手を握って「お母さん，がんばろうね！」と話しかけると，シカさんはうんうんと頷いた。保健師はシカさんにもあいさつをし，訪問を終えた。

　数カ月後，CMから別のケースの件で連絡があり，シカさん宅の話があった。「そういえば，訪問に行ってもらってから息子さんの機嫌がいいみたいで。シカさんに怒鳴ることがなくなったし，デイケアのスタッフさんも，新しいあざとか心配な様子はないって言うんです。……なんで保健師さん来たら，それだけで良くなるんですかね？　ちょっと話すだけで何もしてないのに！（笑）」

　解決志向アプローチ（以下，SFA）では，クライエント（以下，CI）－セラピ

注2）保健師に訪問依頼があるのは本事例のように通常の保健福祉サービスだけではままならない問題が生じた場合であり，とりあえず現場を見てほしいという依頼は少なくなかった。

スト（以下，Th）関係には Cl が「ビジター」「コンプレイナント」「カスタマー」的な姿勢を示す３つのタイプがあり，それぞれの関係に応じた対応について示されている（森・黒沢，2002）。この Cl － Th 関係のアセスメントは訪問場面でも有用であるが，注意すべき点がある。

「ビジター・タイプ」の関係とは，セラピーにおいて Cl が Th にニーズや問題を表明しない関係であり，この場合にまず行うべきはコンプリメントである（森・黒沢，2002）。しかし，訪問の目的はセラピーとは限らず，また当事者ではなく援助者側がビジター（訪問者）である。

筆者は，援助者がビジターの場合はコンプリメントだけでなく，相手にこちらの立ち位置（訪問の目的，どのような関係を作りたいと思っているのか等）を示す必要があると考えている。田嶌（2009）は不登校生徒への家庭訪問の留意点の１つとして，なるべく早いうちに本人や保護者に「嫌がることを無理に押しつけたり，話したくないことを無理やり聞き出そうとしたりはしない」等の訪問者のスタンスを伝えるべきであると述べている。これは「本人が感じているであろう脅威を和らげるため」（田嶌，2009）とされているが，ブリーフ的には相手にこちらの立ち位置を表明するという意味もある。

本事例では，保健師は「……実は，CM さんから，息子さんがお母さんの介護をとてもがんばっておられるとうかがって……」とまず息子をコンプリメントした。それに対し息子がパッと顔を上げて反応を示したため，さらなるコンプリメントをした上で自らの立ち位置を示した，と考えることができるだろう。

Ⅲ　事例２：不登校にまつわるコミュニティ

ゆりちゃんは小学２年生。入学してしばらくすると，なぜか教室へ入れなくなってしまった。なんとか保健室登校はできるようになったが，保健室で過ごす時間が長くなるにつれて養護の先生は関わり方に悩むようになり，スクールカウンセラー（以下，SC）に相談した。そこで SC は保健室にときどき立ち寄り，ゆりちゃんと養護の先生の様子をみながら，今の方法で問題ないこと等を養護の先生へ伝えサポートしていた。保健室を訪問した際はゆりちゃんと話すことも，またゆりちゃんと養護の先生の３人で話すこともあった。以下は，ゆりちゃんが教室に戻る前の SC との最後の会話である。

　ゆりちゃん：……ところで，お兄さんは何の仕事してるの？
　SC：えーっとねぇ，人の話をきく仕事だよ（笑）

　ゆりちゃん：うっそだー！！　そんな仕事あるわけないじゃん！（笑）

　SC：あら！（笑）そう思う？

　ゆりちゃん：うん！！　だって，話をする仕事ならわかるけど，話きいてお金もらえないでしょう，ふつう！

　SC：ハハハ（笑）ほんと，ふつうはそうかもね（笑）

　本事例において SC は，ゆりちゃん，そして養護の先生を Cl であると捉えている[注3]。しかし，SC が直接的に支援すべきは相談を依頼してきた養護の先生であると考え，ゆりちゃんに対しては雑談という間接的な支援[注4]に徹した。

　SC である以上，児童生徒を支援したいと考えるのは自然なことである。しかし，ゆりちゃんは SC に支援を求めてはいないし，SC が何者であるかも知らなかった。支援を求めていない人に正面切って支援しようとすること自体，その人のニーズに応じているとは言えないだろう。

　保健室登校をしているゆりちゃんにとって保健室は自分の領域であり，SC はふらっとやって来るビジター（よそ者）である。SC がよそ者らしく雑談に徹するという関わりは，間接的にゆりちゃんに変化を求めないことを伝えている。その結果，ゆりちゃんは SC が来てもいつも通りに保健室でのびのびと過ごすことができ，また養護の先生は保健室でゆりちゃんを支援するのは自分であると感じ，安心して関わりを維持できたのではないだろうか。

▌Ⅳ　訪問が支援になるためのブリーフサイコセラピー

　坂本（2016）は，「ブリーフ」を冠した心理援助は，常に Cl の求めるニーズに敏感であり続け，求められる心理援助というサービスを提供しようとする姿勢を有すると述べている。しかし，コミュニティにおける支援では，訪問に対する相手のニーズがわからないままから関係を始めざるを得ない場合，相手がこちらの立場や役割についてよくわかっていない場合も少なくない。

注3）加来（2007）は医療機関におけるブリーフの実践では，直接治療対象となる患者だけでなく，患者を取り巻く関係者をも Cl と捉えることを推奨している。この視点はブリーフの実践において領域を問わず重要と考えられる。

注4）田嶌（2009）は，思春期の生徒には「相手は心理的援助を受けているとは思っていないし，こちらもそういう意識は希薄であり，しかしなんとなく支え，いつの間にか相談にのっているということもある」といった「正面切らない相談」としての関わりが無難であるとする。筆者の「間接的な支援」とはこの「正面切らない相談」に近い。

　ここで思い出されるのが，がん医療における心理職の役割についての医師の言葉である。「ほとんどのがん患者は臨床心理士という存在をまず知らない。患者は…（中略）…臨床心理士には何を期待していいかわからない…（中略）…したがって，がんの診療に携わる臨床心理士は，カウンセリングを求めていない人にカウンセリングを行う技術を持つ必要がある」（志真，2001）。筆者が考える「カウンセリングを求めていない人にカウンセリングを行う技術」とは，ニーズを有していない人へも何らかの有用な関わりがもてる（少なくとも害を与えない）ことであり，支援しようとする相手への関心は示しつつも，相手のニーズがわからない時，あるいは自分が直接支援する立場にない時には余計なことをしないこと，と考えている。

　コラボレイティヴ・アプローチを提唱するアンダーソン Anderson（2003）は，セラピーに不慣れな学生に "Please do not therapy!" といきなりセラピーをしようとするのではなく普通の会話を普通にやるように話しているという。訪問という行為は，相手の領域に踏み込むものであり，Cl がビジターである面接室の会話よりも侵襲的になる可能性がある[注5]。セラピーでさえ普通の会話から始めるべきなのだから，まして訪問はなおさらである。

　アンダーソン（2013）は，創造的な会話と発展性のある関係へと他者をいざなうために最も必要なことは「よいマナー」であると述べ，すぐれた Th の条件として最も重要なのは「マナーのよさ」であることを強調している。これは極めて当たり前ではあるが，対人援助職全般に必須の条件と考えられよう。

▌V　おわりに

　保健師から心理職になった際，先輩方に「あなたのアイデンティティは大丈夫？」と心配されることがあり，返答に困っていた。筆者にとっては，保健師でも心理職でもケースに向き合う姿勢に違いはない。専門性の違いは確かにあるし，それによって期待されることも当然違う。しかし当事者にとってはこちらの専門性云々よりも，よくなればよいのである。そのように考える筆者にとって，セラピーを会話と捉える「治療的会話」[注6]は違和感のない言葉であった。

　野村（1999）は，治療的会話とは対話の相手の人生のストーリーであるとし，親友どうしのうちあけ話や酒場のお姉さん相手にこぼす愚痴（人生のストーリー）

注5）同じ「冷蔵庫を開ける」という行為であっても，その冷蔵庫が自宅にあるのか，訪問先のお宅にあるのかで全く異なる意味をもつ。それと同様に，面接室でのやり取りをそのまま訪問の場で再現しても，セラピーになるとは限らないのである。

が，治療的会話になる可能性があると述べている。セラピーという枠組みがなくても治療的会話は構成され得るのであり，当然のことながら訪問においても可能である。

　治療的会話という観点からは，専門性とは絶対的なものではなく，支援方法や支援の場の違いである。したがって，相手のニーズ，相手と自分の関係性をどのように捉え，どのようにその場と会話を構成していくのか，という点が最も重要と考えられる。そしてそのためには「何をやるかではなく，何をやらないか」（法澤，2018），という言葉に象徴されるブリーフのストイックな姿勢が有用となるように思われるのである。

文　献

Anderson, H.（2003）ストラテジーからナラティヴへ─対話によって生まれるもの．コミュニケーション・ケアセンター主催 Harlene Anderson ワークショップ 質疑より．

Anderson, H.（2013）日本の読者のみなさま．In：Anderson, H., Goolishian, H., 野村直樹：協働するナラティヴ─グーリシャンとアンダーソンによる論文「言語システムとしてのヒューマンシステム」．遠見書房，pp.3-5.

Anderson, H., & Goolishian, H. (1988) Human systems as linguistic systems: Preliminary and evolving ideas about the implications for Clinical theory. Family Process, 27(4); 371-393.（野村直樹訳（2013）言語システムとしてのヒューマンシステム─臨床的発展に向けてのいくつかの理念．In：Anderson, H., Goolishian, H., 野村直樹：協働するナラティヴ─グーリシャンとアンダーソンによる論文「言語システムとしてのヒューマンシステム」．遠見書房，pp.27-100.）

平野貴大（2019）インターネット上にコミュニティはあるか─"地域"にとらわれないコミュニティの可能性．In：日本コミュニティ心理学会研究委員会編：コミュニティ心理学　実践研究のための方法論．新曜社，pp.200-207.

法澤直子（2018）シンポジウム「災害後の学校コミュニティへの支援を考える」話題提供③何をやるかよりも，何をやらないか．ブリーフサイコセラピー研究，26(2); 49-51.

加来洋一（2007）ブリーフセラピーが心理臨床家の養成に貢献できることは何か─医療の現場から．ブリーフサイコセラピー研究，16(1); 47-51.

木下みどり（2007）会話を続けていくことの意義とその効果─妄想に変化が生じた統合失調症患者の事例から．ブリーフサイコセラピー研究，16(2); 84-94.

森俊夫・黒沢幸子（2002）〈森・黒沢のワークショップで学ぶ〉解決志向ブリーフセラピー．ほんの森出版．

野村直樹（1999）無知のアプローチとは何か─拝啓セラピスト様．In：小森康永・野口裕二・野村直樹編：ナラティヴ・セラピーの世界．日本評論社，pp.167-186.

坂本真佐哉（2016）ブリーフセラピーとブリーフサイコセラピーのブリーフなお話．In：

注6）Anderson & Goolishian（1998）はセラピーを「治療的会話という領域内での言語的な出来事」とし，「セラピーと治療的会話に必要なのは，会話を維持していくこと」と会話を続けていくことの意義を強調している。

　　　坂本真佐哉・黒沢幸子編：不登校・ひきこもりに効くブリーフセラピー．日本評論社，
　　　pp.188-197.

志真泰夫（2001）がん医療における臨床心理士の役割．In：成田善弘監修，矢永由里子編：医
　　　療の中の心理臨床．新曜社，pp.158-162.

田嶌誠一（2009）現実に介入しつつ心に関わる─多面的援助アプローチと臨床の知恵．金剛出版.

田崎みどり（2009）エッセイ：リンショウゲンバ 訪問看護と心理臨床．臨床心理学，9(1);
　　　127-129.

田崎みどり（2016）精神科病院における心理相談室の実践から─「家族ぐるみ」「病院ぐるみ」
　　　セラピーができるまで．In：坂本真佐哉・黒沢幸子編：不登校・ひきこもりに効くブリー
　　　フセラピー．日本評論社，pp.102-120.

田崎みどり・児島達美（2014）ブリーフなラインケアのためのコンサルテーション─産業臨床
　　　における EAP の実践から．こころの科学，176; 49-53.

山本和郎（1986）コミュニティ心理学 地域臨床の理論と実践．東京大学出版会.

第 **23** 章

開業臨床における
ブリーフセラピーの使い方

金丸慣美

Ⅰ　はじめに

　筆者は，臨床心理士・公認心理師のみで運営する私設心理相談室で，主として家族療法，システムズアプローチを用いて支援を行っている。

　相談機関によって事情が異なることと思うが，多くの場合来談者は，毎回毎回，相談終了直後に料金を支払われる。ただ今受けたセラピーがこの費用に見合うものかということが，来談者に（支援者側にも）意識される。医療保険は適用されない。もちろん料金が高いと感じられるか安いと感じられるかは，来談者の経済状況によって異なることだろう。が，信頼できる，またその金額を支払う価値があると来談者に認識されなければ，そもそも存続できないのが私設心理相談室である。

　こういった臨床現場でブリーフサイコセラピーを志向して支援を行うとき，他のさまざまな臨床現場で行われるそれとは異なる，あるいは加えて必要とされるような何か特徴的なことがあるだろうか。

　筆者自身の限られた経験では，それは今のところ見当たらない。日々の実践を振り返っても，ブリーフサイコセラピーの個性としてすでにいろいろなところで述べられていることと共通することばかりである。

　ただそのなかで，このような現場での実践において，筆者が常々重要と考えていることについて述べたいと思う。

▌Ⅱ　何をおいても大切なこと

①一回一回の面接が大切
②来談者の一大事が支援者にとっての一大事
③ジョイニングと情報収集は両輪

　上記3つは，支援者の行う策動であり，また考え方の枠組みである。これらは強く関連するひと続きのものと筆者は考えている。①は，毎回の面接が来談者に<ruby>とって<rt>・・・</rt></ruby>〈意味がある・受けた甲斐があったと感じられる〉ものになるよう面接を行うということである。

　そのためには，②に記したように主訴（来談者自身がこれに困っている，つらい，改善したいというまさにその訴え）を中心に据えてセラピーを進める必要がある。支援者から見た時，来談者の提出する主訴以外にも症状や問題に関連する重要な事柄はもちろんありうる。しかし，主訴以上に重要なものはないと考える。来談者－支援者関係は，主訴があってはじめて形成されるものだからだ。主訴が相当に深刻で大きな問題であっても，その回に取り組んだことが，主訴の解決につながる一歩であるという実感を来談者が得られるものにしたい。この実感は，来談者の意欲や主体性にも大きく関わってくると思う。

　言い換えると，②は，支援者と来談者が主訴を共有し解決に向けて手を組むことである。それが可能になるためには，③の過程が不可欠である。

　来談者をジュースかなにかの紙パックにたとえるようで申し訳ないが，情報は当該システム（来談者個人や家族）のどこへでも無理やりストローを差し込んで，吸い出すようにして求めるものではないだろう。丹念に観察して差し込み口を見つけ，その大きさや形状に支援者自らが合わせて，そっと身をかがめることで自然に情報が流れ出てくる，筆者の理想を言えば，そのようなイメージだ。

　来談前，来談者やその家族はたいてい，問題・症状に思い悩むだけではなく，なんとか解決を図ろうと懸命に努力をしてこられている。自ら何らかの対処を試みたり，家族・友人と話し合って対策を講じるなど。特に私設心理相談室への来談者の場合，すでに医療機関を受診したり他の相談機関を訪れた経験のある方は多い。それらの解決努力に敬意を払い，その経過に耳を傾ける。当然，効果があった取り組みは続けていただくし，効果が見られなかったり逆効果であったものは，代わりの対処法について一緒に考えていくことになる。効果のない対処法を同じように繰り返し続けることは来談者の時間と労力の無駄であるばかりか，悪

循環を強化することに繋がるからだ。

　それだけでなく，解決努力の歴史を巡るやり取りのなかに，問題や症状の形成・維持に関わる情報は数多く含まれている。また来談者の価値観・やりなれたやり方・ご本人また周囲の資源などについても多くのことをうかがい知ることのできる大切な過程である。

　先に，当該システムに支援者が合わせる（沿うと言ってもよい）と述べた。合わせるためには，合わせるべきものについてある程度知っていなければならない。まったく知らないものには合わせようがないからだ。来談者の語る言葉そのものやその語られ方（言語的・非言語的なものを含めて）を支援者が捉え，そこに沿い合わせていくことができれば，来談者や家族は無理なく自然に語ることができるし，支援者はさらに当該システムについての情報が得られやすくなる。支援者のこの積極性が好循環を生む。ジョイニング（沿い合わせる活動）と情報収集は両輪なのである。

　これらは，家族療法・システムズアプローチの臨床家なら誰もが実践していることであるが，ここでは，さらに迅速さが求められると思う。

▌Ⅲ　例えば……の事例

　実際にはどのようなアプローチをしているか，初回面接を中心にそのごく一部を紹介させていただく。

　事例は個人情報が類推されないよう加工してある。

1．工夫次第でなかなかできる人，Aさん

　一人暮らしの大学生。課題になかなか取り組めず，やっと机に向かうことに成功しても集中が30分と持たない。レポート提出が遅れる。自転車や家の鍵・大事な書類をなくす。「これまでの人生，起きている時間の半分以上探し物をしてきた」と自嘲的に笑う。

　よく耳にする悩みごとではある。しかし，Aさんは進路選択を具体的に考えなければならない時期にあった。ずっと目指してきた職業がある。もし願いが叶ったとしても，その責任ある仕事を自分はやっていけるのだろうかという不安が生じて，深刻さを増していた。

　大人の発達障害を診るというクリニックを受診した。医師は検査結果も踏まえてグレーゾーンであろうと告げ，〈気が散らないように机の上のものを整理して，机の上を何もない状態にしてから勉強を始めるとよい〉と助言された。大いに納

得して帰宅したものの，改めて自分の机の上を見て愕然とした。椅子の上までいろいろな物が積み重なっている。「そもそも片付けられなくて困っているから受診したのだったのに……」と半ば絶望した。が，医師がついでのように「それでうまく行かなかったら，こういうところもあるよ」と紹介してくれたのを思い出して，当所へ来てみたとおっしゃる。

　『お家に帰られたら，大きな箱を2つ用意しましょう。それを机の近くにおいて，机の上のものを2つに振り分けて，放り込んでください。コツは丁寧に入れようなどと考えない。傷つかない程度に放り込むこと。片方は勉強に関係するもの，筆記用具や資料やノートなど。もう片方にはそれ以外のもの全部，風邪薬や皮膚科の軟膏，友達からもらったお土産の置物とか，写真立て，雑誌・漫画とかCDとか全部同じ箱に放り込みましょう。そうしたら，机の上にはパソコン以外何もない状態になります？』「なると思います」『勉強って，右側の気がします？　左側の気がします？』「はぁ　右手でペン持つからどっちかというと右かな」『では，ご自分の右側に勉強関係の箱を置いて，〈それ以外の箱〉はご自分の左側に置いてもらって』「……」『難しそうですか？』「いえ，できると思いますけど，それでいいんですか？」『せっかくのお医者さんのご助言ですもの，とにかくご助言通り実行してみましょうよ』

　このザックリ投げ込み法（？）は，Aさんの性にあったらしい。2回目に来談された時，〈それ以外の箱〉の方が結構な容量になり，物を出すのに手間取ることはあるが，必ずそこには入っているという"自信"と"安心感"があるとのこと。「部屋中探さないで済むし落ち着いて探せる。ただ，家の鍵と自転車の鍵だけは，小さすぎて取り出しにくいので玄関に箱を置いて投げ込むことにした」と，ちょっとドヤ顔で報告された。忘れ物防止のための付箋は，"特大の"を使うようにし，出掛けに必ず見る玄関横の鏡に貼ることにしたとのこと。その後も，ザックリ具合はキープしたまま，Aさんなりのやり方を進化させていかれたようである。「ネットやなんかでもいろんなアイデアがあるのは知っていたけど，今まで，自分ができるという気が全然しなかった」と言う。

　「次は集中が続かないことについて」と言うAさんとともに，やらなければいけないことは，たいてい2つ以上あることに着目。例えば1つのレポートに行き詰ったときは，別の調べものを始める。それに集中できなくなったら，別のことに取り組む。それで行き詰ったら，1つ目に戻ってみる……というやり方を試すと，全体としてはこれまでより，やるべきことに取り組む時間は増えてきたという。「1つのことを持続することは苦手でも，自分なりにいくつかのことを並行してやっていく力に目覚めた」と，Aさんは語った。

2．Bさん，真面目な患者になる

　うつ病の診断で通院中のBさんが，主治医の紹介で，夫とともに来談された。朝，出勤する夫を送り出すことができない。仕事で疲れて帰った夫が夕食の支度をしたり，休日に洗濯や掃除をするのを見ると罪悪感が起こる。調子には波がある。調子がいい時に家事をやるとやり過ぎてしまってどっと疲れ，しなければしないで疲れる。夫のお荷物になっていると感じるし，自分の不甲斐なさに落ち込む。こういった訴えをされる主婦の方には時折出会う。

　主治医からは『家事は無理のない範囲にして，休養するように』と言われているとのこと。夫は「私も無理することないと言うんですが，根がまじめなものですから……」と，Bさんをかばうように優しくおっしゃる。セラピストは『Bさんが真面目な方？　お医者さんのご指示を全然守っておられないのに？』夫は苦笑，Bさんは心外だという表情をされる。Bさんは，「体そのものの病気ではないので，頑張ればできないことはない。できるのにやらないのは怠けではないかと思う。我ながら病気の症状なのか怠けなのか，判断がつかない」と主張される。

　『元々のBさん，洗濯しなきゃと思ってから，実際洗濯に取り掛かるまで，何時間くらいかかっておられました？』「えっ？　しようと思ったら，すぐ洗濯機回していましたね」『今は？』「しないとなぁ，と思いながら立ち上がれなくて，半日グズグズ考えていて，結局午後になってしまって，また自己嫌悪に……」

　セラピストとご夫婦の話し合いの結果，〈Bさんが何か家事をしようかと思ったらすぐに時計を見る。15分経っても取り掛かれない時は，それをしてはいけない病状の時なので，決してしてはいけない〉というルールが決まった。

　後日，「やっちゃダメと禁止される方が自分の中で区切りがつけやすくて，ラク」とBさんは語った。コツをつかまれてきたようだ。夫は「これまでは，そんな言い方をすると，主婦としてのプライドが傷ついて余計に落ち込むんじゃないかと思っていた」と話され，話題はご夫婦間のコミュニケーションへと移っていった。

Ⅳ　おわりに

　目の前に大きな壁が立ちはだかり行く手を阻まれた時，その壁を突き破ったり飛び越えたりすることができれば，さぞかし痛快だろう。しかし，人ひとりがギリギリくぐれるだけの小さな穴を穿って，壁の向こうへと進むのではいけないだろうか？　その穴を掘る元気が出ないとクライエントが言われるなら，私は迂回

路を探して一緒に歩き回ろうと思う。『なんと志の低いセラピストか』とわれながら思いはするが，クライエントの人生はクライエント自身のもの，すべてはクライエント自身の選択だ。自分が向かいたい方向へ向かっていると意識されるとき，俄然モティベーションは上がる。結果的にセラピーがブリーフへと向かうのではなかろうか。そもそも私設心理相談室に来談することそのものが，クライエントの大きな選択だ。

第**24**章

研究とブリーフセラピー

伊藤　拓

▎I　ブリーフセラピーのブリーフな研究史

　当初のブリーフセラピーは,既存の心理療法の簡易版と言えるものであったが,それらとは一線を画したオリジナルなブリーフセラピーを提唱した研究がウィークランドら（Weakland et al., 1974）による「ブリーフセラピー：問題解決焦点型」である。MRI（Mental Research Institute）アプローチと呼ばれるこの方法の基本的な仮定は,①セラピストに人々が持ち込む問題は,患者や患者と影響し合う他者が行っている行動によって維持される場合にのみ持続する,②もし,問題を維持させている行動が適切に変容されるか,減少されると,その問題はその性質や原因や持続期間にかかわらず,解決または消失するというものである。介入の際には問題を維持させている行動の代わりとなる行動,またはその悪循環のシステムに変化をもたらす行動を行う課題が出される。これは精神分析などの伝統的な心理療法が焦点を当てた,言わば人間の病理的側面を全く取り上げず,問題を維持する行動のみに焦点を当てた点で画期的なものであった。検証の結果,97のさまざまなケースに対して平均7セッションを行い,成功が39ケース（40%）,顕著な改善が31ケース（32%）,失敗が27ケース（28%）であったことが示されている。

　ウィークランドら（1974）が「問題がどう維持されるか」を踏まえ「その問題をどう解決するか」に焦点を当てたのに対し,ド・シェイザー de Shazer はダイレクトに「解決の構築」を目指す新たなブリーフセラピーを提唱した（de Shazer et al., 1986）。その研究が「ブリーフセラピー：解決の発展焦点型」である。解決志向ブリーフセラピー（以下, SFBT）と呼ばれるこのセラピーの中核的な原則は,セラピストがクライエントの問題について詳細に説明できないときでさえ,効果的なセラピーが可能であり,セラピストとクライエントが知る必要があるのは

「問題が解決したときがどのように分かるか？」であるというものである。この原則をもとに、「例外」（問題がないとき、あるいは解決の状況に近いとき）とその条件、問題が解決した状況を詳細に明らかにすることなどに取り組み、クライエントが望む解決へ向けてクライエントが取り組める具体的な目標を協働して作り上げる。問題を明らかにせずとも解決が可能であることを提唱した点で、SFBT はそれまでの心理療法の常識を超えた画期的なものであった。検証の結果、1,600ケースに対して平均 6 セッションを行い、72％が目標を達成し、重要な改善が見られ、さらなるセッションは必要なかったことなどが示されている。

　以上のようなブリーフセラピーの研究の起源は、エリクソン Erickson, M. H. による「ブリーフ催眠療法の特殊な技法」（Erickson, 1954a）に遡れる。この研究では、神経症的な症状を単に除去するのでなく、患者のユニークなニーズに合致するように症状を意図的に「利用」することが提唱され、症状置換、症状変形などの技法がケースを通して論じられている。ド・シェイザーら（de Shazer et al., 1986）は「利用」がブリーフセラピーの鍵だとする。利用に加え、エリクソンのセラピーの原則である非病理学的モデル、能力と強みへの着目、課題の提示による面接室外での治療（Zeig & Munion, 1999）、クライエントが望む未来への焦点づけ（Erickson, 1954b）なども現在のブリーフセラピーに脈々と受け継がれている。

　以上に加え、膨大な数の研究によってブリーフセラピーは発展してきた。例えば、SFBT では当初、初回面接のほとんどの時間を問題について話し合っていたが、ギンガリッチ（Gingerich et al., 1988）の研究によって、初回面接でセラピストが変化について尋ねると、クライエントも変化について語ることが示されたため、初回面接のやり方を大きく変えることになったという（McKeel, 2012）。

Ⅱ　セラピストにとっての研究

　セラピストは研究を行わなければならない。ここでは、セラピストが行う研究を 2 つに分けて説明する。

　1 つ目は、一人ひとりのクライエントに行うセラピーをより良くするために行う、日々の実践における「研究」である。私の友人にミシュランの三つ星レストランのパン部門のシェフがいる。彼によると、美味しいパンを作るためには「研究」が欠かせない。パンというのは、パンを作る場所が地上にあるか地下にあるか、湿度や温度がどの程度か、材料の質がどうかなど、さまざまな条件によってでき具合が大きく変わる。そのため、美味しいパンを作るためにはレシピ通りに

作るだけではダメで，すでに確立された製法をその場，その時のさまざまな条件に合わせて，試行錯誤しながら，より適切な条件を探究し見出す「研究」をしなければならないという。

　これはセラピーにも当てはまる。すでに確立された方法を目の前のクライエントにそのまま当てはめてもうまくいくとは限らない。そのため，すべてのセラピストは目の前のクライエントにとって，より適した効果的な方法，適用の仕方がどのようなものかを思案し，研究しなければならない。臨床現場を「研究」の場としなければならないのである。本書にあるさまざまな臨床現場でのブリーフセラピーの実践は，各執筆者による各現場での日々の「研究」の賜物と言えよう。

　日々の実践で「研究」に取り組むことは，ブリーフセラピーを行う際の基本姿勢と合致する。エリクソンは「人間の行動に関する仮説としての理論であるプロクルステスの寝台に合うように，人の方を合わせるべきではなく，心理療法こそがその個人のニーズという唯一無二のものに合わせて定式化されるべきである」と考えていた（Zeig, 1983, p.vii）。プロクルステスとはギリシア神話に登場する追いはぎのことで，旅人を寝台に寝かせ，寝台の大きさに合うように，旅人を切断したり，引き延ばしたりしたという。既存の方法を目の前のクライエントに合った効果的なものにするべく思案し，探究する日々の研究こそがブリーフセラピー実践のポイントといえよう。

　2つ目は，学術大会や学術雑誌における研究発表といった学術活動としての研究である。このような研究を行うことを敷居が高いと思うセラピストは少なくないだろう。しかし，こうした研究は日々の実践での「研究」の延長線上にある。日々の実践を整理し，考察して事例研究として学会で発表すれば，学術活動としての研究になる。実践から生まれたアイデアをもとに調査，実験などを行うこともできる。

　日々の実践での「研究」のほとんどは当該セラピストの中にとどまり，広く公開されることはないだろう。しかし，その成果が学術活動として発表されることにより，多くのセラピストが共有し，より効果的な心理療法の議論と検討が進む。そのような活動の積み重ねが，心理療法の発展を促進するのである。

　臨床心理士の業務には，心理相談，心理アセスメント，臨床心理的地域援助に加えて，研究が挙げられている一方で，国家資格である公認心理師の業務には研究が挙げられていない。そのため，公認心理師の養成カリキュラムには，研究に関する科目がなく，「研究」を行う知識とスキル，そして思いを持たないセラピストが今後増えることが危惧される。このことは，一人ひとりのクライエントにとってのより良い心理療法の創造，そして心理療法の発展を阻害することに繋が

りかねない。一人ひとりのセラピストが，日々の「研究」に取り組むことに加え
て，日本ブリーフサイコセラピー学会などの学会が，セラピストによる「日々の
実践での研究」を「学術活動としての研究」へと橋渡しする役割を担うことが求
められるだろう。

Ⅲ　臨床現場におけるブリーフらしい研究とは

　臨床現場におけるブリーフセラピーらしい研究とはどのようなものだろうか。
それはブリーフセラピーの志向性に沿ったものとなるだろう。悪い点ではなくリ
ソースや強みに焦点を当て，ダメな点を変容するのではなく利用し，トラウマの
支配する過去ではなく，クライエントの望む未来に焦点を当てていく研究である。
　このような研究は，ポジティブ心理学と共通点がみられる。現在の心理学の
最先端領域の1つであるポジティブ心理学の提唱（Seligman & Csikszentmihalyi,
2000）のはるか前から，ブリーフセラピーは人間のポジティブな側面に焦点を当
ててきた。ブリーフセラピーを志向するセラピストの臨床現場に，心理療法の最
先端を切り開く研究が生み出される可能性が眠っている。

文　献

de Shazer, S., Berg, I. K., Lipchik, E., et al. (1986) Brief therapy: Focused solution development. Family Process, 25; 207-221.

Erickson, M. H. (1954a) Special techniques of brief hypnotherapy. Journal of Clinical and Experimental Hypnosis, 2; 109-129.

Erickson, M. H. (1954b) Pseudo-orientation in time as hypnotherapeutic procedure. Journal of Clinical and Experimental Hypnosis, 2; 261-283.

Gingerich, W. J., de Shazer, S., & Weiner-Davis, M. (1988) Constructing change: A research view of interviewing. In: Lipchik, E. (Ed.): Interviewing. Aspen Publication, pp.21-32.

McKeel, J. (2012) What works in solution-focused brief therapy: A review of change process research. In: Franklin, C., Trepper, T. S., Gingerich, W. J., & Mccollum, E. E. (Eds.): Solution-focused Brief Therapy: A Handbook of Evidence-based Practice. Oxford University Press, pp.130-143.

Seligman, M. E. P., & Csikszentmihalyi, M. (2000) Positive psychology: An introduction. American Psychologist, 55; 5-14.

Weakland, J. H., Fisch, R., Watzlawick, P., et al. (1974) Brief therapy: Focused problem resolution. Family Process, 13; 141-168.

Zeig, J. K. (Ed.) (1983) Ericksonian Approaches to Hypnosis and Psychotherapy. New York: Brunner/Mazel.

Zeig, J. K., & Munion, W. M. (1999) Milton H. Erickson. London: Sage Publications.

「まとめ」に代えて

児島達美

　本書には，ブリーフという名の傘のもと，現在の日本ブリーフサイコセラピー学会の中堅会員たちの手による心理療法の労作が集められている。私は，縁あって創設時より本学会にコミットしてきた者の一人として，本書の最後に一言寄せる機会をいただいたことを光栄に感じている。

　さて，本学会は1991年5月，前身の日本ブリーフサイコセラピー研究会としてスタートして以来30年を経た。30年といえばほぼ世代交代の期間にあたる。だから，私もいよいよ昔話に花を咲かせたくなる年になってきたわけである。ただし，年配者の昔話は，聞かされる現役や若手にすると一般的にいってあまり評判はよろしくない。つい「俺の若いころは……」とか「昔は良かった」式になりがちだ。そこで，以下，私のブリーフ昔話については，そのようなことにならないよう文末に拙著を挙げておいた（児島，2008, 2016）。参考にしていただくとありがたい。あわせて，ブリーフという名が米国を中心に心理療法の世界に登場してくる経緯と日本に導入され現在に至るまでの歴史の様相については，本書中に同じく創設時からのメンバーである吉川悟氏がきわめて的確な論考（第2章）を示してくれているのでそちらは是非とも参照していただきたい。

*

　私は1980年代に入ってから学部・大学院で本格的に臨床心理学の勉強を始めたのだが，当時のいわばメインストリームともいうべきどの心理療法のモデルについても，たしかにそうなのかも……とは思うものの，どこかしっくりしないものを感じていた。そうした折り，たまたま最初に出会ったのがブリーフの源流とも通じる家族療法であった。その流れから自然に本学会の創設にも関わり，ブリーフの何たるかについて私なりに勉強していく中で，やはり関心の中心となったのは「短期」と「過去」の2つのワードをめぐる事柄であった。

「短期」ということ

　それまでの心理療法の常識からすれば，時間をかければかけるほどクライエン

トは深い変化に至るのであって，短期だと，かりに変化があったとしてもそれは
表面的なもので早晩"再発"する，といったものであった。しかし，この常識が
治療者側あるいは専門家側の思い込みに過ぎないことは，その後，ブリーフに関
連したさまざまな臨床研究や，同時期に心理療法全体の中で盛んになってきてい
た共通要因や効果に関する諸研究を通じて実証的に知ることになった。

　では，どうすれば短期のセラピーは可能なのか。わが盟友の一人である東豊氏
は「期間は短期であっても，気分は短気であっては治療にならない」とまさにブ
リーフセラピーの本質を彼一流のジョークを交えて語っていた。そこのところは
彼が公開している家族を交えた面接ビデオを見ていただければよくわかる。解決
志向アプローチ創始者の一人であるインスー・キム・バーグ Berg, I. K. もワーク
ショップやライブ・スーパーヴィジョンなどでケースに対するコメントを求めら
れた時，東豊氏と同様のことを必ず口にしていたものである。"GO SLOWLY !"
また，MRI の重要なメンバーの一人であるジョン・ウィークランド Weakland, J.
H. のライブ・セッションを見る機会があった。どんなにキレのある面接になるの
か，とワクワクしていたが見事なまでに裏切られた。にもかかわらず，その一見
したところウダウダしているようにしか感じられない面接によって，クライエン
ト役はみるみる元気な様子になっていったのである。

　要は，クライエント・家族の言葉をどのように理解するか，同時にセラピスト
側は言葉をどう相手に伝えていけばよいのか，ということなのだが，ブリーフを
通じてもっとも目を開かされたのは，一見すると情報収集のためのように見えて，
実はそれが同時にクライエントを自ずと勇気づけるような多重の構造をもつ質問
をどう構成していくか，という観点であった。いわゆる受容・共感・傾聴といっ
たものとは一味も二味も違う治療的な言葉の使い方が結果的には短期を可能にす
るのだ，ということを私は実感していった。

　ところで，短期と対極にあると考えられている精神分析だが，実はかなり以前
から一定の回数を最初から設定する時間制限療法などの技法が開発されていたの
である。ただし，その適応基準がきわめて厳密に設定されていた。それを見た時，
「なるほど，解決志向アプローチでいうところのカスタマー・タイプのようなクラ
イエントにしか適用されないのか」と妙に納得したのであった。

　短期ということを巡っては，これを心理療法内部の専門的な議論だけに終わら
せてしまっては実は元も子もない。我々とクライエントの関係は，まずもって社会
的なすなわち心理臨床サービスの提供者と受益者という関係にあるということ，
そうであれば長期よりは短期の方が受益者であるクライエントにとってはベター
ではないか，という観点こそがブリーフが提案したものと私は理解している。だ

から，場合によっては長期の方がベターだということだってあり得るのである。本学会が主催した2回の国際会議のいずれにも参加してくれたマイケル・ホイト Hoyt, M. は，ブリーフの短期ということを "time sensitive" と捉えることを提唱したが，まったくの同感である（Hoyt, 1998）。

「過去」について

　ブリーフについてもう一つよく耳にするのは，「ブリーフは過去を扱わず現在そして未来志向だ」というものである。たしかに，30年前の私も，このスローガンの旗のもとでギラギラしていた。しかし，過去の話に拘泥するクライエントに対して何とか現在そして未来に目を向けさせようとしても，そうすればするほど治療関係が膠着することが少なからずあった。

　一方で，同時期，非常勤心理士として勤務していた某心療内科で，過去の重要な人物との著しい喪失体験が明らかに症状行動（過食症と不安定な対人関係面と情緒面での問題）に強い影響を及ぼしていると考えられる青年期女性のケースを担当した時のことである。前治療者からの紹介状にその喪失体験の経緯が詳細に記してあった。それを読んだ私は，正直，この過去の問題を前に言葉を失ってしまった。いわく，彼女が3歳の時に母親が自死，その後養育にあたってくれた父方祖母もまた彼女が中学2年の時に同じく自死，しかもいずれも彼女が第一発見者，とのこと。ともかく，セラピー開始時点からこの重大な過去の問題について「気にはなるものの，さりとて……」といった，要するにどう扱っていいのかどうか見当もつかないまま現在の問題に焦点をあてたセラピーを進めた。クライエントの方も，この間，自ら積極的に過去の問題を語ることはなかった。ただ，クライエントの症状行動には同居している父親との相互作用が少なからず影響していることが窺えたので父親面接および同席面接を導入して約半年後（ほぼ月1回で6回の面接），紆余曲折はあったものの終結を迎えることができ，その半年後のフォローでも安定していることが確認された。期せずして，いや，機が熟した，といった方が当たっていると思うが，実は，最終回の面接で初めて，私は過去の問題をこれまでの父子関係につなげて言葉にすることができ，それに対して彼女と父親も腑に落ちたような反応を見せてくれたのである。

　その後，このケースについて石川元と下坂幸三の両先生同席による公開スーパーヴィジョンを受けるという実に贅沢な機会を得た。お二人の先生の間で議論となったのは「家族療法は過去を不問に付すか？」ということであった。お二人の具体的なコメントについては，石川元先生が論文にまとめて下さっているので，

そちらを参考にしていただくとして（石川, 1989），これを機に，かつての「過去嫌い」の私は，徐々に，要は過去の扱い方——ブリーフ的には利用の仕方といった方がふさわしいかもしれない——がポイントなのだ，ということを認識できるようになると同時に，あれほど強かった「無意識」アレルギーからも随分解放されて少しは肩の力が抜けたように思う。そこには，エリクソン流の「無意識」の考え方とその利用法に触れることができたことも大きい。

　「過去」の取り扱い方ということについて，さらに示唆を得ることになったのはナラティヴという概念に出会ったことである。たしかに，過去がその人をして，現在，何事かを語らしめるのである。同時に，現在のその人のありようが，過去の何事かを語らしめるものでもある。この過去と現在をつなぐのは単なる史実だけではなく，それがどのように語られるか，ということであり，かつ，ここにもう一つ重要な契機となるのが，その語りを誰がどのように聴き取り，応答するか，ということである。それによって，その人には未来へのなにがしかが展望されるのではなかろうか。

＊

　以上，「短期」と「過去」の2つのワードのもとに，私のブリーフ昔話を少々語らせていただいた。他にももっと語りたいことが出てきて仕方がないのだが，そろそろいい加減にしないと歓迎されざる年配者になりかねない。

　読者の方々の中には，私がブリーフと家族療法の双方に足をかけているように映っていて，この二つの関係はどうなっているだろうと不思議に思われているかもしれない。たしかに，ブリーフはブリーフで，一方，家族療法は家族療法でその後，実にさまざまに展開を見せている。それはそれで時代の変遷とともに当然のことである。しかし，冒頭でも述べたように，ブリーフと家族療法はその源流を同じくしている。その源流に関して，私は，ミルトン・エリクソン Erickson, M. H. の催眠言語とグレゴリー・ベイトソン Bateson, G. の関係言語が交じり合う治療的コミュニケーションにあると考えている。その後，社会構成主義の展開と共に心理療法における言語の機能のさらなる検討が進められる中で，さしあたり，私が得た結論は，言葉が人をつくる，ということである。

＊

　この原稿を未曾有のコロナ禍の中で書いている。ここにきて，コロナ後の社会におけるニューノーマルという言葉がさかんに言われるようになってきた。こういうと憚られるかもしれないが，ちょうど昭和から平成への移行期に登場したブリーフとそれを標榜する本学会は，もしかしたら日本における心理療法のニューノーマルを目指したのではなかったか，と私はひそかに思うのである。そして今，

奇しくも平成から令和の時代に移行すると共に，公認心理師なる国家資格制度が
スタートした。この資格制度はこれからの心理療法のあり方にあらたな変化を引
き起こすことに間違いはない。ということは，すでに心理療法の世界が次のニュ
ーノーマルの段階に入ろうとしているともいえる。問題は，そこでブリーフはど
うするのか，ということであろう。本書がそのさきがけとなれば幸いである。

　最後に，特に，今は亡き本学会創設時からの中心メンバーであった宮田敬一，
森俊夫の両氏にはこの場を借りてあらためて哀悼の意を表したい。

文　献

Hoyt, F. M. (Eds.) (1998) The Handbook of Constructive Therapies. Jossey-Bass Publishers, San
　　Francisco.（児島達美監訳（2006）構成主義的心理療法ハンドブック．金剛出版.）
石川元（1989）家族療法では過去を「不問に付す」か？─下坂幸三氏とのジョイント・スーパー
　　ビジョンの経験から．家族療法研究, 6(1); 54-74.
児島達美（2008）可能性としての心理療法．金剛出版.
児島達美（2016）ディスコースとしての心理療法．遠見書房.

索　　引

は行

パーソナリティ障害　50, 125, 142；境界性—
　125
曝露　85, 89, 125, 143
パターン　36, 43, 44-47, 49, 50, 87, 101-105,
　111, 120, 159, 194
発達障害　44, 96, 122, 166, 212
パニック；—障害（症）87；—障害（症）に伴う
　広場恐怖　85；—発作　85, 142
パラドックス　34
ひきこもり　75, 95, 209
非行　125
非指示的療法　26, 30
ビジター　60, 205, 206, 207；—タイプ関係　60
開かれた質問　78
不安障害（症）84, 86-88, 125, 165, 166；全般
　性—　87
複雑性PTSD　125
復職支援　131, 162, 164, 167；—デイケア　162,
　167
物質関連障害　125
物質使用障害　115
不登校　61, 173, 175-177, 192, 205, 209
不眠症　168
プラグマティック　19
フラッシュバック　123
フレーム　45-47, 49, 50, 103
プロクラステスのベッド　34
プロブレム・トーク　201
文脈（コンテキスト）5, 14, 15, 18-21, 43, 52,
　63, 66, 68, 72, 78-80, 83, 85, 104, 106, 192,
　196
ベイトソン・プロジェクト　24-26
弁証法的行動療法　86
ホームワーク　90, 188
保健師　178-182, 191, 203-205, 207
ポジティビティ　4, 19
ポジティブ心理学　219
ホワイト／エプストンの物語モデル　4

ま行

マインドフルネス　84, 86-88, 92, 107, 111, 127,
　163, 171；—認知療法　87, 92, 111, 163
未来　16；—志向　25, 157, 188, 222；—への焦
　点づけ　217
ミラクル・クエスチョン　56, 57
無意識　14, 37, 94-99, 102, 104, 108, 110, 223

無条件反射　114
無知の姿勢　55, 62, 79
メタファー　39, 68, 201
面接前の変化　58
森田療法　142, 163

や行

薬物乱用　114, 116, 120, 159
薬物療法　42, 87, 142, 160, 161, 164-167, 170
ユーティライゼーション　20, 95, 96
予防　87, 92, 164, 167-169, 183

ら行〜

リソース　14, 16, 19, 20, 37, 38, 41, 54, 55, 59,
　77, 82, 83, 102, 103, 107, 108, 142, 157, 174,
　175, 184, 202, 219
リフレイミング　48-50, 72, 102, 103, 174, 193
リフレクティング　20, 64, 71, 73, 78, 79, 159；
　—チーム　64, 71；—プロセス　20, 73, 159
利用　19, 20, 36, 37, 40, 54, 81, 89, 90, 96, 143-
　145, 151, 179, 184, 187, 217, 219, 223
良循環　44, 45, 49, 52, 55；—パターン　45, 49
リラクセーション　88-91, 129
リワーク　162, 164, 167
例外　54, 175, 217；—探し　45, 57；—の発見
　55
論理科学モード　63, 64
悪者探しからの脱却　16

著者一覧（50 音順）

市井　雅哉（いちいまさや：兵庫教育大学大学院学校教育研究科発達心理臨床研究センター ト
　　　　　ラウマ回復支援研究分野）

市橋　香代（いちはしかよ：東京大学医学部附属病院精神神経科）

伊藤　　拓（いとうたく：明治学院大学心理学部心理学科）

衣斐　哲臣（いびてつおみ：和歌山大学教職大学院）

上地　明彦（うえちあきひこ：関西外国語大学外国語学部英米語学科）

植村　太郎（うえむらたろう：労働者健康安全機構 神戸労災病院精神科）

大多和二郎（おおたわじろう：サンテコンサル横浜）

大野　裕史（おおのひろし：兵庫教育大学大学院学校教育研究科）

金丸　慣美（かねまるなるみ：広島ファミリールーム）

菊池安希子（きくちあきこ：国立精神・神経医療研究センター精神保健研究所地域・司法精神
　　　　　医療研究部）

児島　達美（こじまたつみ：KPCL）

相模　健人（さがみたけひと：愛媛大学教育学部）

坂本真佐哉（さかもとまさや：神戸松蔭女子学院大学人間科学部心理学科）

田崎みどり（たさきみどり：長崎純心大学人文学部地域包括支援学科／大学院人間文化研究科）

田中　　究（たなかきわむ：関内カウンセリングオフィス）

田中ひな子（たなかひなこ：原宿カウンセリングセンター）

津川　秀夫（つがわひでお：吉備国際大学心理学部心理学科）

富田　敏也（とみたとしや：（株）アクシスリマインド）

中島　　央（なかしまひさし：有明メンタルクリニック）

長沼　葉月（ながぬまはづき：東京都立大学人文社会学部人間社会学科）

野坂　達志（のさかたつし：広島県府中市役所特任スクールカウンセラー）

長谷川直実（はせがわなおみ：医療法人社団ほっとステーション）

松浦　真澄（まつうらますみ：東京理科大学教養教育研究院／医療法人社団こころとからだの
　　　　　元氣プラザ産業保健部）

山田　秀世（やまだひでよ：大通公園メンタルクリニック）

吉川　　悟（よしかわさとる：龍谷大学文学部臨床心理学科）

編集協力者

石丸　雅貴（川原医療福祉専門学校）　　　　木場　律志（神戸松蔭女子学院大学）

佐々木　誠（岩手大学）　　　　　　　　　　田崎みどり（長崎純心大学）

田中　　究（関内カウンセリングオフィス）　谷　　英俊（川崎医科大学附属病院）

千葉　健司（こころとからだの元氣プラザ）　寺田　和永（広島文教大学）

長沼　葉月（東京都立大学）　　　　　　　　法澤　直子（長崎純心大学）

松島　　淳（佐賀大学）　　　　　　　　　　安江　高子（関内カウンセリングオフィス）

横尾　晴香（東京都スクールカウンセラー）　米田　一実（山口県立こころの医療センター）

編者　日本ブリーフサイコセラピー学会

出版ワーキングチーム
中島　　央（なかしまひさし：有明メンタルクリニック）
遠山　宜哉（とおやまのぶや：岩手県立大学社会福祉学部人間福祉学科）
津川　秀夫（つがわひでお：吉備国際大学心理学部心理学科）
児島　達美（こじまたつみ：KPCL）
菊池安希子（きくちあきこ：国立精神・神経医療研究センター精神保健研究所地域・司法精神
　　医療研究部）
久持　　修（ひさもちおさむ：やまき心理臨床オフィス）
松浦　真澄（まつうらますみ：東京理科大学教養教育研究院／医療法人社団こころとからだの
　　元氣プラザ産業保健部）

ブリーフセラピー入門
──柔軟で効果的なアプローチに向けて

2020 年 11 月 25 日　第 1 刷
2024 年 8 月 25 日　第 3 刷

編　　者　日本ブリーフサイコセラピー学会
発行人　山内俊介
発行所　遠見書房

株式会社　遠見書房
〒 181-0001 東京都三鷹市井の頭 2-28-16
TEL 0422-26-6711　FAX 050-3488-3894
tomi@tomishobo.com　https://tomishobo.com
遠見書房の書店　https://tomishobo.stores.jp

印刷・製本　モリモト印刷
ISBN978-4-86616-113-6　C3011
©The Japanese Association of Brief Psychotherapy　2020
Printed in Japan

臨床力アップのコツ
ブリーフセラピーの発想

日本ブリーフサイコセラピー学会編

臨床能力をあげる考え方，スキル，ヒントなどをベテランの臨床家たちが開陳。また黒沢幸子氏，東豊氏という日本を代表するセラピストによる紙上スーパービジョンも掲載。3,080 円，A5 並

森俊夫ブリーフセラピー文庫①〜③

森　俊夫ら著

①心理療法の本質を語る，②効果的な心理面接のために，③セラピストになるには。独特のアイデアと感性で，最良の効果的なセラピーを実践した森。死を前にした語り下ろし＆座談会を収録。①巻 2,420 円，②③巻 2,860 円，四六並

やさしいトランス療法

中島　央著

トランスを活かせば臨床はうまくなる！著者は，催眠療法家としても日本有数の精神科医で，催眠よりやさしく臨床面接でトランスを使えるアプローチを生み出しました。日常臨床でつかうコツとプロセスを丹念に紹介。2,420 円，四六並

もっと臨床がうまくなりたい
ふつうの精神科医がシステズアプローチと解決志向ブリーフセラピーを学ぶ

宋　大光・東　豊・黒沢幸子著

児童精神科医は，面接の腕をあげようと心理療法家 東と黒沢の教えを受けることに。達人の考え方とケース検討を通して面接のコツを伝授！3,080 円，四六並

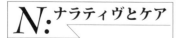

ナラティヴがキーワードの臨床・支援者向け雑誌。第 15 号：オープンダイアローグの可能性をひらく（森川すいめい編）年 1 刊行，1,980 円

物質使用障害への
条件反射制御法ワークブック

長谷川直実・平井愼二著

大好評の「条件反射制御法ワークブック：物質使用障害編」がパワーアップして増補改訂・題名変更！　条件反射制御法はこれらの改善を図る治療法として注目を浴びています。1,200 円，B5 並

読んで学ぶ・ワークで身につける
カウンセラー・対人援助職のための面接法入門
会話を「心理相談」にするナラティヴとソリューションの知恵

龍島秀広著

初心者大歓迎の心理相談面接のコツをぎゅっと凝縮した一冊を刊行しちゃいました。お仕事，うまく出来てますか？空回りしてません？　1,870 円，四六並

心理療法・カウンセリングにおける
スリー・ステップス・モデル
「自然回復」を中心にした対人援助の方法

若島孔文・鴨志田冴子・二本松直人編著

3 つの次元で進める心理支援法スリー・ステップス・モデルを詳しく解説した 1 冊。個人でもコミュニティでもさまざまな場面で活用できる。2,860 円，A5 並

オープンダイアローグとコラボレーション
家族療法・ナラティヴとその周辺

浅井伸彦・白木孝二・八巻　秀著

オープンダイアローグを多方面から見てみることで，オープンダイアローグと，その周辺の支援理論，哲学などを解説し，オープンダイアローグ実践のための基本をまとめたものです。3,080 円，A5 並

公認心理師の基礎と実践　全 23 巻

野島一彦・繁桝算男 監修

公認心理師養成カリキュラム 23 単位のコンセプトを醸成したテキスト・シリーズ。本邦心理学界の最高の研究者・実践家が執筆。①公認心理師の職責〜㉓関係行政論 まで心理職に必須の知識が身に着く。各 2,200 円〜3,080 円，A5 並

価格は税込です